O Novo Negócio dos Negócios

Willis Harman e Maya Porter (orgs.)
Uma publicação da World Business Academy

O NOVO NEGÓCIO DOS NEGÓCIOS
A RESPONSABILIDADE COMPARTILHADA
PARA UM FUTURO GLOBAL POSITIVO

Tradução
ROSILÉA PIZARRO CARNELÓS

EDITORA CULTRIX
São Paulo

Título do original:
The New Business of Business

Copyright © 1997 Willis Harman e Maya Porter.

Publicado originalmente por Berrett-Koehler Publishers, Inc., San Francisco, CA

Publicado mediante acordo com Linda Michaelis Ltd., International Literay Agents.

Todos os direitos reservados. Nenhuma parte deste livro pode ser reproduzida ou usada de qualquer forma ou por qualquer meio, eletrônico ou mecânico, inclusive fotocópias, gravações ou sistema de armazenamento em banco de dados, sem permissão por escrito, exceto nos casos de trechos curtos citados em resenhas críticas ou artigos de revistas.

O primeiro número à esquerda indica a edição, ou reedição, desta obra. A primeira dezena à direita indica o ano em que esta edição, ou reedição, foi publicada.

Edição	Ano
1-2-3-4-5-6-7-8-9-10	00-01-02-03-04-05

Direitos de tradução para a língua portuguesa
adquiridos com exclusividade pela
EDITORA CULTRIX LTDA.
Rua Dr. Mário Vicente, 374 — 04270-000 — São Paulo, SP
Fone: 272-1399 — Fax: 272-4770
E-mail: pensamento@cultrix.com.br
http://www.pensamento-cultrix.com.br
que se reserva a propriedade literária desta tradução.

Impresso em nossas oficinas gráficas.

*Para as pessoas que vão em frente,
iluminando o caminho*

SUMÁRIO

Agradecimentos 9

Introdução: Um Chamado para a Mudança Sistêmica 11

Parte 1: A Compreensão de Nosso Mundo em Transformação 19

1. O Contexto Cultural de um Futuro Sustentável 25
   William Van Dusen Wishard

2. Começar o Mundo Novamente 35
   Harlan Cleveland

3. Um Sistema em Declínio ou em Transformação? 41
   Willis Harman

Parte 2: Situações Difíceis e Soluções em Finanças e Economia 45

4. O Jogo de Confiança Global 51
   Harlan Cleveland

5. A Morte do Dinheiro 61
   Joel Kurtzman

6. O Fracasso do Sistema Monetário Baseado na Dívida 69
   John Tomlinson

7. Novos Mecanismos para o Câmbio Monetário 83
   Thomas H. Greco, Jr.

Parte 3: Uma Revolução na Estrutura e na Administração da Organização 95

8. Vinho Novo, Garrafas Velhas: O Dilema da Mudança Organizacional 105
   Pamela Mang

9. O Subtexto Oculto para a Mudança Sustentável 113
   Riane Eisler

10. A Responsabilidade Empresarial: A Tirania da Base Financeira 119
    Ralph Estes

11. A Mudança para a Participação 129
    Patricia McLagan, Christo Nel

Parte 4: O Desafio da Sustentabilidade a Longo Prazo 141

12. O Desenvolvimento Sustentável é Compatível com a Civilização Ocidental? 147
    Peter Russell

13. Repensando o Desenvolvimento e o Significado do Progresso 163
    David C. Korten

14. Sustentabilidade: Vamos Levá-la a Sério 175
    Willis Harman

15. Uma Estrutura Viável de Intendência 181
    Brad Crabtree

Parte 5: A Descoberta da Dimensão Espiritual dos Negócios 193

16. A Espiritualidade como um Princípio da Organização 197
    Diana Whitney

17. Como Mitigar a Pobreza Espiritual em Nossas Empresas 207
    Barbara Shipka

18. A Liderança da Sabedoria: Como Liderar a Partir do "Eu Maior" 217
    S. K. Chakraborty

19. Uma Mudança na Consciência: Implicações para os Negócios 229
    Peter Russell

Parte 6: O Trabalho com a Sociedade Civil 243

20. A Responsabilidade Assumida Coletivamente 245
    Carol Frenier

21. A Escolha de um Mundo Onde só se Ganha 249
    Hazel Henderson

Conclusão: A Administração dos Negócios 259

Colaboradores 267

AGRADECIMENTOS

Somos profundamente gratos aos autores destes artigos, não somente por sua boa vontade em oferecer voluntariamente seus textos para a publicação nas *Perspectives on Business and Global Change*, mas também por sua contribuição — na maioria dos casos, o trabalho da vida deles — para lançar as bases do surgimento dos novos negócios dos negócios.

Agradecemos também à World Business Academy, cujo apoio de seu periódico, sempre constante e generoso, permitiu a existência deste livro. A missão da Academia está expressa em todas estas páginas.

Nossa gratidão também se estende à equipe de assistentes da Berrett-Koehler-Publishers, especialmente a Steve Piersanti, que viu o valor do livro desde o início, e a Elizabeth Swenson, que cuidadosamente nos orientou nesse processo. Enquanto empresa, Berrett-Koehler exemplifica a verdadeira tese deste livro.

Cabe a Bill Sechrest o mérito de ter tido em primeiro lugar a idéia do livro. A idéia se expandiu à medida que se desenvolveu, mas basicamente, esta é uma criação de Bill.

Janeiro de 1997

Willis Harman
Maya Porter

INTRODUÇÃO

Um Chamado para a Mudança Sistêmica

"Negócios são *negócios!*"

Por muitos anos, essa crença, formulada pelo presidente da General Motors, Alfred T. Sloan Jr., em 1923, justificou praticamente todas as decisões tomadas no mundo dos negócios. Nos Estados Unidos, especialmente, havia uma certa dúvida de que a função do setor privado fosse prover as necessidades da sociedade e gerar riqueza. Os organismos e as repartições do setor público deveriam lidar com outras questões. Certamente, as empresas foram chamadas a assumir um grau razoável de responsabilidade social, e o ambiente de trabalho devia ser menos sistematizado do que no passado e estimular mais a auto-realização. Mas ambos estavam sujeitos à, e até certo ponto justificados pela, melhoria na base financeira.

Mas à medida que o mundo avança para o fim do milênio, muitas pessoas vêem aumentarem os sinais de que algum tipo de mudança fundamental está ocorrendo. Algumas tendências estão claramente em nossa vida, e, de modo geral, presume-se que sejam positivas — globalização da economia, crescimento econômico continuado, democratização em expansão, avanço tecnológico acelerado, comunicação global emergente. Outras tendências são menos positivas e, até o momento, inflexíveis aos esforços remediadores — desigualdade crescente, destruição progressiva do meio ambiente, aumento da concentração de poder e riqueza, elevação da taxa de desemprego e subemprego junto com o "crescimento do desempregado". Enquanto isso, fala-se de um "novo paradigma" no mundo dos negócios e, além disso, da emergência de uma nova visão de mundo. Acreditamos que essa nova visão de mundo determina que transcendamos a visão tradicional do papel dos negócios.

Em 1992, a World Business Academy começou a fazer a publicação trimestral de seu periódico, agora intitulado *Perspectives on Business and Global Change*. O periódico incluiu um número impressionante de artigos que visavam explorar aspectos desse "novo paradigma" emergente. Este livro apresenta muitos desses artigos e descreve como eles são convergentes. Os artigos foram publicados, originariamente, entre janeiro de 1992 e junho de 1996, e alguns não foram publicados na íntegra.

A história transformacional que emerge dessas várias perspectivas não é permeada por tristeza e desânimo, mas também não é uma transição calma para um novo paradigma utópico e romântico do mundo. Precisamos encarar honestamente as dificuldades que estão à nossa frente, bem como os objetivos positivos e potencialmente realizáveis. E precisamos admitir que ninguém pode ter certeza do modelo completo dessas mudanças.

No âmago dessa perspectiva está a conclusão de que o papel dos negócios no planeta está mudando — *deve* mudar, se o drama mundial tiver de ter um final feliz. Em outras palavras, há um "novo negócio dos negócios", e precisamos procurá-lo juntos.

Um complexo de perspectivas. Na tentativa de representar a convergência dessas diferentes perspectivas, chegamos às cinco observações a seguir:

1. A sociedade moderna parece estar passando por uma espécie de transformação fundamental. Os sinais que vemos dos colapsos institucionais e culturais podem ser interpretados como associados a essa transformação. Podem ser vistos dessa forma muitos dos experimentos sociais e das inovações criativas que podemos observar à nossa volta. A causa essencial dessa transformação incipiente parece estar nas premissas básicas que fundamentam a sociedade moderna, influenciada tão fortemente como é pelas instituições, instalações e valores econômicos. Esses pressupostos podem ser resumidos conforme se segue:

- A economia é, e apropriadamente, portanto, a instituição dominante na sociedade moderna.

- O crescimento econômico sustentado é o caminho para o progresso da humanidade.

- O avanço tecnológico continuado é essencial para aumentar a produtividade e para criar novos produtos para o enriquecimento da vida do ser humano.

- A competição é uma característica essencial do sistema. A competição internacional, particularmente, amplia a eficiência produtiva e fornece aos consumidores maior escolha, a um custo menor.

- Não há razão que obrigue a questionar os padrões atuais de propriedade.

- Mercados livres, não reprimidos pelo governo, geralmente resultam em alocação de recursos mais eficaz e socialmente mais favorável.

- Globalização da economia, alcançada pela remoção de barreiras ao livre fluxo de produtos e dinheiro em toda a parte do mundo, estimula a competição, aumenta a eficácia e o crescimento econômicos, cria empregos, baixa os preços dos bens de consumo e, geralmente, é benéfica para quase todos.

Essas hipóteses, numa análise mais profunda, parecem estar no âmago de todos os principais problemas e dilemas da sociedade moderna. Em outras palavras, os dilemas globais e sociais evidentes hoje são a conseqüência dos *sucessos* da sociedade moderna em atingir os objetivos da ordem existente. Esse fato sugere quanto podem ser profundas as mudanças necessárias.

2. O número crescente de pessoas que está reconhecendo que a piora da situação nacional e as crises ambientais mundiais, os problemas sociais e os colapsos institucionais não são "problemas" para serem administrados com "soluções" tecnológicas, administrativas ou legislativas, mas, ao contrário, são *sintomas* — sintomas de uma desordem subjacente que envolve algumas das hipóteses básicas da sociedade moderna. Essa desordem subjacente chega às verdadeiras fundações da sociedade industrial ocidental. Nenhuma crise na história da humanidade civilizada se compara com o desafio de que todo o estilo de vida do mundo moderno não é sustentável num planeta finito a longo prazo. Faz pouca diferença se "longo prazo" é meio século ou dois séculos. Uma vez conscientes da conclusão, a crise é a mesma. Nada, a não ser uma transformação fundamental de todas as nossas potentes instituições — e sustentando isso, a transformação do pensamento e do preconceito modernos —, vai alterar a catástrofe inevitável.

3. Provavelmente, as forças poderosas que parecem estar trazendo à tona essa mudança profunda estão além de nossa capacidade de manipular diretamente. No entanto, os resultados serão muito influenciados pelas respostas que escolhermos. Uma dessas forças é a consciência crescente das pessoas de que *uma importante dimensão espiritual, ética e ecológica foi negligenciada na sociedade moderna*. É o mesmo que dizer que, enquanto os valores humanos, espirituais, éticos, estéticos e de natureza amorosa representam uma parte importante na vida da maioria das pessoas, em nível institucional eles estão subordinados, com maior freqüência, a valores econômicos. Essa força está ligada à insatisfação crescente com os efeitos da atual ordem econômica e política na vida das pessoas e na de seus filhos e netos, bem como ao seu desejo de um mundo melhor.

4. Qualquer mudança fundamental dessa natureza vai inevitavelmente compreender as concentrações mais importantes de poder na sociedade moderna, particularmente os setores financeiros, de negócios e governamentais. Um dos fatores críticos nesse período de transição será *o grau em que esses setores interpretam corretamente e respondem criativamente às forças de mudança*. Por outro lado, muito da força motriz e do estabelecimento da direção para essa transformação está vindo, em grande parte, do "setor terciário" das organizações não governamentais (ONGs), associações de voluntários e organizações sem fins lucrativos — o que Hazel Henderson chama de "sociedade civil global".

5. As apostas são muito altas, por causa da possibilidade evidente de que a transição, se mal manejada, poderia vir acompanhada de sérios problemas sociais. A posição dos negócios em tudo isso é de importância crucial.

Os modos fundamentais da sociedade moderna que não estão funcionando. A velha ordem está mostrando sinais claros de declínio — militarização de sociedades em todo o mundo; a reconhecida tendência para a anarquia; subemprego e falta de moradia; alienação muito difundida e violência urbana; quebra geral do contrato social entre a sociedade e o trabalhador; incapacidade de deter a destruição do meio ambiente que está ocorrendo em grande escala; a ineficácia inata da "guerra contra as drogas"; a cisão crescente entre os países do hemisfério norte, ricos e consumidores, e os do hemisfério sul, populosos, atacados pela pobreza, entre outras coisas.

Assim, pelo lado negativo, está crescendo a consciência dos modos fundamentais pelos quais a sociedade moderna não atinge as expectativas das pessoas (a palavra *sistemático* tem a conotação de sistêmico e inexorável):

- Destruição sistemática do meio ambiente natural
- Destruição sistemática da comunidade
- Transferência sistemática de riqueza no sentido ascendente
- Marginalização sistemática de pessoas e culturas
- Erosão sistemática e negação do sentido espiritual, sagrado
- Concentração sistemática de poder, especialmente o poder não devidamente constituído.
- Incapacidade e desamparo sistematicamente aprendidos

Subjacentes a essas irregularidades sistêmicas estão as hipóteses (científicas e econômicas) que precisam ser reavaliadas. Em meados do século XX, a ciência se tornou progressivamente competente na exploração do mundo físico, externo, e a sociedade se tornou progressivamente negligente com o mundo da experiência interior. A sociedade industrial estava se tornando cada vez mais como um navio com velocidade sempre crescente, mas sem bússola e cartas marítimas para guiá-lo. No final do século estava ficando evidente que, embora pudesse ser útil uma ciência dedicada a um modelo de previsão e controle para alguns objetivos, principalmente a geração de tecnologias manipulativas, ela tinha um grave efeito negativo na compreensão de nossos valores. Esse efeito deveria arruinar gradualmente a base de valores religiosos comuns e substituí-la por uma postura de relativismo moral. Em seguida vieram os critérios econômicos e técnicos — progresso material, eficiência, produtividade, crescimento econômico, retorno do investimento, valores futuros descontados do valor presente e assim por diante. As decisões que afetariam a vida de bilhões de pessoas em todo o mundo e de inúmeras gerações vindouras foram tomadas com base em considerações econômicas de curto prazo. O "imperativo tecnológico" para desenvolver e distribuir qualquer tecnologia que pudesse se tornar um benefício ou destruir um inimigo pôs em perigo tanto a civilização humana quanto os sistemas de apoio à vida do planeta.

Falando claramente, o mundo depara com um sério desafio. A piora das condições ecológicas, sociais, e os problemas mundiais provaram-se insolúveis pelas abordagens tentadas. Todas as antigas hipóteses sobre o futuro do planeta estão sendo contestadas pela realidade atual. Não há consenso sobre o que seria um padrão viável de desenvolvimento global; fica cada vez mais claro que a tendência atual não é essa. O paradigma moderno (ocidental) parece, finalmente, ser incompatível com a forma de relacionamento sensato com a Terra e seus recursos, produzir sistematicamente pessoas marginais que não têm papéis significativos na sociedade (denominadas *desempregadas* ou *subempregadas*), resultar numa sociedade que habitualmente confunde meios (por exemplo, progresso econômico e tecnológico) com fins, e persistentemente pôr em risco o futuro da raça humana com corridas armamentistas que parecem ser endêmicas ao sistema. Em outras palavras, de modo geral, as atuais políticas econômicas, empresariais e sociais são incongruentes com o desenvolvimento global viável a longo prazo e estão sendo feitas sem se ter em mente uma perspectiva de um futuro global satisfatório.

Do ponto de vista positivo. Uma ampla consciência da tarefa a cumprir cresceu rapidamente por várias décadas. Estudos sociológicos recentes sugerem que uma nova subcultura cresceu, de números desprezíveis de trinta anos atrás para dezenas de milhões hoje em dia na América do Norte e para números comparáveis no norte da Europa, onde a consciência que enfatiza os valores ecológicos e espirituais e leva em conta uma perspectiva holística, feminina, é muito importante.

Num nível ainda mais básico, parece estar emergindo uma visão de mundo dominante que difere tanto da visão de mundo implícita na religião tradicional quanto daquela formulada na ciência moderna. Envolve uma mudança na localização da autoridade: do conhecimento exterior para o "interior". Isso é basicamente holístico. Como Margaret Wheatley descreve alguns de seus aspectos: "Vivemos num mundo no qual a vida quer acontecer... Vivemos num universo que é vivo, criativo e está experimentando o tempo todo para descobrir o que é possível... É a tendência natural da vida para organizar — para procurar níveis maiores de complexidade e diversidade". Tudo isso implica uma afirmação da existência de consciência (mente, espírito) no universo e da espiritualidade essencial do indivíduo.

A força da mudança. Está crescendo uma força revolucionária. Não é a força revolucionária clássica do oprimido. Ao contrário, é a consciência revolucionária de que oprimimos a nós mesmos com um sistema de crença que incorporamos, um sistema de crença sobre o qual repousa toda a nossa estrutura técnico-econômica, que não é compatível com um futuro viável para a sociedade humana no planeta. Mesmo muitos daqueles que tiveram muito sucesso em galgar posições de riqueza e poder no sistema atual começaram a questionar se, em última análise, isso traz satisfação no que diz respeito ao modo como eles investem em suas vidas. Em outras palavras, existe a possibilidade de uma revolução de participação e intendência que é realizada, pelo menos em parte, pela "classe dirigente", a classe administrativa — uma revolução feita em colaboração com aqueles que já estão no poder, revolução na qual eles, num certo sentido, vão perder muito desse poder.

As afirmações acima podem parecer radicais. Elas certamente indicam que essa nossa época é extraordinária. Se elas simplesmente representassem as reivindicações de uma pessoa, seria tentador negá-las. Mas um grupo crescente de observadores está dizendo mais ou menos isso. Os artigos do periódico *Perspectives on Business and Global Change* que estão neste livro ilustram muitos aspectos da história como é vista por diversos autores.

À medida que se aceleram essas mudanças fundamentais, fica cada vez mais evidente que o novo negócio dos negócios não é, primordialmente, dar lucro aos acionistas, suprir uma grande troca de produtos e serviços nem fornecer emprego para as massas. A expressão "novo paradigma de negócios" foi usada para indicar mudança na cultura de uma organização individual de negócios, mas o que ela realmente sugere é a mudança na missão do sistema dos negócios no planeta, no contexto de mudança cultural fundamental do mundo modernizado.

Assim, o negócio dos negócios não é mais simplesmente negócio. *O negócio dos negócios deve mudar para desempenhar um papel criativo ao desenvolver uma cultura sustentável neste planeta. As empresas devem se responsabilizar pelas conseqüências de seus erros e excessos no passado. Os negócios devem assumir um papel criativo ao alimentar a próxima fase de evolução que está se instalando ao redor do planeta com um mínimo de ruptura social e miséria humana.* Mas por que negócios? Por que os negócios, nas palavras da World Business Academy, deveriam compartilhar "responsabilidade pelo todo" muito além do que suas tradições exigiriam? Porque os negócios podem. Alguns sustentariam que outras instituições importantes em nossa sociedade, como o governo e a religião, têm o poder de fazer as mudanças fundamentais necessárias; nenhuma outra instituição tem tanta influência sobre as pessoas em sociedade. Ninguém escapa de alguma forma de comércio; no mundo de hoje, os negócios dizem respeito a cada pessoa, de uma forma ou de outra, como produtores ou consumidores, como idealizadores de planos de ação ou como trabalhadores. É inevitável nossa responsabilidade como pessoas de negócios. Os assuntos neste livro sugerem que mudanças profundas estão fazendo com que se torne essencial que esse novo negócio dos negócios seja descoberto e implementado o mais rápido possível.

PARTE 1

A Compreensão de Nosso Mundo em Transformação

Durante sua história como nação, a sociedade americana passou por mudanças drásticas que fecharam algumas oportunidades e abriram outras, influenciando profundamente a vida de muitas pessoas:

- A substituição do trabalho humano pelas máquinas
- O fechamento das fronteiras geográficas
- A fusão da ciência com a tecnologia e a indústria
- As substituições do trabalho intelectual pelas máquinas (computadores)

Ao longo dessas mudanças, vimos o percentual da força de trabalho envolvida na agricultura cair de mais de 90% para aproximadamente 3%, enquanto na produção industrial, o percentual aumentou para um pico de cerca de 35% em 1960 e depois declinou para os 15% atuais. No setor de serviços, o percentual de emprego total foi de 15%, em 1870, para um pico de cerca de 70%, e agora está declinando. No "setor do conhecimento", a porcentagem está aumentando, com o futuro incerto. Se pensarmos num "setor terciário" (ao lado dos negócios e do governo) tais como associações sem fins lucrativos, ONGs e economias comunitárias alternativas, a porcentagem está subindo (parcialmente por escolha, parcialmente pelo fato de os trabalhadores estarem sendo expulsos dos setores dos negócios e do governo) e aí o futuro também é incerto. Essa última mudança parece destinada a ser, de longe, a maior de todas e representa a reestruturação mais importante da sociedade americana (mudanças semelhantes estão ocorrendo na Europa e, de uma forma um pouco diferente, no Japão).

Na verdade, um dos dilemas centrais da sociedade moderna é o "crescimento do desemprego", o corte persistente de postos de empregos nos setores público e privado e o desemprego e subemprego crônicos. Isso é tipicamente visto como um problema da economia; quando se encara positivamente, geralmente se faz com a premissa de que aqueles que foram "cortados" ou, do contrário, que saíram sem um emprego satisfatório podem encontrar trabalhos alternativos por seus próprios esforços. Presume-se que a economia é amplamente capaz de expansão para incluir essencialmente todas as pessoas; altas taxas de desemprego são consideradas uma condição temporária, embora lamentável.

Adotando um ponto de vista contrário, Jeremy Rifkin, em seu livro *The End of Work*, descreve nossa situação atual em termos alarmantes:

> Agora, pela primeira vez, o trabalho humano está sendo sistematicamente eliminado do processo de produção. Em menos de um século, o trabalho de "massa" no setor do mercado deve, provavelmente, diminuir gradualmente em quase todas as nações industrializadas do mundo... Máquinas inteligentes estão substituindo os seres humanos em inúmeras tarefas... Nos Estados Unidos, as corporações estão eliminando mais de dois milhões de empregos anualmente. (p. 3)
>
> A perda de empregos bem pagos não é exclusiva da economia americana... Os números de desempregados e subempregados estão crescendo diariamente na América do Norte, na Europa e no Japão. Mesmo as nações em desenvolvimento estão deparando com o desemprego tecnológico crescente à medida que as empresas transnacionais constroem instalações de produção de alta tecnologia por todo o mundo, dispensando milhões de trabalhadores que não podem mais competir com a eficácia de custos, com o controle de qualidade e com a velocidade de entrega conseguida pela produção automatizada... Em todo o mundo, está havendo uma sensação de mudança momentânea — mudança tão vasta em escala que dificilmente seremos capazes de compreender seu impacto final. A vida como nós a conhecemos está sendo alterada fundamentalmente. (pp. 4, 5)
>
> [Essas] preocupações se tornam ainda mais constrangedoras em face do número crescente de trabalhadores previsto para entrar na força de trabalho nos países em desenvolvimento nos próximos anos. De hoje até o ano 2010, espera-se que os países em desenvolvimento adicionem mais de 700 milhões de homens e mulheres à sua força de trabalho — uma população ativa que é maior do que toda a força de trabalho do mundo industrial em 1990... Com as novas tecnologias de informação e de telecomunicação, a robótica e a automação rapidamente eliminando empregos em toda a indústria e em todos os setores, parece pequena a probabilidade de se encontrar trabalho suficiente para centenas de milhões de novas pessoas que ingressam no mundo profissional. (pp. 206, 207)[1]

---

1. Jeremy Rifkin, *The End of Work: The Decline of the Global Labor Force and the Dawn of the Post-Market Era*. Nova York: Tarcher/Putnam, 1995.

Essa situação controvertida aparece de uma forma bem diferente se tivermos uma visão mais ampla da sociedade moderna. Embora "trabalho" e "emprego" sejam considerados quase idênticos, essa, na verdade, é uma diferenciação recente. Até meados do século XIX, a maioria das famílias tirava uma grande parte de seu sustento do trabalho na terra; na verdade, foi neste século que a autodefinição principal de alguém veio a ser o seu emprego na economia dominante. Se quisermos ver claramente o dilema do trabalho, parece necessário distinguir entre trabalho e emprego.

Toda a História apóia a observação de que o desejo de criar é um impulso fundamental da humanidade. Basicamente, trabalhamos para criar e apenas eventualmente trabalhamos para comer. Essa criatividade pode estar nos relacionamentos, na comunicação, nos serviços, na arte ou em produtos úteis. Está quase se tornando o sentido principal de nossa vida. Na sociedade moderna, no entanto, somente uma fração do trabalho criativo é considerada e recompensada na economia, ao passo que muitas outras atividades (especulação, exploração, titilação, etc.) *são* consideradas e recompensadas. A longo prazo, isso acaba produzindo uma rede de efeito negativo — atividades que geralmente seriam julgadas como benéficas aos indivíduos e comunidades tornam-se "impraticáveis", enquanto atividades que poderiam ser julgadas como não benéficas por outros valores (por exemplo, jogo de azar, consumo desenfreado, desflorestamento, destruição do hábitat natural) parecem economicamente rentáveis.

Um dos ambientes mais agradáveis para o trabalho criativo é a trivial livre iniciativa — a que visa lucros e aquela sem fins lucrativos. O trabalho criativo é essencialmente significativo; é válido; eleva a comunidade; é relativamente não poluente. Não há escassez de potencial para o trabalho criativo. Torna-se cada vez mais evidente, porém, que a economia em sua forma atual não é capaz de fornecer empregos — satisfatórios ou não — para todos aqueles que querem trabalhar.

Mas a realocação da mão-de-obra é apenas uma das várias mudanças interligadas que estão ocorrendo. Uma outra é a globalização da mão-de-obra, do capital e dos mercados. A instituição dominante no planeta é a economia mundial; na medida em que diversas sociedades são componentes da economia mundial, a cultura de consumo também está globalizada. Além disso, as mudanças positivas na atitude que favorecem a dívida, a agiotagem e o jogo de azar também são um fenômeno mundial. Por exemplo, praticamente, todas as transferências monetárias internacionais antes de 1970 eram feitas, no comércio internacional, em produtos e serviços; em 1996, apenas 2,5%, aproximadamente, eram comércio e 97,5% representavam especulação, de uma forma ou de outra. Hoje, o movimento financeiro diário está bem acima de um trilhão de dólares. As transferências monetárias internacionais numa semana são aproximadamente da mesma grandeza do produto econômico total global num ano!

De muitas maneiras, as mudanças na sociedade mundial lançaram desafios para a sustentabilidade de longo prazo, não somente da economia mundial mas também da civilização moderna. Os capítulos da Parte 1 tratam da mudança básica que fundamenta algumas das tendências mais óbvias.

William Van Dusen Wishard declara que a estrutura de referência da humanidade — pela qual entendemos a realidade dos fatos — dissolveu-se e ainda temos de descobrir uma nova estrutura de referência que dê coerência e sentido à vida. Ele afirma que estamos no final de um período de 450 anos, em que os países, em sua maioria brancos, que margeiam o Oceano Atlântico — Inglaterra, França, Espanha, Alemanha e os Estados Unidos — dominaram as questões mundiais econômicas, políticas e militares. Agora todos pensam que é desejável que se mude e todos têm o poder de operar essa mudança. Ao mesmo tempo, o casamento das tecnologias de informação e de comunicação criou uma nova força — o "telepoder" — que é a força propulsora da mudança global. O nacionalismo está declinando. A nacionalidade está sendo redefinida, exigindo que as pessoas se unam numa família humana global maior. Nesses tempos de instabilidade e incerteza, Wishard conclui que está se voltando a atenção novamente para o indivíduo em si, está havendo uma procura interior, uma nova visão do mundo.

Harlan Cleveland observa que estamos vivendo num momento crítico da História em que "temos o poder de recomeçar o mundo todo", como escreveu Tom Paine, em 1775. A principal lição do nosso tempo, diz Cleveland, é que as pessoas, não os líderes, estão tomando a liderança, conforme evidenciado em dois anseios contrastantes e discordantes: a reforma que vem de cima para baixo e a efervescência da escolha política que vem de baixo. Parece irresistível a determinação, por parte dos milhões de pessoas cultas, de terem uma voz ativa em seu próprio destino. O que é mais impressionante nas séries extraordinárias de eventos no mundo nos últimos anos é a diversidade cultural que está se "arruinando completamente". A idéia de uma sociedade multirracial, multicultural tanto com uma base nacional quanto com uma perspectiva global pode provar ser uma das grandes inovações sociais do século XXI. Cleveland diz que precisamos pensar seriamente sobre o que ele chama de "trilema": como reconciliar a diversidade cultural humana com os direitos individuais e com as oportunidades humanas mundiais.

Willis Harman sugere que o que é amplamente considerado como um declínio na civilização pode, ao contrário, ser uma transformação para uma civilização mais adiantada. A visão de mundo moderna, que pareceu nos trazer muitos triunfos, não funciona mais, nem para as pessoas comuns que são bem-sucedidas no sistema atual, nem para o ambiente, nem para as gerações futuras e nem para a maior parte da população da Terra, que vive no assim chamado "mundo em desenvolvimento". Harman salienta três características fundamentais de uma mudança distante do quadro dominante de realidade: ênfase crescente na ligação de tudo com tudo, uma mudança na localização da *autoridade*, do exterior para o interior, e uma mudança na percepção da *causa* do exterior para o interior. Harman declara que o que precisa ser feito agora é conservar o espírito científico imparcial e a tradição da confirmação aberta e pública do conhecimento, mas abrir o campo da investigação para toda a série contínua, incluindo a "sabedoria perene", e para a causalidade ascendente e descendente. Harman antecipa que o capitalismo baseado no crescimento vai terminar em "colapso tempestuoso" ou em reforma tranqüila. À medida que olhamos à frente, a pergunta básica não é como podemos estimular maior demanda por produtos, serviços e informação nem como criar mais empregos. É uma questão de significado: Qual é nosso objetivo central quando a produção econômica não é mais um objetivo central razoável? Uma resposta é que nosso objetivo principal agora é incrementar o crescimento e o desenvolvimento humanos ao máximo e promover o aprendizado humano em sua definição mais ampla e profunda possível.

Estes três capítulos delineiam as mudanças sociais que não nos permitem mais conduzir "os negócios como de costume".

 *William Van Dusen Wishard é presidente da World Trends Research em Reston, Virgínia, um escritório de consultores que oferece às empresas uma estrutura de referência para tomada de decisão integrada. Seu livro* A World in Search of Meaning *foi um best-seller no Japão. Seu relato sobre as tendências mundiais para os líderes do Congresso americano foi televisionado para todos os Estados Unidos. Nos anos 80, Wishard escreveu sobre a competitividade dos Estados Unidos e o comércio internacional para o secretário e para o secretário-adjunto de comércio americano. Ele é membro da World Business Academy.*

Capítulo 1

O Contexto Cultural de um Futuro Sustentável

William Van Dusen Wishard

Pela primeira vez na História, temos recursos para dar alimento e abrigo adequados para todas as pessoas do mundo. Pela primeira vez na História, parecemos capazes de proporcionar um certo nível de governo democrático para uma grande parte da população mundial. Pela primeira vez na História, a humanidade olha para a vida neste planeta como um todo e não em partes separadas. E pela primeira vez na História, a história essencial que nos define como uma espécie não é aquela que nos define como raça ou tribo, mas uma saga da humanidade enquanto parte da história revelada do universo. Já essas possibilidades nos colocam em vantagem nessa nova ordem das questões humanas. Essa é uma mudança percentual que é a força impulsora dos anos 90.

Vemos uma grande ruptura à medida que nos movemos no sentido de perceber essas possibilidades. Grande parte dela é uma ruptura criativa. É a velha ordem dando lugar a uma ordem completamente nova. Estamos presentes na criação de uma nova era do desenvolvimento humano.

A Estrutura de Referência Que Está Mudando

Como parte dessa mudança, nossa estrutura de referência — por meio da qual entendemos a realidade dos fatos — dissolveu-se e ainda temos de encontrar uma nova estrutura de referência que dê coerência e sentido à vida.

Quais são alguns dos elementos dessa estrutura de referência que está mudando?

- O mundo está no final de um período de 450 anos em que as nações que margeiam o Oceano Atlântico, em sua maioria branca — principalmente a Inglaterra, a França, a Alemanha e os Estados Unidos — dominaram as questões mundiais econômicas, políticas e militares.

Parte dessa mudança compreende a elevação da Bacia do Pacífico como um poder econômico mundial. Uma segunda parte compreende o desaparecimento de todas as nações européias como um poder mundial. A Europa está buscando uma identidade característica e um papel mundial. Na verdade, a Europa, pela primeira vez em cinco séculos, não é mais uma força na constituição das questões mundiais. A Europa assumiu uma postura introspectiva, tentando definir a Europa do século XXI.

Esse retraimento da Europa do mundo teve pelo menos duas importantes conseqüências. Primeiramente, impôs-se uma liderança mais global nos Estados Unidos, justamente no momento em que o país está vivenciando uma diminuição dos recursos econômicos, militares e políticos que mantiveram sua predominância mundial desde 1945 até poucos anos atrás. Em segundo lugar, deixou a África isolada, justamente no momento em que uma nova categoria de nações está emergindo — o que alguns analistas chamam de "países em estado de colapso". Ruanda, Somália, Angola, Sudão, Moçambique e Zaire têm tantos problemas demográficos, ambientais e sociais que a anarquia criminal está emergindo como o principal perigo.

A importância estratégica desses países em estado de colapso é que sua instabilidade tem a capacidade de desestabilizar todo o globo — por meio da deterioração ambiental, da disseminação de doenças e dos refugiados econômicos que correm para as nações ricas, do Primeiro Mundo.

- O poder de realizar mudança — bem como a idéia de que é desejável mudar — é agora o que todos pensam. Em toda a História, na maior parte dos lugares do mundo, a vida era relativamente estática. A norma era a continuidade, não a mudança. Agora, a mudança é a norma mundial. As mudanças tecnológica, econômica e social estão se dando simultaneamente em todo o mundo — um fato completamente novo da História. E o resultado se dá de modo que o que acontece num lado do mundo tem uma repercussão instantânea do outro lado.

Nenhuma sociedade no planeta sabe como viver em mudança constante, radical. Nunca foi assim antes. Não temos nem idéia do que isso significa para nós do ponto de vista social ou psicológico. Mas agora estão ocorrendo simultaneamente mudanças econômicas, tecnológicas, sociais, políticas e culturais, da Índia ao México, da Indonésia ao Egito. Assim, pela primeira vez na História, todas as nações estão, simultaneamente, numa estado de crise profunda.

- O casamento das tecnologias de informação e de comunicação criou uma nova força — "telepoder" — que é a força impulsora da mudança mundial. Os computadores, os telefones, a televisão, os faxes e os robôs — ligados por cabos elétricos ou por satélites — constituem a "máquina eletrônica global" que pode enviar todos os conteúdos da *Enciclopédia Britânica* para todo o mundo em três segundos.

Telepoder quer dizer que as empresas de linhas aéreas ou os bancos podem ter muito de seu trabalho de processamento de dados feito em computadores na Jamaica e, em breve, na Índia ou na Coréia, com um custo muito menor do que se o mesmo trabalho fosse feito nos Estados Unidos. Significa que os robôs podem trabalhar 24 horas por dia, sete dias por semana, alcançando uma produtividade impossível de ser feita por seres humanos. Significa que, com os sistemas especialistas, inteligência artificial e programação sofisticada, vai se limitar o número de empregos de funcionários de nível médio e de empregos de profissionais.

Diz respeito a um mundo de supervelocidades onde o tempo de reação humana de 1,5 segundo para apertar um botão é lento demais. Significa que num período de poucos anos teremos um *chip* integrado de larga escala menor do que um vírus e que cada *chip* conterá o equivalente a um mapa de todo os Estados Unidos. Esse é o mundo de telepoder que está se aproximando.

- Nas nações industriais desenvolvidas, estamos redefinindo os papéis dos homens e das mulheres. Isso, por sua vez, leva a uma redefinição da família, que afeta o governo, porque a família é a unidade básica de governo em qualquer sociedade. É também a base de treinamento psicológico para o autogoverno. O pai representou a autoridade. Os filhos aprendem a aceitar a autoridade do pai e, à medida que crescem, transferem essa aceitação de autoridade do pai para o estado. Dessa forma, a família tem sido a base de treinamento psicológico que permite que o estado obtenha a fidelidade e a obediência de seus cidadãos. Assim, o que está acontecendo com a família hoje tem profundas implicações para a capacidade psicológica dos Estados Unidos para o autogoverno.

- As hipóteses da ciência que existem há quase cinco séculos estão dando lugar a um novo conjunto de hipóteses. A empresa científica foi construída sobre três crenças básicas: há um universo objetivo que pode ser explorado por métodos de investigação científica; o que é cientificamente real deve considerar como seus dados básicos somente o que pode ser observado fisicamente (em outras palavras, a realidade é somente o que você pode tocar e medir); e a investigação científica consiste na explicação de fenômenos complexos sob o aspecto de acontecimentos mais elementares.

Essas três hipóteses estão sendo repensadas à luz dos novos fatos. Por exemplo, a física quântica sugere que não existe aquilo que consideramos como experimento objetivo, que a pessoa que faz o experimento influencia o caráter e o resultado do experimento. Além disso, a física quântica sugere que a consciência não é o produto final da evolução material, ao contrário, que a consciência estava aqui antes. Parece haver algum grau de consciência nas partículas elementares. Elas parecem tomar decisões baseadas na informação obtida de outras partículas, e aquelas outras partículas podem estar do outro lado do universo.

Ou considere a hipótese restritiva. A abordagem cartesiana fez mais do que simplesmente dividir a investigação científica em suas partes discretas; a hipótese restritiva também separou o panorama total da existência — o que então foi chamado de Filosofia Natural — em segmentos isolados. Pela crença nas leis imutáveis, acreditava-se que esses segmentos, tais como os da economia e da sociologia, poderiam ser previstos e controlados.

Agora chegamos ao fim dessa perspectiva de quatrocentos anos de existência como uma abordagem válida para a vida. Subitamente vemos que tudo está interligado — uma visão da vida sustentada no Ocidente desde a Grécia do século VI a.C. até Descartes. Fica claro que só podemos entender um fenômeno se o considerarmos em relação com o todo de que faz parte. A interdependência emergiu como um princípio de definição do futuro.

Essa nova ciência, uma ciência de interconexões, de relacionamentos, está suplantando três séculos de uma ciência de materialismo.

A importância disso é que as mudanças no entendimento científico são a base para as mudanças na visão de mundo. Na verdade, uma mudança na visão de mundo é basicamente o processo de um novo entendimento científico funcionando a seu modo por meio dos sistemas sociais e filosóficos da vida. Assim, se realmente percebemos que a partir de 1960 adquirimos mais conhecimento científico do que em toda a História antes de 1960, fica clara a razão pela qual nossa visão de mundo está em tal convulsão.

- Por milhares de anos a questão era como proteger os seres humanos das destruições da natureza. Mas justamente em sua existência, a questão passou a ser como proteger a natureza dos excessos dos homens. Vemos as muitas expressões do movimento ambiental. Num nível mais profundo, o que estamos testemunhando não é só uma tentativa de salvar a coruja pintada ou nossas águas doces; em seu nível mais profundo, o movimento ambiental é uma tentativa de nos reintegrar com a Terra e com o ciclo na natureza dos quais nos separamos violentamente durante a Revolução Industrial e a subseqüente urbanização.

- Todas as correntes importantes do pensamento intelectual do século XX se extinguiram completamente. O marxismo desmoronou, o socialismo está desaparecendo, o totalitarismo está desacreditado (exceto na China). Até os franceses estão perdendo a crença no racionalismo. O liberalismo inspira poucos corações e pouca ação.

O modernismo, seja ele filosófico, político ou artístico, se desconstruiu. Na verdade, poucos acreditam que haja qualquer tradição deixada para o futuro. Poucos também acreditam que o futuro promete muito progresso. O que era de vanguarda desapareceu, porque ninguém, na cultura, está do lado da ordem ou da tradição. Enquanto a ciência continua inquebrantável, a crença de que ela vai dar a palavra final sobre a vida já se desfez.

Alguns dizem que chegou "o fim da História". Mas, na realidade chegamos ao fim da "história nacional". A partir de agora, toda a História será mundial.

O colapso dessas várias correntes intelectuais nos lega uma cultura e uma estrutura social que foram separadas. O reino técnico-econômico é conduzido pelos princípios de racionalidade e eficácia. O reino político é teoricamente conduzido pelo princípio de igualdade, e o reino cultural, pela auto-expressão irrestrita. Tudo isso nos deixa buscando em vão por autoridade e legitimidade em nossas instituições e por algum tipo de crença transcendente na sociedade em geral.

Limites Que Estão Desaparecendo

Está declinando o nacionalismo, no sentido do século XIX, de constituir os limites externos de uma consciência política das pessoas. O que vemos em lugares como a Bósnia, a Ucrânia, a Eslováquia e outros não é o nacionalismo histórico, mas uma velha etnicidade que está clamando por uma nova identificação.

Durante séculos, as pessoas viveram dentro de seus próprios limites étnicos, nacionais ou culturais. Tais limites deram às pessoas uma sensação distinta de identidade, de pertencer a uma unidade social claramente definida. Dentro de um espaço de tempo relativamente curto, todos aqueles limites, na medida em que constituem os limites externos de um senso de identidade das pessoas, foram apagados e estabeleceu-se um novo limite. Lembra quando você viu pela primeira fez uma foto da Terra tirada do espaço? Naquele momento, a visão que tínhamos sobre quem éramos e a que grupo cultural pertencíamos foi mudada para sempre. De repente, nós nos vimos como parte de uma comunidade humana.

Embora os grupos culturais e nacionais continuem existindo, eles não formam mais um limite psicológico pertinente. Assim, o problema com o qual cada um de nós depara é: Com quem eu me identifico? Qual é meu grupo? Será que eu ainda tenho um grupo?

A resposta, evidentemente, é não. Como uma unidade fechada psicologicamente, separada, isolada, todos os grupos que conhecemos no passado estão agora se unindo numa família humana maior. Cada pessoa está deparando com a penosa necessidade de ajustar-se a essa nova realidade.

Essa nova condição significa identificar-se não somente com aquilo que costumava ser meu grupo ou nação, mas com uma humanidade maior. Significa uma expansão de consciência, de essência e espírito, de tal forma que todos nós nos desenvolvemos até o ponto em que nos sentimos à vontade com as pessoas de todas as nações, raças e culturas.

Toda essa mudança está forçando as nações a redefinirem a nacionalidade por toda parte. Estamos testemunhando a erosão do estado-nação pela informação urgente que vem de baixo e pelas exigências de interdependência que vêm de cima. O conceito de nação, apesar de ser ainda uma necessidade administrativa, não aprisiona mais a imaginação das pessoas e sua obediência à nação como antes. Assim, estamos lutando por uma nova definição de algum tipo de autoridade supranacional. As autoridades mundiais agora intervêm naquilo que se costumava considerar questões nacionais. Vimos isso no Iraque, na Somália e na Bósnia.

Essa redefinição de nacionalidade dentro de um contexto mundial está se dando em todos os lugares — Rússia, Leste Europeu, Alemanha, África do Sul e Índia. E o mesmo está acontecendo nos Estados Unidos; estamos redefinindo a América.

Antes de 1960, 60% da imigração nos Estados Unidos vinha da Europa. A partir de 1960, 60% da imigração começou a vir de outras nações que não a Europa. Em Dade County, na Flórida, há 123 nacionalidades no sistema escolar. Em Chicago, há mais muçulmanos do que metodistas, mais hindus do que presbiterianos. Em 2025, na Califórnia do Sul, o espanhol será a língua do cidadão comum; o inglês será falado por profissionais e pelas classes cultas.

Ninguém está sugerindo que o estado-nação está para desaparecer. Mas assim como a consciência das pessoas e a experiência se expande, o mesmo se dá com o senso coletivo de identificação. Em toda a parte o conceito de nacionalidade não consegue estimular a imaginação como o fazia no passado.

Uma Nova Base de Crença

Todas essas mudanças criaram um ambiente de instabilidade e incerteza no qual nossa economia deve atuar. Mas está acontecendo algo muito mais básico. A verdadeira semente da crença a partir da qual cresceu o capitalismo, se é que posso usar a metáfora, é ter seu DNA recombinado. E nesse caso eu estou me referindo à mudança psicológica/espiritual que está ocorrendo profundamente na psique, no reino do mito, do símbolo e da questão fundamental de quem somos e o que somos.

O que os Estados Unidos vivenciaram durante todo o século XX foi a desintegração gradual de nossas imagens interiores de inteireza espiritual e psicológica. Por quase dois milênios, o cristianismo serviu como núcleo espiritual e expressão cultural da integridade interior da psique ocidental. Durante séculos, Cristo foi o símbolo central da cultura ocidental e da totalidade psicológica. A ênfase estava no lado interior, subjetivo da vida.

Então veio a era do racionalismo científico, que dizia que era realidade somente o que podia ser visto, tocado, medido ou verificado por experimentos repetidos. Nesse momento a personalidade ocidental foi cindida: o sentido espiritual foi considerado como opinião, enquanto a ciência foi vista como um fato. As questões espirituais se tornaram um problema do coração, enquanto a ciência tornou-se uma preocupação da mente. Essa visão cindida da realidade foi tamanha que em 1829, ao descrever os sinais dos tempos na Inglaterra industrial, Thomas Carlyle observou: "os homens perderam sua crença no Invisível e acreditam, esperam e trabalham somente no Visível".

Embora o cristianismo tenha sido a primeira crença espiritual dos Estados Unidos e da maior parte das nações ocidentais, já não é mais a dinâmica interior que forma sua cultura. Dessa maneira, sua cultura foi desatada de qualquer sistema de crença e deixada sem símbolos transpessoais de inteireza psíquica. Temos uma cultura que não tem um único leme unificador psicológico ou mesmo uma âncora que seja. Por conseqüência, ela não tem respostas para as questões básicas da vida, o suplemento do que tem sido a função histórica da cultura.

À medida que essa desintegração das imagens internas foi ocorrendo, uma nova visão se impôs gradualmente ao longo deste século, e em grande escala, por causa da mecânica quântica. Essa nova visão sustenta que é impossível uma compreensão total da realidade se não se considerar a vida interior, subjetiva do indivíduo. Tanto a pesquisa quanto a experiência nos mostraram que nossa vida interior está muito mais relacionada com o formato da realidade externa do que imaginávamos.

Assim, hoje a atenção está novamente no ser interior individual. Essa busca interior assume muitas formas. Algumas não parecem autênticas e sem dúvida alguma vão desaparecer. Mas é a busca por uma nova realidade interior que é importante e não tanto a forma.

Essa busca ingressou no mundo empresarial nos Estados Unidos. Por exemplo, considere a nova ênfase na intuição como uma outra dimensão de administração. Enquanto alguns psicólogos podem classificar a intuição como um traço particular do caráter, muitos outros acreditam que a intuição pode ser uma forma de conhecimento que está além de nosso estado atual de consciência.

Dessa forma, não é de surpreender se pensarmos que a Harvard Business School está dando cursos sobre a reflexão interior, ou que a AT&T fez com que alguns de seus gerentes mais antigos lessem poesia, na tentativa de expandir sua vida interior, ou que tanto a Pepsi quanto a Aetna fazem seminários sobre como desenvolver um centro interior de reflexão como base para tomada de decisão bem fundada. Algumas pessoas pensam que isso é um contra-senso e, às vezes, pode ser realmente. Mas o ponto importante é que isso reflete uma busca mais profunda que está acontecendo.

Estamos falando sobre o surgimento de uma nova visão de mundo. Encontrá-la não é um processo racional. Não é como começar um negócio ou aprovar uma lei. Não é algo que está surgindo de Washington ou de qualquer religião organizada. É algo que vai emergir da energia dos cidadãos privados que buscam os sentidos mais profundos da vida, mesmo quando eles enfrentam mudanças violentas. Essa é a essência da busca espiritual que está ocorrendo nos Estados Unidos. Tudo isso faz parte da descoberta de uma visão de mundo para o futuro.

Temos a rara oportunidade de viver um momento histórico do surgimento de uma nova visão de mundo. Mais que isso, cada um de nós tem uma chance, qualquer que seja a maneira que julguemos melhor, de contribuir para a criação dessa visão de mundo que está emergindo. Tal contribuição deve se tornar um aspecto normal dos negócios no século XXI.

 *Harlan Cleveland é presidente da World Academy of Art and Science. Formado na Princeton University e Rhodes Scholar, em Oxford, nos anos 30, ele também foi um especialista em economia de guerra (em Washington, Distrito de Colúmbia) e administrador dos grupos de auxílio das Nações Unidas (na Itália e na China) nos anos 40; um diretor de auxílio estrangeiro (Plano Marshall), editor crítico de revista e editor (The Reporter) e reitor de pós-graduação (a Maxwell School of Citizenship and Public Affairs na Syracuse University) nos anos 50. Foi secretário-assistente do governo para as questões de organização internacional na gestão do Presidente Kennedy. É autor de vários livros sobre as questões de liderança executiva e questões internacionais, incluindo* The Birth of a New World: An Open Moment for International Leadership.

Capítulo 2

Começar o Mundo Novamente

Harlan Cleveland

Nós temos o poder de começar todo o mundo novamente. Desde os tempos de Noé não apareceu uma situação semelhante a essa. Está muito próximo o nascimento de um novo mundo.

Isso foi o que Tom Paine escreveu em 1775. E talvez com uma hipérbole um pouco menor, é assim que temos todo o direito de nos sentir hoje — se levarmos a sério as chances e as escolhas que estão à frente nesse momento visível nas questões mundiais. A idéia da escolha política está fracassando completamente. O direito de escolher já é a metáfora dominante dos anos 90; o século XXI pode provar ser a Era da Escolha.

A lição mais importante dessa época de nossa vida é clara o suficiente: As pessoas, não os líderes, estão fazendo a liderança. Agora é hora de começar a digerir essa lição e pensar seriamente sobre o que isso significa para nossas responsabilidades individuais nos anos 90 e depois deles.

Assistimos a dois anseios contrastantes e discordantes: a reforma de cima para baixo e a efervescência da escolha política que vem de baixo.

- Na República Popular da China, persiste o pequeno grupo de reformadores tradicionais, autoritários — sócios, amigos e relacionamentos vitalícios. Mas o prudente autor das desigualdades não apostaria se eles vão prosperar ou não, mas quão breve eles vão ser suplantados.

- Na Europa Oriental, houve algumas declarações precipitadas da reforma de cima para baixo forçada pelos líderes comunistas sob a coerção de multidões agitando cartazes. As efervescências da escolha política se ergueram e sufocaram a maior parte dos velhos líderes; poucos, especialmente na Romênia, Bulgária, Lituânia e Ucrânia sobreviveram à primeira onda de reforma pela abjuração rápida, tornando-se, da noite para o dia, social-democratas.

- Na União Soviética, Mikhail Gorbachev continuou tendo de ajustar o espírito de reforma desencadeado por sua defesa da abertura — o que rapidamente se tornou uma insistência na escolha e autodeterminação com vida própria.

A Difusão do Conhecimento

O que produziu, entre os seguidores que estão conduzindo seus "líderes", essa cacofonia quase global de mudança? Mais do qualquer outra coisa, eu acho que o dínamo central foi precisamente a difusão do conhecimento: o impacto revolucionário de conseguir que milhões de pessoas cultas, especialmente jovens, pensem por si mesmas — e aprendam e usem sistemas modernos de informação.

Como conseqüência, todos os tipos de premissas foram repentinamente questionadas: que as explosões nucleares são úteis do ponto de vista militar, que a guerra fria é para sempre, que fazer política depende dos líderes, que a pobreza é inevitável, que a soberania nacional não pode ser reunida num objetivo comum, que a poluição é necessária para o progresso econômico, que a estabilidade e o equilíbrio são mais importantes do que a eqüidade, que os empréstimos bancários imprudentes têm de ser reembolsados, que o sigilo é a base apropriada para o governo.

As premissas vieram a ser discutíveis porque mentes cultas, muitas delas mentes jovens, aprenderam a discuti-las. Não é por acaso que a mudança freqüentemente começa com "os estudantes" e não com *os miseráveis*, o mais pobre dos pobres.

Depois que "os estudantes" tiverem escancarado a porta (às vezes encontrando-a surpresamente indefesa), haverá muitas outras pessoas, e até mesmo "líderes", que vão se reunir para escancará-la ainda mais. Essas são freqüentemente pessoas com mais idade e experiência, acovardadas na paralisia por essa verdadeira experiência, convencidas primeiramente de que nada pode ser feito porque não foi feito antes ou ciosas de seus pequenos interesses, não pondo em risco a boa ordem — até que jovens imprudentes (tais como aqueles que vociferaram contra o reduto de Nicolae Ceausescu, em Bucareste) criam uma escolha, e frustrações sufocadas por muito tempo levam o povo cauteloso a "votar conscientemente" ao optar por mudar. A difusão da educação ao redor do mundo, dessa forma, está corroendo a pirâmide de poder, riqueza e discriminação que parece ser granito mas revela ser arenito poroso, que se esfarela sob pressão.

Os estudantes ainda não sabem como administrar uma economia ou governar uma sociedade, mas eles observam que seus antepassados também não são muito bons em administrar e governar. Eles estão certos da necessidade de abrir o que ficou fechado, revelar o que ficou escondido, substituir a sina subumana pela escolha humana e atrair todas as formas de "intocáveis" da periferia para o centro, onde as escolhas parecem estar feitas.

A determinação, de milhões de pessoas cultas, de ter voz ativa em seu próprio destino parece ter sempre sofrido resistência, a curto prazo, por aqueles que já o fizeram. A longo prazo, dada a amplitude do conhecimento, parece ser irresistível — ontem nos estaleiros de Gdansk, na Praça Wenceslas e na Academia de Ciências Soviética, hoje nas repúblicas soviéticas, na África do Sul e nos governos civis da América Latina, tão diferentes quanto Nicarágua e Chile, e amanhã nas monarquias, nas teocracias e nos sistemas autoritários como os estados do Golfo Pérsico, Cuba, Coréia do Norte, Indonésia, Birmânia e China, para falar só dos candidatos mais óbvios para a mudança política.

Muitos de nós que vivem em instituições democráticas cresceram pensando que tínhamos um tipo de mapa para o desenvolvimento da democracia — a nossa própria. Nos Estados Unidos, comemoramos, recentemente, o aniversário de bicentenário de nosso experimento de "ninguém no comando", a Constituição dos Estados Unidos. Mas o movimento democrático de hoje é mais amplo e mais profundo do que a Declaração e os Grandes Acordos de alguns homens brilhantes, requintados para seu tempo, alguns dos quais ainda senhores de escravos, homens conhecedores do mundo, versados, aventurando-se a falar (com clareza e eloqüência impressionantes) para pessoas em toda a parte.

Agora, mulheres e homens de todas as espécies e raças e estilos de discurso estão defendendo a si próprios, às centenas e milhares numa praça pública após outra, aos milhões quando eles têm a chance de votar por seu próprio destino. Seus líderes "estabelecidos" estão atrás deles, bem atrás deles, apressando-se numa presunção ofegante de que as exibições do novo estilo ainda precisam dos sons de tambores à moda antiga. Enquanto isso, emergem os novos líderes, progressivamente, tanto homens como mulheres, em sua maioria pessoas cultas — jornalistas, escritores, professores, líderes de classes trabalhadoras, empresários, funcionários civis — levadas a posições formais de poder pelos rumores vulcânicos das massas recentemente mobilizadas.

No Ano da Democracia, em 1989, estávamos assistindo a uma estupefação e a uma euforia quando o grande bloco de gelo da guerra fria se partiu. Alguns dos maiores *icebergs*, assim, se soltaram nas águas quentes da política mundial quando começaram, por sua vez, a se fragmentarem em *icebergs* menores. O resultado pode ser quase tão perigoso quanto o antagonismo frio das duas potências nucleares.

Os Efeitos da Diversidade Cultural

Afinal de contas, o que mais está chocando com relação a essas séries de eventos atordoantes não é a cascata de conversões à democracia, é a diversidade cultural que está fracassando completamente — a ebulição total dos ressentimentos em nome das tradições culturais descobertas recentemente ou quase esquecidas.

Há muitos milhões de chineses estrangeiros e separatistas russos, milhões de húngaros e romênios e turcos e curdos e palestinos e eritreus e falantes do tâmil e ibos e zulus e tibetanos, milhões de muçulmanos e hindus e sikhs vivendo em outros recantos do subcontinente asiático, e milhões de habitantes de Quebec e índios norte-americanos que não reconhecem como sua "nação" o "estado" em que se encontram. Migrações em massa e índices diferenciais de procriação estão criando, cada vez mais, sociedades onde "todos são uma minoria".

A idéia de uma sociedade multirracial, multicultural, tanto com um enfoque nacional quanto com uma perspectiva global, desbravada, aos empurrões, pelos Estados Unidos, Canadá e Brasil, pode provar ser uma das grandes inovações sociais do século XX. Longe de misturar a rica diversidade mundial de culturas num bloco não diferenciado, as tecnologias globais que mostram o mundo como uma unidade, também ajudam a intensificar um turbilhão de conflito entre as tribos, os grupos étnicos, os sistemas de crença e as "nações" no sentido original, cultural da palavra.

A diversidade cultural é extremamente valiosa. É o que deveríamos estar experimentando para tornar o mundo seguro. A diversidade cultural, no entanto, está numa rota de colisão com dois outros valores sobre os quais o século XXI terá de ser construído.

Um deles é o "impulso" visível da sociedade e da tecnologia modernas, que torna possível pensar no mundo como uma unidade — como um mercado global para produtos, serviços e dinheiro, como uma comunidade global na qual a guerra nuclear não é permitida e na qual nenhuma criança deveria ir dormir com fome.

A outra colisão está entre as filosofias de comunidades raciais e culturais e uma idéia contrastante codificada na Declaração Universal dos Direitos do Homem — e tão fundamental para os americanos que, há muito tempo, foi embutida em nossa Declaração de Independência e na maior parte das emendas da Constituição norte-americana. É a idéia dos direitos humanos, individual e inalienável, tão eficaz como idéia que já se qualifica como a primeira grande estrela na história da filosofia política. Desse ponto de vista, uma pessoa tem direitos não porque é um membro de uma nação, de um grupo, de uma classe, de uma categoria étnica ou até mesmo de uma família, mas pelo fato de ter nascido na raça humana.

Assim, ao mesmo tempo que comemoramos o anseio humano de identificar-se com os que são da mesma opinião e a mudança política que isso está realizando em quatro continentes, precisamos pensar seriamente no que eu chamo de "trilema" — como conciliar a diversidade cultural humana com os direitos humanos do indivíduo e as oportunidades globais humanas.

Os anos 90 serão o "momento de abertura" mais importante na política mundial, pelo menos desde aquela época extraordinária no final dos anos 40 e início dos anos 50, quando o "mundo pós-guerra" foi concebido e nasceu das cinzas de uma grande guerra. Desta vez, não podemos permitir a guerra como um estímulo para o novo pensamento; temos de fazer nosso "plano pós-guerra" antes da guerra.

Agora o mundo precisa de muitos líderes em vários domínios — líderes para redesenhar sociedades caracterizadas por conhecimento em expansão, líderes que têm empatia pelos anseios de justiça, líderes que podem reconciliar os imperativos globais de tecnologia com a proteção da diversidade humana e dos direitos humanos do indivíduo. Os riscos do dia-a-dia assumidos por líderes transformadores — homens e mulheres que fazem diferença — são os fatores-chave no dinamismo de uma organização única ou de toda uma sociedade.

A opção, sempre tentadora, está lá para cada um de nós, de nos deixar levar, assistindo às iniciativas dos outros, não tomando a liderança, não procurando alcançar (ou mesmo não aceitando) responsabilidades maiores à medida que nossa vida e carreira progridem. Mas cada um de nós que tem a ambição de ajudar a conduzir nossos "líderes" — a se responsabilizar por nosso destino coletivo — estará mais do que completamente empregado. No mundo todo, está crescendo muito mais rápido do que se podia esperar a necessidade de pessoas que se unam a outras pessoas para fazer com que aconteça algo diferente. Em nossos tempos é muito incomum — muito comovente, trágico e absurdo — que eles peçam de nós um extraordinário senso de missão.

Willis Harman *é presidente emérito do Institute of Noetic Sciences, em Sausalito, Califórnia, e é um co-fundador e membro da World Business Academy. É autor e co-autor de muitos livros e artigos. Uma edição revista de seu livro* Global Mind Change: The Promise of the Last Years of the Twentieth Century *foi publicada em 1997.*

Capítulo 3

Um Sistema em Declínio ou em Transformação?

Willis Harman

Uma mudança cultural fundamental ocorreu no mundo ocidental por várias décadas. O quadro dominante da realidade está mudando por uma razão básica: A visão moderna, que parecia estar nos trazendo triunfo após triunfo, não funciona mais. Não funciona para as pessoas comuns, mesmo aquelas que são bem-sucedidas no sistema atual, porque seus valores não são suficientemente satisfatórios. Não funciona para o meio ambiente que está se deteriorando regularmente. Não funciona para as gerações futuras, cujo bem-estar está se reduzindo pelos excessos atuais. Não funciona para a maior parte da população da Terra, que mora, em sua grande parte, no assim chamado mundo em desenvolvimento.

As características mais fundamentais dessa mudança parecem ser:

- *Ênfase crescente na ligação de tudo com tudo* — não somente as "coisas" do mundo exterior, mas também nossa experiência interior, subjetiva. Esse elemento tende a ser progressivamente central nos movimentos ecológicos, feministas, da "nova espiritualidade" e de outros movimentos sociais.

- *Uma mudança na localização da* **autoridade**, *do exterior para o interior.* Seja na religião, na política ou na ciência, vemos um desencantamento crescente com as autoridades exteriores e uma confiança progressiva na autoridade e sabedoria intuitivas, interiores. Talvez essa mudança seja mais evidente na ênfase sobre a intuição e na hipótese de uma divindade interior na psicologia transpessoal e em outras formas de "nova espiritualidade".

- *Uma mudança na percepção da **causa**, do exterior para o interior.* O significado fraco de uma afirmação como: "Nós criamos nossa própria realidade" é que o modo como percebemos o mundo à nossa volta (e nós mesmos) é afetado pelos conteúdos de nossas mentes inconsciente e pré-consciente. O significado mais forte de tais afirmações (e a asserção "Não há coincidências") é que, na verdade, somos co-criadores do mundo e que a causa definitiva deve ser procurada não no plano físico, mas na consciência.

Está aumentando o contraste existente entre essas características e as hipóteses objetivistas, positivistas e reducionistas da sociedade moderna. Num artigo recente, Ken Wilber oferece um modo útil de pensar sobre essa colisão cultural.[1] Ele observa que as visões de mundo de praticamente todas as sociedades, com exceção do Ocidente moderno, concordaram em algumas características essenciais. Uma compreensão central dessa "sabedoria perene" é que o mundo das coisas materiais está, de alguma forma, encerrado num universo *vivo*, o qual, por sua vez, está dentro de uma esfera de consciência, ou Espírito. De modo semelhante, uma célula está dentro de um órgão, que está dentro de um corpo, que está dentro de uma sociedade... e assim por diante. As coisas não são — não podem ser — separadas umas das outras; tudo é uma parte dessa "grande cadeia da vida".

Uma forma clássica dessa hierarquia é matéria-corpo-mente-alma-Espírito. Dois pontos importantes devem ser notados. Um é o clamor de que o ser humano pode, potencialmente, ser consciente direta, intelectualmente em todos os níveis, da matéria ao Espírito. O outro é que, finalmente, nessa Unidade, tudo é a causa de tudo (desde que tudo é parte de uma única unidade em evolução). Desse modo, a causalidade prossegue tanto descendente como ascendentemente na hierarquia. Por exemplo, num certo sentido, as interações químicas nas células musculares em meu bíceps fazem com que meu antebraço se eleve, mas em outro sentido, a causa é minha intenção de elevá-lo.

Nessa representação de "sabedoria perene" da realidade, há um *continuum* da matéria ao Espírito. A ciência ocidental escolhe focalizar na extremida-

---

1. Ken Wilber, "A grande cadeia da vida", *Journal of Humanistic Psychology*, vol. 33, nº 3, verão de 1993, pp. 52-65. Também em Roger Walsh e Frances Vaughan, *Paths Beyond Ego: The Transpersonal Vision*. Los Angeles: Tarcher, 1933.

de material do *continuum*, e somente na causa ascendente. Nesse simples fato reside tanto o poder (basicamente, de criar tecnologia manipulativa) quanto a limitação de sua epistemologia. Essa restrição da ciência a apenas uma porção da "grande cadeia da vida" foi útil e justificável por um determinado período na História. O único erro cometido foi ficarmos tão impressionados com os poderes da ciência de previsão-e-controle, que estávamos tentados a acreditar que aquele tipo de ciência poderia nos conduzir a uma compreensão do todo.

Agora, o que precisa ser feito, nesta conjuntura, é conservar o espírito científico de visão ampla e a tradição de confirmação pública e aberta do conhecimento (quer dizer, a abjuração de um sacerdócio científico), mas abrir o campo da investigação para todo o *continuum*, tanto para a causalidade ascendente quanto para a descendente. Uma boa pergunta é o que será feito da ciência dentro em breve. Até lá, a legitimidade da reivindicação da ciência de ser a única autoridade cognitiva geralmente reconhecida no mundo moderno será cada vez mais desafiada.

O significado dessa mudança na visão de mundo é comparável à mudança de visão de mundo e da secularização dos valores no final da Idade Média. A mudança de Copérnico fundamentou o mundo moderno; a mudança atual vai estruturar o mundo que está por vir. A propensão do mundo moderno para julgar todas as coisas em termos econômicos, com seu foco inerente de curto prazo, tem suas raízes no materialismo da visão de mundo científica atual. Nessa conjuntura, os valores maiores têm pouca força, já que eles não são julgados como a base da realidade. O movimento contemporâneo em direção a uma visão de mundo mais transcendental aumenta a plausibilidade do afastamento do capitalismo baseado no crescimento e da sociedade, postulada acima, focada na produção. À medida que esse movimento continua a ganhar força, a legitimidade da velha ordem será progressivamente retirada.

De um modo ou de outro, acabará o capitalismo baseado no crescimento — ou num colapso tempestuoso ou numa reforma exaustiva, porém tranqüila. Mesmo que possamos ver os sinais crescentes da desintegração dos velhos experimentos, podemos ver uma grande quantidade de novos experimentos — pequenas empresas, novas formas de empresariado, novos arranjos de administração trabalhador-proprietário, novas formas de comunidade, economias alternativas — que sugerem que a substituição do sistema já está em formação. O sonho de um mundo melhor, que animou a sociedade liberal no passado, não está morto, mas pode ser reativado com uma nova forma.

Para resumir, a revolução já está acontecendo. Compreende tanto um novo tipo de pessoa de negócios quanto uma reestruturação dos negócios que conhecíamos. As grandes corporações estão diminuindo em tamanho e se desmaterializando diante de nossos olhos. Em muitos casos, os fragmentos organizacionais e as pessoas descartadas criam novas entidades de paradigma, com um novo conjunto de valores operacionais e um novo sentido da verdadeira missão dos negócios.

É uma época crítica — uma época na qual será decidido se a transição inevitável será uma evolução comparavelmente ordenada ou se nossos medos vão realizar a contraparte das guerras religiosas que caracterizaram o fim da Idade Média.

O importante a se observar com relação a essa mudança na visão de mundo é que nela está um desafio implícito aos objetivos aceitos da sociedade moderna. Os conceitos fundamentais de negócios e de trabalho, de emprego e teoria social, de análise liberal e marxista são todos baseados na sociedade *focada na produção*. Pode ter feito sentido, no passado, pensar na produção econômica como o objetivo *de facto* da sociedade; pensar numa fração sempre crescente de toda a atividade humana sendo tratada como mercadorias na economia dominante; assumir que o relacionamento básico das pessoas com a sociedade se dá pelo trabalho; ter o pensamento social dominado por conceitos de escassez, sigilo comercial, competição e troca monetária. No entanto, se estivermos voltados para um futuro no qual se pode conseguir maior produção do que o necessário com o envolvimento de apenas uma fração da força de trabalho disponível, esse conceito ainda faz sentido a longo prazo?

A questão básica, à medida que olhamos à frente, não é como podemos estimular mais demanda por produtos, serviços e informação nem como podemos criar mais empregos na economia dominante. Especialmente à luz da visão de mundo em mudança, a questão-chave é muito mais fundamental. É basicamente uma questão de significado: Qual é o objetivo central das sociedades altamente industrializadas e tecnológicas quando a produção econômica não é mais um objetivo central razoável, em parte porque não conduz a um futuro global viável?

Uma resposta seria que o objetivo de acelerar o crescimento e desenvolvimento humanos em sua extensão máxima e promover o aprendizado humano na definição mais profunda e ampla possível é muito mais compatível com a visão de mundo emergente. As motivações implícitas na visão emergente da natureza humana se ajustam a esse objetivo; elas não se ajustam ao consumo insensato, à aquisição material e ao crescimento econômico sem limite.

PARTE 2

Situações Difíceis e Soluções em Finanças e Economia

Parte da questão sobre o que não está funcionando e o que pode ser feito com relação a isso está diretamente ligada a sistemas financeiros e econômicos. A economia industrial atual ameaça a sustentabilidade ambiental. Esse não é um pensamento novo, mas é importante reconhecer a situação difícil a que a sociedade moderna chegou e a necessidade de prosseguir prontamente com o que Hazel Henderson chama de "revigorar a economia". Um outro aspecto é o aumento do poder empresarial não-responsável e da dominação crescente do pensamento e dos valores econômicos — do antigo capitalismo por meio de Bretton Woods, do Fundo Monetário Internacional (FMI), do Banco Mundial, da Associação Norte-americana de Livre Comércio (NAFTA) e do Acordo Geral de Tarifas e Comércio (GATT), todos fortemente apoiados e influenciados pelas organizações financeiras e empresariais multinacionais, cada vez mais poderosas. A observação do que aconteceu nas décadas recentes resultou na formulação da "pergunta proibida" com respeito aos aspectos negativos do crescimento econômico infinito.

Um fator importante nos problemas do mundo moderno está na postura com relação ao dinheiro, especialmente, a tendência de monetizar cada vez mais a atividade humana e o conceito aceito de fazer dinheiro com dinheiro (substituindo o conceito de usura, o que em outra época era proibido). Como vimos antes, à medida que a atividade humana se monetizou progressivamente, uma conseqüência é o banimento das pessoas sem empregos e o imperativo do crescimento econômico com vistas a criar empregos. Quanto a fazer dinheiro com dinheiro, quando há um alto índice previsto de retorno de dinheiro emprestado ou investido, isso influencia (essencialmente pelos valores futuros descontados ao valor presente) as decisões em direção a uma visão de curto prazo. Isso provoca decisões erradas de um ponto de vista de conservação de recursos e preocupações ecológicas. Combinados com a dívida, os altos índices provocam dependência e mudança de riqueza do pobre para o rico (principalmente por causa da grande quantidade de serviço da dívida que circula na economia e pelo fato de que essa finalmente migra para aqueles que já têm capital para investir, emprestar ou arriscar).

A globalização da economia, conseguida com a remoção das barreiras para o livre fluxo de produtos e serviços em toda a parte no mundo, estimula a competitividade, aumenta a eficácia e o crescimento econômicos, cria empregos (em alguns lugares), reduz os preços ao consumidor e geralmente é considerada benéfica a quase todas as pessoas. O grande excedente na economia moderna vem, principalmente, de uma economia em expansão. A expansão só pode ocorrer se houver um aumento na oferta de dinheiro. A principal forma de oferta de dinheiro que tem sido expandida se dá por intermédio da dívida, tomando-se emprestado.

De acordo com os medos pós Segunda Guerra de retomada da Grande Depressão, três desenvolvimentos apoiaram o crescimento por duas décadas. O primeiro foi a mudança cultural anunciada, deliberada da "sociedade frugal" para a "sociedade de consumo". O segundo foi o abandono da ética inflexível de não se venderem armas para outros países. Um terceiro foi a solução imperialista de se investir no exterior e vender a produção também no exterior; essa política ainda está sendo seguida por mecanismos como NAFTA e GATT. Todas essas três abordagens estão com problemas. O consumo crescente exacerba os problemas ambientais, bem como a militarização do globo, também crescente, junto com outros inconvenientes óbvios. O enfoque imperialista é limitado porque, no final, o mundo é um sistema fechado.

Alguns países, especialmente os que estão à margem do Pacífico, estão tendo êxito em se tornar economicamente ricos. No entanto, para muitos países em desenvolvimento, a transferência de riqueza da nação pobre para a rica na forma de serviço da dívida excede em muito a transferência na direção contrária pela ajuda comercial e ao desenvolvimento. As dívidas que eles não podem pagar forçam os países em desenvolvimento a contar com vendas de mercadorias para exaurir e depauperar seus solos. As riquezas naturais não são usadas para o desenvolvimento, mas para cumprir obrigações financeiras a credores no exterior. Como resumiu o relatório da Brundtland Commission, *Nosso Futuro Comum* (U.N., 1987): "A desigualdade é o principal problema 'ambiental' do planeta; é também seu principal problema de desenvolvimento".

Ao longo do tempo, o resultado líquido das forças econômicas descrito acima foi estabelecer um enorme excesso de fluxo de caixa de centenas de bilhões de dólares (ou muitos trilhões de ienes) que oscila ao redor do mundo procurando oportunidades de investimento e de especulação. A existência desse imenso grupo de capital de investimento cria uma pressão constante para grandes projetos, tais como as usinas nucleares, grandes barragens e usinas hidrelétricas e armamentos modernos. O setor militar, especialmente, produz grandes margens de lucro e é relativamente imune à saturação, contanto que o fantasma dos "inimigos" ameaçadores possa ser mantido. Por outro lado, os investimentos em projetos ecológica e socialmente desejáveis, tais como a utilização da energia solar e do vento, é desestimulada porque suas taxas de retorno são tipicamente mais baixas do que as dos mercados financeiros.

Quando a norma são as altas taxas de retorno em investimentos, o índice no qual o futuro é desconsiderado também é alto. Se numa análise econômica o futuro é desconsiderado em 10% ou mais, ele se eleva para formalizar o princípio de que o bem-estar das gerações futuras não conta, já que tem pouca influência nas decisões econômicas atuais. Dizendo de outra maneira, as enormes pressões são feitas pelos mercados sobre os presidentes das empresas para que tomem decisões que sejam dinâmicas em termos de retorno financeiro de curto prazo, mas estúpidas, do ponto de vista social e ecológico e irresponsáveis a longo prazo.

Sem dúvida, o jogo de azar foi, no passado, considerado universalmente ruim para a estrutura social, já que tende a recompensar o talentoso e punir a grande maioria que procura somente conseguir um pagamento justo por um dia de trabalho. Uma mudança cultural recente nos afastou da condição de sermos uma sociedade na qual o jogo de azar era desaprovado e, mais exatamente, proibido, e nos levou a uma sociedade na qual essa prática é um estilo de vida. Os governos descobriram que lançar uma loteria é um modo simples de elevar o dinheiro sem gerar resistência no contribuinte. Os mercados financeiros se tornaram mais um lugar de especulação do que de investimento, com grandes fundos de pensão e companhias de seguro entre os "atores" principais. Desde o colapso dos acordos de estabilização monetária da Bretton Woods, os negócios em moedas nacionais contribuem enormemente para o fluxo financeiro. Os muitos trilhões de dólares por ano de negócios mundiais correspondem a não mais do que uma pequena porcentagem do fluxo financeiro total mundial, que monta a trilhões por semana. A grande predominância dos fundos que passa eletronicamente ao redor do mundo não tem absolutamente nada que ver com os tipos de produtos e serviços que encarecem a vida do ser humano. A caracterização do planeta como um grande cassino não é um exagero.

Uma grande parte do dilema é que a sociedade moderna conduz (ou pelo menos defende) suas decisões mais importantes principalmente com base em valores e lógica econômicos. Estamos tão habituados com isso, que deixamos de notar que *não há uma razão básica para supor que a lógica econômica vá conduzir a decisões sociais boas, para não falar em decisões sólidas no sentido de um sistema completo.* Contrariamente, a lógica econômica é quase sempre aplicada na direção da otimização de alguns aspectos de um subsistema limitado. Os valores econômicos expulsam os valores sociais e ecológicos. A lógica econômica tende a menosprezar ou omitir aquelas qualidades importantes que não são quantificáveis — "se você não pode contá-las, elas não devem ser consideradas". Além disso, ela não leva em conta o futuro, que é uma maneira formalizada de dizer que o bem-estar das gerações futuras também não conta.

Tudo isso leva à necessidade de se repensarem aspectos fundamentais dos sistemas econômico e financeiro. Uma reavaliação cuidadosa parece implicar a necessidade de uma importante reestruturação dos sistemas bancário e monetário e de uma localização e desglobalização, de certa forma.

Um dos aspectos mais surpreendentes do "que não está funcionando" é, para muitas pessoas, o problema do dinheiro baseado em dívida. Foi fácil esquecer que há uns 25 anos nós ainda assumimos que as principais moedas do mundo estavam firmemente baseadas em metais preciosos, ouro e prata. Em meados dos anos 70, as moedas perderam essa base e elevaram-se à categoria de moeda baseada em dívida, como ainda hoje. As implicações dessa mudança no sistema monetário mundial ainda não estão totalmente claras, mas uma lição está cada vez mais evidente: um dos fatores mais importantes na formação da sociedade do futuro será o sistema monetário adotado.

Exemplos recentes do colapso do peso mexicano e da falência do Banco Barings nos faz lembrar a extrema instabilidade do sistema especulativo conhecido como economia mundial. Como Harlan Cleveland afirma em seu capítulo, nesta seção, "o valor do dinheiro é um grande jogo de confiança, agora tão grande e complexo que ninguém se responsabiliza por ele". Ele descreve a situação monetária mundial atual como uma neurose aguda dos mercados financeiros mundiais. Toda a pirâmide é sustentada apenas pela confiança. O sistema monetário internacional está cronicamente correndo risco de um colapso nervoso. São necessárias regras "constitucionais" — regras que definam os limites de poder dos centros de poder econômico.

De acordo com Joel Kurtzman, o dinheiro morreu. Quando o presidente Richard Nixon acabou com o lastro de ouro, em 1971, e então liberou o dólar americano do padrão de ouro, em 1973, permitindo que o dólar flutuasse, ele matou o dinheiro. Além disso, a morte do dinheiro coincidiu com um outro fato importante — o nascimento da era do computador. Ao mesmo tempo que o dinheiro perdeu sua ligação com o mundo real, ele também ficou enredado por uma nova tecnologia que podia acelerar drasticamente seus movimentos ao redor do mundo. Dessa forma, foi criado um novo tipo de moeda — "o dinheiro megabyte". A alta velocidade na qual esse dinheiro eletrônico circula pelo globo indica que as pessoas agora são capazes de negociar na bolsa de valores com maior freqüência. Isso mudou a mentalidade de uma tal forma que as pessoas negociam, em vez de investir. Os governos não podem mais controlar o valor de suas moedas, e essa mudança do controle do governo para o controle do mercado é uma mudança em cujas conseqüências não refletimos, mas cujas implicações são amplas.

John Tomlinson afirma que quando Nixon acabou com o lastro de ouro, o mundo abarcou, pela primeira vez, um sistema monetário baseado em dívida — não por escolha, mas à revelia. Com um sistema monetário baseado em dívida, para aumentar a oferta de dinheiro, com vistas a apoiar a atividade econômica em expansão, os encargos diretos da dívida também têm de aumentar. Mas, diz Tomlinson, é um contra-senso dizer que para melhorar a economia devemos nos endividar ainda mais. Há muitas razões para se recomendar a eliminação da prática de empréstimo de dinheiro. Devemos revogar aquelas leis que favorecem o empréstimo de dinheiro e estimular os investimentos em ações. Com uma conversão maciça da dívida em ações, a economia seria reavivada tanto em lucro quanto em moeda corrente, tornada disponível para ser gasta e não para ser guardada para reembolso de empréstimos.

O último capítulo desta parte, escrito por Thomas Greco, descreve métodos para os cidadãos restaurarem a integridade das economias pessoal e comunitária. Ele sugere manter o dinheiro sob controle local e democrático gastando-se localmente com moedas criadas também localmente. Ele descreve dois sistemas desse tipo em voga agora nos Estados Unidos. Um é LETS, originado por Michael Linton, de British Columbia, Canadá, no início dos anos 80, e agora em uso em vários países ao redor do mundo. O segundo sistema é o Ithaca HOURs, iniciado em Ithaca, Nova York, por Paul Glover, em 1991.

Esses autores ressaltam a necessidade urgente de uma reconsideração do sistema monetário mundial se os negócios tiverem de se responsabilizar por nosso futuro.

 *Harlan Cleveland* é presidente da World Academy of Art and Science. Formado na Princeton University e Rhodes Scholar, em Oxford, nos anos 30, ele também foi especialista em economia de guerra (em Washington, Distrito de Colúmbia) e administrador dos grupos de auxílio das Nações Unidas (na Itália e na China) nos anos 40; diretor de auxílio estrangeiro (Plano Marshall), editor crítico de revista e editor (The Reporter) e reitor de pós-graduação (a Maxwell School of Citizenship and Public Affairs na Syracuse University) nos anos 50. Foi secretário-assistente do governo para as questões de organização internacional na gestão do Presidente Kennedy. É autor de vários livros sobre as questões de liderança executiva e questões internacionais, incluindo The Birth of a New World: An Open Moment for International Leadership.

Capítulo 4

O Jogo de Confiança Global

Harlan Cleveland

Pouco tempo depois da quebra da Bolsa de Valores de 19 de outubro de 1987, aventurei-me a participar de uma autópsia com alguns dos autores e agitadores do mundo financeiro. Eles ainda não sabiam para onde se mover, mas estavam se agitando. A única coisa que estava clara para todos naquela luxuosa sala de reuniões no New York City's World Trade Center era que os mercados de todas as coisas importantes eram, agora, globais.

Ninguém tinha uma solução para os turbilhões imprevisíveis do mercado que tínhamos testemunhado naquele mês, e a maioria estava atordoada com o diagnóstico; os gerentes financeiros são tão cautelosos nas acusações de imperícia como os médicos, e com muito maior razão. Mas eles concordaram em três coisas: o problema era internacional; começa e termina com a imprevisibilidade do valor do dinheiro; e esses negociantes livres acharam que havia uma necessidade urgente de regulação dos mercados financeiros internacionais. Um deles resumiu o evidente consenso: "Precisamos das regras do jogo que permite aos atores principais ter sexo seguro e barato".

Desde então, as extravagâncias do dinheiro internacional têm estado freqüentemente em posição central. Dois acontecimentos em 1994 serviram como metáforas para um acontecimento muito mais amplo. O ano começou com uma queda repentina do peso mexicano, um alarme global sobre isso, confusão política americana e a especulação sobre como salvá-la. E estimativas erradas sobre o iene japonês, feitas por um jovem em Singapura, provocaram um *tsunami* que acabou completamente com o Barings, banqueiro da realeza inglesa.

Para aqueles de nós que ocupamos postos secundários, investindo em nossas bagatelas privadas e vendo nossos patrimônios públicos envolvidos em alarmes e divagações aleatórios, o que é importante compreender é que o valor do dinheiro é um grande jogo de confiança, agora tão grande e complexo que ninguém se responsabiliza por ele.

O Teatro de Sombras Monetário

Ainda não é verdade do ponto de vista da cultura, mas certamente o é do ponto de vista da economia, que a civilização moderna é construída cada vez menos em torno de comunidades de lugar e cada vez mais em torno de comunidades de pessoas. Todos os mercados realmente importantes são mercados mundiais. Daniel Bell, o primeiro filósofo da sociedade de informação, previu, anos atrás, "uma mudança na natureza dos mercados de 'lugares' para 'redes'". Essa mudança chegou. O quase instantâneo transporte de dados, e seu rápido processamento em informação utilizável, não só confundiu as fronteiras entre os países, mas também confundiu a linha existente entre o investimento e a especulação, separou do mundo de produção de movimentação mais lenta e da negociação em produtos e serviços e dilacerou o câmbio das moedas nacionais, livre das amarras da responsabilidade pública.

O que fez das finanças mundiais um "mercado cada vez mais simples", atuando o tempo todo ao redor do mundo, foi que com o casamento dos computadores rápidos e as telecomunicações seguras, o dinheiro pode fluir muito mais rápido e muito mais livremente do que as coisas.

Dinheiro é informação. As pessoas que movimentam dinheiro — banqueiros, credores, corretores de valores, operadores de bolsa em câmbio exterior, negociantes de mercados de futuros —, todos esses e seus clientes, cujos negócios devem ser avaliados em fluxos financeiros futuros, foram fortalecidos pela tecnologia de informação para criar um crescimento explosivo em sua própria atividade, sustentado por uma inflação de crédito fora de toda proporção para negociar com coisas e serviços que o fluxo monetário costumava refletir.

O câmbio entre os países é necessário para pagar por coisas expedidas no ato e para negociar "futuros" (promessas de comprar e vender coisas que ainda não estão disponíveis). O dinheiro também é enviado além das fronteiras para comprar coisas que não se movem, tais como fábricas de automóveis na Europa, poços de petróleo na Arábia, florestas no Brasil, plantações de seringueiras na Indonésia, campos de golfe no Havaí e o Rockefeller Center, em Nova York. Grandes quantias de dinheiro, que contribuem enormemente para a inflação de crédito criada pelos bancos, são destinadas para a oportunidade ainda maior de fazer dinheiro, comprando e vendendo o próprio dinheiro e apostando em dinheiro de futuros também.

Nos anos 80, o dinheiro necessário para financiar o comércio expandiu-se em apenas 63%, enquanto todas as transações de câmbio exterior cresceram em 447%. No final dessa década, em 1989, os câmbios que compram e vendem dinheiro através das fronteiras nacionais (antigamente em papéis, agora em *bytes* eletrônicos) registraram 34 vezes o dinheiro trocado por produtos e serviços, o que chamamos de "comércio". A economia mundial continua entrelaçando-se mais firmemente, mas, dentro dela, a troca de informação sobre o dinheiro favorece um entrelaçamento muito mais justo.

Os números são entorpecedores e não muito reveladores em si mesmos. Como faria um artista, vamos tentar pensar numa imagem. É como se uma luz forte próxima estivesse brilhando na economia mundial "real", projetando um imenso teatro de sombras numa parede distante. A peça tem um elenco de milhares de participantes e uma trama complexa, cheia de pausas rápidas e ajustes difíceis quando as pessoas fazem julgamentos inesperados sobre os valores futuros das realidades atuais, unidos por estimativas separadas sobre o valor de cada moeda nacional em suas relações oscilantes com todas as outras. Nenhum dos atores tem um texto para a próxima cena, muito menos para o ato final. Cada credor vende a dívida que ele adquiriu com outro credor, geralmente maior — por menos do que seu valor nominal, o que reflete uma estimativa implicitamente acordada sobre quando ou se o devedor vai um dia liquidá-la.

A pirâmide toda é sustentada na confiança — a confiança do alcoólatra que garante a seus amigos que ele pode beber a próxima dose, e a outra depois dessa. Uma perda de confiança na capacidade financeira de obter crédito por parte dos devedores pode transformar a ponta da pirâmide, à medida que cada jogador corre para abandonar o jogo exatamente antes que os outros o façam.

Ninguém sabe exatamente quanto o jogo pode se tornar arriscado; isso depende dos credores de última hora. Os últimos otários nesse jogo emocionante de cadeiras musicais costumam ser os governos, especialmente o governo americano. ("Os governos não são como as empresas; eles não podem falir." Esse princípio do sistema de crença do banqueiro foi extremamente desgastado pela recente experiência.)

Nos anos 80, exatamente quando os bancos americanos perceberam que realizar a maior parte de seus lucros com países empobrecidos, a política de títulos emitidos por empresas de alto risco e a superavaliação imobiliária, não era a forma de se permanecer nos negócios, o orçamento da era Reagan, os déficits comerciais e a crise do crédito imobiliário removeu aquilo com o que todos tinham secretamente contado no jogo de confiança — a capacidade e a disposição dos contribuintes americanos de pagar o cheque quando a bebedeira passasse.

Um Barco à Deriva

Nenhum governo nacional agora controla o valor de "seu próprio" dinheiro. Os bancos na Europa e em toda a parte criam dólares, em grande quantidade, à medida que se faz necessário, sem muita cortesia com Washington. O "sistema" monetário internacional — tão livre quanto pode ser um mercado, já fora do controle nacional, e ainda não sob o controle internacional — está correndo um risco crônico de um colapso nervoso.

Nos primeiros 25 anos após a II Guerra Mundial, o sistema monetário teve uma medida de "estabilidade" — empresas e países sabiam mais ou menos qual seria o valor de seu dinheiro em outros países porque as taxas de câmbio entre todas as moedas eram fixadas por acordo internacional (o acordo de Bretton Woods, administrado pelo Fundo Monetário Internacional). Mas tão logo os Estados Unidos e prontamente todos os outros, interromperam essa prática, no início dos anos 70, as moedas começaram a "flutuar" em seus valores comparativos. A partir de então, o valor da moeda de cada país importante (comparado com a moeda de outros países) dependia principalmente da destreza com que esse país administrava seus próprios negócios: estimulava sua taxa de crescimento, mantinha seu orçamento em equilíbrio, evitava inflação elevada, recuperava-se habilmente das recessões.

O *mercado* se torna cada vez mais *internacional*. As transações mais antigas, mais bem-sucedidas entre alguns países, para derrubar os obstáculos ao comércio, sob o Acordo Geral de Tarifas e Comércio (GATT), ajudaram o crescimento dos negócios através das fronteiras em mais de 500% entre 1950 e 1975, enquanto o aumento na produção mundial estava crescendo menos da metade, em aproximadamente 220%. Isso significou que as economias "nacionais" estavam cada vez mais além do alcance dos presidentes e primeiros-ministros, dos parlamentos e congressos ou até mesmo dos bancos centrais, poderosos anteriormente.

Já que ninguém podia "administrar" o sistema, esse jeito de fazer política, como era feito, resultou em conversas entre os governos, especialmente aqueles que geriam as maiores economias, com as moedas mais procuradas. Os especialistas em negócios no GATT, em Genebra, elaboraram códigos e regras internacionais. Os ministros das Finanças discursaram, uns aos outros, sobre os perigos da inflação. Os bancos centrais intervieram nos mercados financeiros para sustentar o valor de suas próprias moedas e das de outros países.

Os líderes das sete maiores democracias industriais (Inglaterra, Canadá, França, Alemanha, Itália, Japão e Estados Unidos) têm se encontrado em reuniões de cúpula para fingir que eles estão guiando o barco mundial. Enquanto isso, o barco, livre de suas amarrações e indiferente a seus timoneiros, está à deriva nas contracorrentes criadas por milhões de compradores e vendedores em mercados não regulados, largamente difundidos pelo mundo, de coisas, serviços, informação e dinheiro.

Mercados e Democracia

Uma paixão impressionante por "economia de mercado", quase em todo lugar, foi parte do que fermentou com aspirações por democracia na política e no governo. Tanto a *democracia* quanto o *mercado* são mais análise metafórica do que análise política, claro. Mas estava certo o instinto de dissidentes e reformadores, em vários países comunistas, de juntá-los em sua retórica.

A ligação entre "mercado" e "democracia" é básica. O mercado divide e distribui o poder econômico, enquanto a democracia faz o mesmo com o poder político. Os mercados podem levar a concentrações de força econômica (monopólios de produtores ou trabalhadores), o que pode ser perigoso, ineficaz ou as duas coisas. Uma democracia, se definida estreitamente como regra da maioria, também pode levar a concentrações opressoras de poder político.

São necessárias, em ambos os casos, regras "constitucionais" — regras que definam os limites de poder das maiorias políticas e dos centros de poder econômico (sejam públicos, privados ou mistos). Somente com base em normas bem compreendidas — um "contrato social", se se quiser — pode-se chegar a um equilíbrio durável e amplamente aceitável entre a liberdade e a igualdade ou a eficácia e a justiça, tanto na esfera política quanto na econômica.

Os princípios constitucionais mais críticos são aqueles que definem a fronteira entre a esfera do Estado (que decide pela regra da maioria, temperada pelo respeito aos direitos da minoria) e a da sociedade civil, onde as decisões são produto de inúmeras interações entre os indivíduos e as organizações. Essas decisões da sociedade civil vão bem além de acordos de compra e venda nos mercados ocupados por corporações públicas e privadas. Elas também abrangem muitas formas de cooperação e competição em relacionamentos que, em essência, não são nem "de mercado" nem "políticos" — como em agências voluntárias sem fins lucrativos, organizações religiosas, faculdades e universidades, associações de profissionais, academias científicas, e assim por diante.

Essa fronteira entre o Estado e a sociedade civil não pode ser definida pelas ideologias policiais — por exemplo, que a justiça será garantida ao ser decidido, pelos funcionários do governo, que aquilo que é produzido será distribuído, ou que a eficácia será garantida se empresários privados forem deixados em paz.

Os melhores resultados econômicos parecem ser o produto de sistemas mistos. Os piores são aqueles que separam, de maneira rígida, as decisões de distribuição das decisões sobre produção — tais como os dogmas da "social democracia" se destinavam a realizar uma luta contínua entre um setor privado (responsável por eficiência produtiva) e um setor público (responsável por decidir quem consegue quanto do que é produzido), ou dogmas de "mercados livres" que dependem, do ponto de vista da justiça, de hipóteses negativas, e do ponto de vista da eficiência, de se fazer vistas grossas para as concentrações de poder econômico.

As disposições políticas mais duráveis tentam equilibrar liberdade e igualdade em milhares de exemplos concretos, sem admitir que qualquer das duas deva sempre "vencer". De modo semelhante, o mundo econômico também é complicado em demasia por causa de medidas canônicas de planejamento e controle, ainda tão importantes para serem autônomas, livres de regras, libertas da ética da estabilidade e justiça. É pertinente um aforismo francês: *Entre le fort et le faible, c'est la liberté qui opprime et la loi qui afranchit.* "Entre o forte e o fraco, é a liberdade que oprime e a lei que liberta."

A Economia do Trabalho Intelectual Mundial

Há ainda uma outra ligação entre democracia e mercado: as pessoas governadas por consentimento parecem querer fazer negócios (comprar, investir, trabalhar, assistir televisão) através das fronteiras, que estão o mais abertas possível. Além disso, uma economia de democracia (os produtos e serviços que são comercializados, a informação que é compartilhada) está necessária e inevitavelmente mais aberta para o resto do mundo e, por conseqüência, o resto do mundo está mais aberto, em contrapartida.

Essa abertura garante um papel crescente para as empresas mundiais, já os principais atores dinâmicos nos negócios econômicos internacionais. Isso também parece destinado a acelerar o escoamento de poder de governos nacionais para reguladores internacionais e sistemas de cooperação, para não-governos internacionais (não somente as empresas mundiais mas também as associações bem organizadas de profissionais, tais como as comunidades internacionais de cientistas, advogados e economistas), e também para as autoridades e empresas subnacionais (nos Estados Unidos, estados e cidades já estão tomando a iniciativa em questões que costumavam ser tratadas antecipadamente pelo governo federal). Novamente é válida uma opinião de Daniel Bell: "A nação-estado está ficando pequena demais para os grandes problemas da vida e grande demais para os pequenos problemas da vida. Resumindo, há uma desproporção na escala".

As indústrias bem-sucedidas mundiais (incluindo algumas de sua agricultura) são agora uma forma reduzida, de alta tecnologia, de descrever processos com índices inusitadamente altos de trabalho intelectual, um produto negociável por si mesmo. O resultado é mudar a verdadeira natureza da vantagem comparativa — agora, menos uma questão de preço dos recursos físicos e de custo do trabalho e mais uma função da imaginação, da inovação, sem preço, e do tempo (quanto você está à frente de competidores, de quem os segredos comerciais não podem ser escondidos por muito tempo, se é que podem).

A *vantagem comparativa* é: melhores idéias, postas em prática mais prontamente, mais bem planejadas para fabricação mais rápida, negociadas mais vigorosamente, adaptadas mais rapidamente pelo aprendizado de clientes reais, com o conhecimento resultante aplicado como idéias até melhores, invenções mais engenhosas, sistemas humanos mais flexíveis — uma espiral contínua de empresa na qual ninguém está seguramente à frente por muito tempo.

É mais óbvio na extremidade de alta tecnologia da escala que o tempo é o ingrediente sem preço da vantagem comparativa. Nos velhos tempos o que contava mais era ser o primeiro a descobrir uma mina de ouro ou um poço de petróleo. Como o conhecimento é tão perecível, o que conta, nos dias de hoje, é ser o primeiro (ou, pelo menos estar na frente da maioria) a desenvolver novas idéias, novas habilidades, novos processos.

O que fez dos Estados Unidos uma economia ampla e bem-sucedida nunca foi a capacidade de os americanos fazerem ainda melhor o que eles estavam acostumados a fazer bem (como a fabricação de mosquetes ou os Chryslers gigantescos), e sim a propensão desses mesmos americanos, em cada geração, para fazer o que nunca tinha sido feito antes na história do mundo: desenhar o Modelo T da Ford, voar numa máquina mais pesada do que o ar, dividir o átomo, unir os genes ou desenvolver o computador moderno e depois uni-lo às telecomunicações eletrônicas. Esse foi o prêmio por ser o primeiro ou, pelo menos, estar bem à frente dos outros, que estimulou o desenvolvimento de supercomputadores com sua alta velocidade e armazenamento em massa.

A informação, a matéria-prima para produzir conhecimento e sabedoria, não pode ser refreada por muito tempo. Ela se propaga. Hoje, nenhuma empresa ou país consegue um monopólio de dados ou um armazenamento de informação e uma capacidade de recuperação, ou um conhecimento especializado, sem falar dos lampejos intuitivos e da sabedoria integrada. Mesmo os Estados Unidos, que ficaram à frente por algum tempo, fizeram isso ao fornecer uma oportunidade de cultura para uma corrente contínua de imigrantes imaginativos (os Einsteins, Fermis, Von Neumanns e muitos outros) e ao trocar ciência e tecnologia com entusiasmo numa comunhão de informação global, da qual os americanos obtiveram mais do que deram.

O melhor dos industriais de alta tecnologia, especialmente aqueles que vendiam informação de tecnologia, aprenderam que sua competitividade depende de eles serem (como afirma John Rollwagen, ex-presidente da Cray Research) uma "esponja" para invenções, inovações e aplicações em qualquer outro lugar, "pelo menos aprendendo com nossos clientes tanto quanto eles aprendem conosco". Rollwagen falou do "produto como receptor"; ele descreveria uma venda de um supercomputador não como o fim de um processo de *marketing*, mas como o início de aprendizado ainda mais ativo.

Se uma empresa ou um país mantém suas idéias em segredo, seja por um desejo mal-orientado de reter os segredos de negociação ou por uma crença mal-orientada de que a nação pode manter-se na dianteira ao monopolizar a informação, ela ou ele vai atrair muito menos conhecimento dos outros. É o novo conhecimento que os produtos em circulação atraem que determina se as empresas e os países vão ser capazes *continuamente* de fazer, no futuro, o que nunca foi feito antes. Num ambiente de mudança rápida de informação, o que uma empresa ou um país pode obter da abertura geralmente excede, às vezes com uma larga margem, o valor que ela/ele pode preservar ao manter em segredo o que ela/ele já sabe — à custa do que ainda poderia aprender.

RX para o Valor Previsível da Moeda: Disciplina Interna

Para fazer mercados financeiros mais previsíveis para negociantes e investidores e menos vulneráveis a oscilações grandes e repentinas que beneficiam principalmente os especuladores atentos, a primeira necessidade é um "setor público" digno de confiança para fazer normas e critérios rígidos — *não* para clarear as transações, mas para garantir a justiça num mercado descentralizado.

Qualquer sugestão para fazer algo fundamental sobre a maneira com que se lida com o dinheiro nos mercados mundiais deixa muita gente apreensiva. Aqueles que ganham a vida apostando na instabilidade das taxas cambiais, naturalmente iriam gostar de deixar as coisas como estão. Há também aqueles que anseiam pelo tipo de estabilidade que o sistema de taxa fixa do velho Bretton Woods forneceu, de fato, em seu tempo, de meados dos anos 40 a 1973, quando o Presidente Nixon guiou as tropas internacionais para as taxas "flutuantes" — porque a economia americana não era mais tão dominante de modo que o dólar americano pudesse ser usado, com segurança, como um meio internacional de troca para todos, como uma medida de valor e, ao contrário, como dinheiro.

O fluxo nos mercados financeiros internacionais tinha se tornado tão grande e havia tantos jogadores importantes no jogo que era irreal pensar que alguma autoridade central pudesse fixar as taxas de câmbio e mantê-las daquela forma. O "fim do Bretton Woods", em 1973, foi exatamente uma forma de reconhecer aquele fato da vida, que o economista francês Albert Bressand, aglutinando duas palavras para efeitos retóricos, chama de "economia mundial".

Na prática, entretanto, o sistema depois de 1973 se tornou igualmente instável. Não foi porque os bancos centrais não foram bem-sucedidos em seus papéis; eles já não tinham mais ferramentas de controle que lhes possibilitassem manter as coisas estáveis; foi porque os Estados Unidos — cujo dólar subsistia, por falta de algo melhor, como a principal moeda do mundo — continuaram cavando grandes incertezas no sistema: forçando grandes orçamentos e déficits comerciais e tendo que pedir emprestado ao resto do mundo quantidade descomedida de dinheiro. (Aquilo não teria funcionado, claro, se os Estados Unidos não tivessem continuado a ser um dos portos seguros mais atraente do mundo para o dinheiro que escapa de perigos e incertezas ainda maiores em outro lugar.)

O tratamento para esse tipo de instabilidade não é tentar, infrutiferamente, fixar taxas de câmbio, mas chegar a acordos internacionais que demandem muito mais disciplina nas políticas monetárias e fiscais *internas*.

Para os países financeiramente mais fracos que pediram ajuda ao Fundo Monetário Internacional, o FMI ainda desempenha o papel de "Tio Patinhas". A firme recomendação do FMI especialmente com relação a políticas internas, tem de ser levada a sério ou então os caixas não se abrirão para os delinqüentes. Mas ninguém pode dizer o que fazer aos países mais poderosos se eles não quiserem fazer isso. Nas reuniões de cúpula do Grupo dos Sete, nenhum discurso do exterior convenceu os presidentes americanos ou comprou quaisquer votos no Congresso para a disciplina orçamentária.

No entanto, colocar a casa em ordem, do ponto de vista fiscal e monetário, é agora a única grande contribuição que os americanos podem fazer para dar lugar a uma economia mundial que funcione para produtores, investidores e consumidores. Isso é ainda mais importante para um mundo de mudança pacífica do que nossos diplomatas habilidosos, nossa criatividade cultural, nossa excelência científica e a circunstância de que a língua que falamos também é a língua falada mundialmente; mais importante do que soldados treinados no deserto, bombardeiros de combate de alta tecnologia e armas nucleares em submarinos invulneráveis — embora tudo isso provavelmente vá permanecer como um triste requisito num mundo turbulento.

Agora há um consenso crescente na política americana de que *algo* firme, drástico e duradouro tem de ser feito com relação à propensão bipartidária do governo federal de acumular grandes déficits e tomar empréstimos em abundância — não somente junto ao resto do mundo mas junto às gerações futuras de americanos. As duas maiores perguntas na política americana em 1995-1996 são o que é exatamente esse *algo*, cujos bois deveriam ser escornados, de preferência, para fazer isso acontecer, e quanto tempo vai demorar para estar sustentada. O resultado está longe de estar claro. Mas pela primeira vez na memória viva, a incerteza mais importuna sobre os Estados Unidos no exterior é agora também o que importuna mais os americanos. Essas são, potencialmente, boas notícias de uma "ordem mundial" que funciona.

 *Joel Kurtzman é um economista e consultor internacional de várias indústrias, desde empresas médias mundiais até companhias de negócios japonesas. É diretor do Programa sobre Comércio Internacional do Manhattan Institute. Anteriormente foi o editor da revista* Harvard Business Review *e foi editor de negócios e colunista do* New York Times. *É autor de quatorze livros, incluindo* The Death of Money *e* The Decline and Crash of the American Economy.

Capítulo 5

A Morte do Dinheiro

Joel Kurtzman

Por quatro mil anos, o dinheiro existiu aproximadamente da mesma forma, com algumas inovações. Uma dessas inovações foi que em vez de lastrear *shekels* com cevada, como os sumérios antigos tinham feito, o dinheiro foi lastreado em ouro ou prata. Ouro, por ser raro e ter atração universal, podia ser trocado por qualquer coisa. Já que sua oferta passou a ser mais constante do que a de cevada, seu valor ficou mais forte. Uma outra inovação foi o papel-moeda, inventado há aproximadamente dois mil anos, na China. O papel-moeda era simplesmente uma maneira mais barata de simbolizar o ouro.

Do contrário, o dinheiro continuou o mesmo. Permaneceu o mesmo, até 15 de agosto de 1971. Naquele dia — um domingo — Richard M. Nixon, então presidente, foi à televisão para anunciar seu plano para ajustar uma economia enferma.

Para tratar o resfriado da economia, Nixon baixou uma sobretaxa de 10% nas importações japonesas, congelou preços e salários, restringiu as greves e acabou com o lastro em ouro. As exportações japonesas de TV e automóveis foram culpadas pelo déficit comercial. Os acontecimentos foram tão terríveis que o *New York Times* publicou uma manchete que dizia: "Dr. Nixon Tenta Terapia de Choque para a Economia".

O primeiro item, a sobretaxa sobre as importações, durou menos de um ano — até o Japão protestar e ameaçar levar os Estados Unidos ao Acordo

Geral de Tarifas e Comércio. O segundo item, os controles sobre os salários e preços e a proibição formal das greves, durou noventa dias e recebeu a atenção de todos. George Meany, o líder poderoso e briguento da AFL-CIO na época, protestou contra a decisão de Nixon sobre os controles de salários e preços. O último item, o fim do lastro em ouro, não recebeu muita atenção, mas foi o ato mais significativo de todos. Queria dizer que o governo não ia mais trocar o dólar por ouro em sua taxa legalmente fixada de 35 dólares a onça. Em vez disso, o dólar iria poder flutuar. Ao permitir a flutuação do dólar, Nixon basicamente aboliu o sistema monetário de quatro mil anos de idade.

Ele matou o dinheiro.

Ao desfazer a ligação com o mundo das mercadorias, o dinheiro poderia servir para apenas duas de suas três funções. O dinheiro ainda era uma unidade de valor — você podia avaliar as coisas com ele; ele ainda era um meio de troca, e você podia negociá-lo — mas sem uma ligação com o mundo real do ouro e das mercadorias, não era mais uma reserva de valor muito boa. Apesar de tudo, a maior parte das pessoas vive, trabalha e transpira no mundo real.

Os Efeitos do Fim do Lastro em Ouro

Várias coisas aconteceram imediatamente depois de 15 de agosto de 1971. Sem a ligação com o ouro, todas as moedas do mundo começaram a mudar de valor, umas a débito das outras. O marco subiu, o dólar caiu, a libra patinou, o franco subiu, a lira caiu — e assim por diante. Isso não poderia ter acontecido antes de 15 de agosto de 1971, era legalmente impossível.

Durante mais de um mês houve um caos nos mercados financeiros do mundo. Nunca tinha sido assim, com tantas moedas mudando de valor tão rapidamente. O dólar perdeu cerca de 12% de seu valor em um dia, no dia 16 de agosto de 1971.

A mudança teve um outro efeito importante. Na época, aproximadamente cem bilhões de dólares estavam em posse dos países estrangeiros — o resultado da diferença comercial dos Estados Unidos, de gastos com bases militares na Europa e na Ásia e de gastos na Guerra do Vietnã. Esses cem bilhões de dólares foram repentinamente liberados de qualquer vínculo real com Washington, e seu valor foi subitamente posto em dúvida. Esses dólares flutuaram em preço mas começaram a formar a base de uma grande economia internacional em dólar, que praticamente não era regulada por nenhum país.

A implicação mais importante da liberação do lastro em ouro foi que havia uma quantidade imensa de papel-moeda — cem bilhões de dólares na Europa, centenas de bilhões nos Estados Unidos e centenas de bilhões de outras moedas — cujo valor e, conseqüentemente, cujo poder de compra estava indeterminado. Como resultado disso, quanto valia um dólar — quanto valia uma hora de seu tempo na linha de montagem — estava ao deus-dará. Se o valor do dólar estava ao deus-dará, o mesmo se dava com os preços. Se os preços estavam ao deus-dará, os especuladores podiam fazer fortuna comprando alguma coisa num mercado onde ela era barata e vendendo-a num outro mercado onde era cara.

Helmut Schmidt, ex-chanceler alemão e um dos arquitetos daquela elevação econômica do país, me disse que, quando Nixon cortou a ligação entre o dólar e o ouro, ele criou um "não-sistema flutuante". Esse "não-sistema flutuante" é o que temos hoje. O economista David Ranson, o líder da Wainwright Economics, em Boston, agora reputa ao dólar o raciocínio circular: Ele ainda é uma promessa de pagamento, mas pagar o que a quem?

Primeiramente os preços se agitaram livremente nesse novo não-sistema flutuante. Quantos dólares eram necessários por um barril de petróleo? Quando um dólar ficou equivalente a 1/35 de uma onça de ouro, um barril de petróleo podia ser comprado por 4 dólares. De fato, de 1950 a 1971, era exatamente esse o preço de um barril de petróleo. A OPEC existia, a demanda de petróleo estava aumentando, mas um dólar estável mantinha o preço do petróleo estável. Com o ouro, o dólar tinha uma âncora no mundo das mercadorias. Antes de 1971, os donos do petróleo — ao fixarem seu preço em dólares — podiam estar seguros, pela relação dólar/ouro, que seu poder de compra iria ser constante. Eles basearam os planos de desenvolvimento dos seus países na relação ouro/dólar/mercadoria.

Mas depois de 15 de agosto de 1971, tudo isso mudou. Quanto custa um barril de petróleo? Tudo depende do valor do dólar, por duas razões. Primeiro, como o dólar flutua, possuir papéis-moedas é mais arriscado. As pessoas atribuem um prêmio pelo risco. E, segundo, como o dólar flutua, os vendedores de mercadorias precisam apreçar seus produtos, pois assim não perdem seu poder aquisitivo. Por conseqüência, para manter o poder de compra, diante de um dólar flutuante, todos os produtores de mercadorias elevaram seus preços.

O divórcio entre o dólar e o mundo real das mercadorias e do ouro indicou que os preços eram muito instáveis. Em uma década e meia o dólar foi transformado — junto com ele, todas as moedas —, o preço do mercado imobiliário subiu em aproximadamente 400%, em todo o mundo, depois caiu e depois subiu novamente.

Liberar o dólar do mundo real das mercadorias provocou uma roda global de inflação. Mas os preços não tinham subido por causa da escassez ou dos obstáculos ao progresso na produção — a definição tradicional de inflação —, a questão foi que o valor do dólar, seu poder de compra, ou tinha caído ou tinha se tornado demasiadamente imprevisível.

Sendo assim, o que determina o valor do dólar hoje? Largamente, o valor do dinheiro é determinado pela confiança — seja qual for seu significado —, pelas taxas de juros e pela lei da oferta e procura.

Mas um outro fato ocorreu além da morte do dinheiro. Não somente a era de estabilidade terminou com o fim da ligação entre o dólar e o ouro, mas a morte do dinheiro coincidiu com o nascimento da era da computação.

Essa pode não ser uma mudança muito grande, mas considere o seguinte: ao mesmo tempo que o dinheiro perdeu sua ligação com o mundo real, ele também se uniu a uma nova tecnologia que podia acelerar drasticamente seus movimentos ao redor do mundo. E como o dólar não tinha mais uma ligação com uma mercadoria, que é finita, o número de dólares existente podia aumentar quase sem limite — um requisito perfeito para o computador.

Um Novo Sistema Monetário

Quando o dinheiro tradicional morreu, ele foi substituído não por um novo tipo de moeda, mas por um novo tipo de sistema monetário eletrônico. O que substituiu o dinheiro de quatro mil anos de vida lastreado em mercadoria?

O dinheiro *megabyte*.

O dinheiro *megabyte* é um sistema eletrônico, global, computadorizado para unidades flutuantes de poder de compra denominadas dólares, ienes, liras, libras, e assim por diante, em todos os lugares do globo. Essas unidades de poder de compra não têm ligação com o mundo real, e seu valor flutua a cada fração de segundo à medida que esses dólares *megabytes* passam pelos mercados mundiais e pelos postos de negócios. O dinheiro *megabyte* é diferente de qualquer outra coisa que o precedeu. É uma unidade contábil, é um meio de troca e não tem qualquer valor intrínseco. O que é o dinheiro *megabyte*? São os "uns" e os "zeros" da linguagem de computador.

Quando o dólar foi desvinculado de seus grilhões de ouro, Leo Melamed, um homem de extremo talento — escritor de ficção científica, um economista e negociante de mercadorias que, depois, se tornou presidente da Chicago Mercantile Exchange —, imediatamente viu que o valor do dólar flutuaria desregradamente uma vez separado do lastro em ouro. Para um negociante, mudar preços significa uma oportunidade para lucros. Melamed imediatamente solicitou ao Merc, onde eram negociados os preços futuros de leitões, ovos, manteiga e trigo, que negociassem algo novo: dólares.

Inicialmente, os velhos pais do Merc ficaram chocados. Mas, em 1973, o Merc abriu um espaço de negociação de dólar no câmbio. Esse espaço é agora ligado por computador com as casas de corretagem e com investidores individuais em todo o mundo. Num único dia, esse espaço, que é muito barulhento, com aproximadamente um metro e meio de diâmetro e um e vinte de profundidade, é preenchido com negociantes gritando ordens de compra e venda para seus clientes. Num dia típico, 50 bilhões de dólares mudam de mãos naquele único lugar.

Outros centros de negociação ao redor do mundo, em Nova York, Filadélfia, Zurique, Tóquio, Londres e em outros lugares, também negociam dólares em outras moedas. Num único dia, em média, de 800 bilhões a um trilhão de dólares mudam de mãos.

Oitocentos bilhões a um trilhão de dólares — essa é uma quantia enorme de dinheiro. E para mostrar como o mundo real das mercadorias e de produtos e o mundo financeiro de dólares *megabytes* divergiram, considere o seguinte: enquanto 800 bilhões de dólares mudam de mãos todo dia quando os especuladores trocam dólares por ienes, libras e francos, somente 25 bilhões num dia são trocados para pagar negócios em produtos reais.

Por "produtos reais" eu entendo que o mundo gasta somente 25 bilhões num dia exportando e importando Boeings 747, carros Toyota, computadores IBM, *chips* de computador, ônibus espaciais, e assim por diante. Ele gasta 800 bilhões num dia negociando dinheiro, principalmente de forma eletrônica. A maior parte do que é negociado é meramente por razões especulativas ou simplesmente para restringir os riscos.

Os economistas supõem que a economia financeira está muito maior, em toda a parte, do que a economia real. Maior em quanto? Para cada dólar que muda de mãos na economia real de trabalho e produção, 32 dólares mudam de mãos na economia *megabyte* da especulação e das finanças — uma economia que poderia não existir em escala tão grande se não tivesse sido cortada a ligação entre o dólar e o ouro e se os computadores não tivessem sido trazidos para a economia mundial.

Considere o seguinte: todo dia, 1,3 trilhão de dólares de dinheiro *megabyte* passa por Nova York, na economia eletrônica. Isso significa que a cada três dias o Produto Interno Bruto total dos Estados Unidos passa por Nova York. A cada três semanas, todo o Produto mundial passa por Nova York — a soma total da produção de todos os habitantes da Terra. Seus sonhos, suas loucuras, suas aspirações e seu sofrimento se movem quase na velocidade da luz pelos mercados de Nova York e seus bancos.

Mas o que é realmente mover? O dinheiro *megabyte* não tem matéria. Não é o papel ou as moedas em seu bolso ou carteira. Esse dinheiro representa uma porção muito pequena de todo o dinheiro existente.

Enquanto o dinheiro do passado requeria a proteção de guardas musculosos e vinte centímetros de aço maciço, o dinheiro de hoje requer somente um Número de Identificação Pessoal e alguns códigos de computador. O Citicorp, o maior banco dos Estados Unidos, tem sua "casa-forte" num computador fora de Chicago. Todos os seus depósitos são em fitas de computador. Roube a fita e o que você tem? Apenas uma fita. A informação é toda criptografada.

O sistema de dinheiro *megabyte* liga dezenas de milhares de computadores em todo o mundo. A Reuters aluga seus quatro mil computadores Dealing 2000 para negociantes de dinheiro por aproximadamente 5.400 dólares por mês. Ela tem seus terminais em 120 países com cerca de 320 bilhões de dólares que mudam de mãos com sua rede num dia. Outros fornecedores de informação, companhias de comércio e casas de corretagem alugam o equipamento em todo o mundo para negociar moedas.

Em tudo e por tudo, dezenas de milhares de computadores estão ligados na dança sincopada do dinheiro *megabyte*. Esses computadores têm diferentes programas, têm diferentes *chips*, são feitos por diferentes empresas e são operados por pessoas que falam diferentes línguas e ainda assim todos interagem.

Considere apenas uma rede: Fedwire. A Fedwire tem sua sede em Nova York, no New York Federal Reserve Bank. É a rede de computadores que compensa cheques. Toda noite, os bancos em todo o país acertam suas contas. Dois bilhões de cheques são compensados à medida que você paga a companhia elétrica e ela paga seus empregados. As máquinas lêem o que está escrito na parte inferior de seu cheque enquanto os funcionários verificam o montante.

Mas a Fedwire não é a única rede bancária. Os caixas eletrônicos bancários do país estão todos conectados entre si e com a Fedwire. Se você ficar em frente de seu banco, inserir seu cartão na fenda apropriada e estiver na rede Cirrus, sua transação é criptografada, enviada ao centro regional de comando e é retransmitida por satélite, que a passa para Denver, onde está localizado o Cirrus. O computador da Cirrus, então, envia uma mensagem para o seu banco, via satélite, checa seu saldo e então opera a máquina — tudo dentro de poucos segundos. A rede de caixas eletrônicos bancários é conectada com a rede Fedwire, mas, na verdade, mais cedo ou mais tarde todas as redes convergem.

Criação de Simulacros do Dinheiro

Além disso, as novas tecnologias podem criar seus próprios simulacros do dinheiro. Esses simulacros do dinheiro estão além do controle de qualquer governo.

Por exemplo, o Citicorp tem 25 milhões de usuários de cartão de crédito cujas contas são todas alocadas num computador em Dakota do Sul. Se o usuário médio de cartão tem dois mil dólares de crédito em seu cartão, o Citicorp criou 50 bilhões de dólares de poder aquisitivo — sem absolutamente qualquer intervenção do governo. Aumente o limite de crédito de cada cartão por outro de dois mil dólares: já somos outros 50 bilhões de dólares de poder aquisitivo para o país. As outras empresas de cartão de crédito podem fazer o mesmo.

Os "universos" eletrônicos para onde convergem o Citicorp, a rede de caixas eletrônicos bancários e a Fedwire são mundiais. Ponha um cartão de débito ou de crédito na bomba de gasolina e você acessa a rede. Tome dinheiro emprestado para comprar um carro — e tenha seu crédito conferido enquanto espera — e você está no universo eletrônico. Recorra a um financiamento ou a uma hipoteca e você está no universo eletrônico.

O dinheiro eletrônico e os computadores também fizeram sua incursão no mercado de ações. Esses computadores possibilitam aos investidores de todo o mundo enviarem suas ordens de compra diretamente para o pregão da bolsa de valores. Isso tem um tremendo impacto na velocidade com a qual as transações ocorrem.

Esses aumentos de velocidade significaram que as pessoas agora são capazes de negociar com maior freqüência. Também mudou a mentalidade, assim as pessoas negociam mais do que investem. Elas têm de fazer isso. Com o valor do dólar mudando diariamente, elas têm de negociar com maior freqüência se quiserem preservar seu poder de compra. Isso criou um ambiente de rotatividade de dinheiro incrivelmente alta. Nos anos 70, o investidor típico mantinha uma ação até a maturidade — de dois a trinta anos. Hoje em dia, o investidor médio de títulos segura uma compra por menos de duas semanas.

O tremendo aumento em volume de negócios criou um mercado onde há muito maior volatilidade do que havia antes. Se você pode negociar um bilhão de ações num dia, as chances de suas ações flutuarem em preço são grandes. E os negociantes, provavelmente, devem negociar ações com diferenças de preço cada vez menores.

O crescimento da volatilidade do mercado de ações, conforme verificado pelas variações de preço diárias, aumentou regularmente. Nove dos dez dias de negociação mais voláteis no Big Board, desde o fim da II Guerra Mundial, ocorreram depois de 1987. A volatilidade do dólar e o advento do computador estimularam uma elevação no movimento do mercado.

O que ocorreu a partir de 1971 é que a Wall Street, anteriormente a sede de uma firma de calçados para médicos, tornou-se a casa dos tecnólogos. Matemáticos, programadores de computador e microeconomistas estão desempenhando papéis cada vez maiores na Wall Street. A tecnologia está rapidamente substituindo a opção por títulos.

Uma Mudança no Controle

A economia *megabyte* é uma economia vasta de espantosa complexidade. É hipersensível: um rumor ou uma insinuação de condições econômicas ruins e o sistema já responde. As grandes proporções da economia *megabyte* vão além da capacidade de administrar de qualquer governo. Os mercados são simplesmente muito grandes, os fundos disponíveis no mercado mundial são enormes.

Por quatro mil anos, vivemos num sistema monetário semi-estável. Em apenas 23, nós habitamos numa economia de valores flutuantes. Enquanto investidores institucionais se saíram bem no novo sistema, as pessoas pagaram um preço alto por isso.

Porém, a maior mudança na economia talvez seja a seguinte: no século passado, os governos podiam controlar o valor de suas moedas. Agora eles já não podem mais. Os mercados mundiais tomam todas as decisões com respeito ao valor da moeda de um país contra a de um outro. O sistema do "Federal Reserve" e o Tesouro podem fazer e desfazer, mas, no final, alguns milhares de pessoas, sentadas à frente das telas de computador em todo o mundo, decidem, num exercício mental coletivo, exatamente qual deveria ser o valor do dólar. Suas decisões — tomadas em questão de segundos e sem qualquer planejamento de longo prazo — determinam o poder de compra do trabalhador médio em todo o mundo.

Essa mudança do controle do governo para o controle do mercado é uma mudança em cujas consequências ainda não pensamos seriamente, mas cujas implicações são vastas. Acredito que é hora de pensar seriamente se o não-sistema flutuante — com todas as suas incertezas — é ou não o melhor sistema para esse período em particular da história humana.

 **John Tomlinson**, canadense, é um economista estabelecido em Oxford. Estudou administração de empresas na Florida State University e exerceu a função de corretor da Bolsa com Thomson & McKinnon, um membro da Bolsa de Valores de Nova York, até se mudar para o Reino Unido. Tendo estudado o efeito da dívida nas economias, ele se estabeleceu e é presidente da Oxford Research and Development Corporation Ltd., que explora o uso dos instrumentos em ações de capital e o desenvolvimento dos mercados de ações de capital para áreas financeiras normalmente servidas por dívidas. É o autor de Honest Money.

Capítulo 6

O Fracasso do Sistema Monetário Baseado na Dívida

John Tomlinson

Um fato altamente significativo se deu em 1971: o Presidente Richard Nixon acabou com o "lastro em ouro" — e o mundo ocidental abarcou um sistema monetário baseado em dívida pela primeira vez. Até aquele momento, o Ocidente tivera um sistema baseado em mercadoria, sendo o ouro a mercadoria aceitável.

Agora temos um sistema monetário baseado em dívida. Não escolhemos isso. Não refletimos no processo e concluímos que esse era o melhor sistema e o mais apropriado para satisfazer nossas necessidades. Não, o sistema monetário baseado em dívida se insinuou para nós pouco a pouco até que não tínhamos mais escolha. O Presidente Nixon tinha de parar de trocar os dólares americanos por ouro porque os Estados Unidos não tinham ouro suficiente para converter em ouro todos os dólares no mundo e todas as outras moedas que tinham a garantia de serem trocadas em dólares. No entanto, uma vez terminado o lastro em ouro, tínhamos, à revelia, um sistema baseado na dívida.

A verdadeira natureza do sistema monetário baseado em dívida é que ele produz toda a turbulência monetária e econômica que aconteceu recentemente na Inglaterra e no Ocidente. Vivenciamos duas rodas de inflação grave (uma no início dos anos 70 e outra no final dos anos 80); três colapsos importantes nos valores de ativos (bens imóveis, em 1974; ações, em 1987, e bens imóveis novamente, em 1989); níveis recordes de dívida nos setores privado e público; e altos índices de desemprego.

No momento, as economias ocidentais precisam criar novos empregos para reduzir os índices de desemprego. Num sistema monetário baseado em dívida, isso significa dizer que as taxas de juros precisam ser reduzidas. As pessoas, então, vão pedir dinheiro emprestado para gastar e para investir. Essa é a "sabedoria" atual para se chegar a uma economia mais saudável. Eu questiono essa sabedoria. É um contra-senso dizer que para melhorar a economia, mais pessoas precisam se endividar ou aquelas que já estão endividadas precisam se endividar ainda mais. Mas essa é uma das características de um sistema monetário baseado em dívida.

Infelizmente, é também verdade que, num sistema monetário baseado em dívida, aumentos no nível de empréstimo e gastos são seguidos por uma pressão crescente na inflação. À medida que a pressão na inflação aumenta, as taxas de juros têm de ser elevadas para reduzir o índice de empréstimos. Isso, assim, reduz a taxa de crescimento da oferta de dinheiro, reduzindo, desse modo, a pressão na inflação. Mas aumentos inevitáveis de custos serão impostos aos tomadores de empréstimos, o que vai significar reduções em outras áreas do consumo. O resultado líquido é uma redução no índice da atividade econômica e um nível mais elevado de desemprego.

Uma outra característica do sistema monetário baseado em dívida é que para aumentar a oferta de dinheiro para apoiar a atividade econômica expandida, os encargos indiretos da dívida também devem aumentar. É o aumento líquido no empréstimo bancário que produz aumentos na oferta de dinheiro. Quando o mercado está saturado para os tomadores de empréstimo — quer dizer, há alguns tomadores de empréstimos aceitáveis que desejam tomar dinheiro e o resto já tomou emprestado ou está além de seus limites aceitáveis — o sistema monetário baseado em dívida produz a situação na qual nos encontramos agora: incapazes de reduzir as taxas de juros para ajudar a economia a se expandir por temer aumento de inflação.

O Desenvolvimento do Sistema Bancário

Como chegamos até aqui?

A dívida, claro, é antiqüíssima. As origens do sistema bancário, entretanto, podem nos dar um lampejo intuitivo. Antes de o sistema bancário existir, se um homem tivesse uma moeda de ouro, ele podia mantê-la consigo honesta e seguramente. Ele podia carregá-la consigo durante o dia e podia dormir com ela à noite. Uma pessoa com muito ouro, por outro lado, tinha um problema. Talvez ela pudesse mantê-lo seguro num cofre. Ela poderia até mesmo precisar de uma casa-forte. Alguns poderiam achar caro comprar ou fazer um cofre ou uma casa-forte, mas também iriam achar impraticável carregar o ouro consigo durante o dia ou dormir com ele à noite.

Para muitos daqueles que estavam na média, a solução prática foi alugar um espaço na prateleira da casa-forte de um ourives. Naquela época, uma prateleira era conhecida como um "banco". Daí o uso do termo hoje em dia.

O segredo para entender a verdadeira natureza do atual sistema monetário baseado em dívida reside em examinar as práticas de alguns desses ourives. É a legitimação e a continuação dessas práticas que estão no âmago de nossos atuais problemas monetários e econômicos.

Alguns ourives observaram que, embora muitos clientes depositassem e retirassem o ouro de suas prateleiras regularmente, a maioria das transferências de entrada e saída eram feitas usando-se somente o ouro que estava na frente das prateleiras. As retiradas eram pagas usando-se o ouro que tinha acabado de ser depositado e a grande quantidade de ouro que ficava atrás ficava lá só acumulando poeira. Esses ourives perceberam que uma quantidade razoável do ouro que nunca era pedido poderia ser usado para suas próprias compras e que essa prática deles muito provavelmente nunca seria descoberta. Portanto, eles mesmos usavam um pouco daquele ouro ou emitiam solicitações de pagamento contra uma parte daquele ouro e usavam essas solicitações para suas próprias compras.

Suas atitudes iriam ser descobertas somente se todos os depositantes solicitassem todo o ouro ao mesmo tempo. Como essa possibilidade era remota, eles provavelmente não seriam pegos. Na verdade, ao usar o ouro de seus depositantes, alguns adquiriram muitos dos adornos da riqueza pessoal crescente e, assim, aumentaram a confiança do público em sua capacidade de pagar as retiradas. Dessa forma, eles eram capazes de atrair mais depósitos.

É claro que os ourives que usaram o ouro de seus depositantes com sucesso se tornaram os mais prósperos e logo se tornaram os maiores e os mais respeitados. Em seu devido tempo, à medida que suas atividades de empréstimo excediam as de ourives, eles vendiam sua ourivesaria e se concentravam na área de empréstimos. Eles se tornaram os precursores dos bancos que conhecemos hoje.

Como resultado dessas práticas, muito mais solicitações de pagamento foram emitidas contra o ouro existente do que podiam ser honradas na época. Aos depositantes eram dados recibos (solicitações de pagamento) quando seus depósitos eram recebidos. Assim, ou uma parte daquele ouro era emprestado a outros, deixando-se menos do que o suficiente para honrar todas as solicitações de pagamento que tinham sido emitidas, ou novas solicitações eram emitidas contra aqueles depósitos, de modo que foram emitidas solicitações para mais ouro do que o existente para honrá-las.

Isso se dá como um resultado natural das práticas habituais de negócios. Suponha, por exemplo, que eu abra um novo banco no ano de 1900, e que um soberano seja uma unidade monetária válida. Suponha ainda que John Jones seja meu primeiro cliente e que ele me traga um soberano para depositar. Eu iria lhe dar um recibo pelo soberano e um formulário no qual eu iria aceitar suas instruções para transferir aquele soberano para outra pessoa. Aquele formulário nós hoje chamamos de cheque. John, então, sai do meu banco, confiante em que ele pode gastar seguramente seu soberano no mercado.

Suponha ainda que Tom Smith venha até mim porque quer comprar o carro de Peter Brown e está lhe faltando um soberano. Ele quer tomar emprestado um soberano. Tom é íntegro e tem crédito e assim eu lhe empresto o soberano. Ele compra o carro de Peter. Peter, então, se torna meu segundo depositante, depositando seu soberano comigo em custódia. Eu lhe dou um recibo e um cheque e Peter sai do meu banco confiante em que ele, também, pode gastar com segurança seu soberano no mercado.

Qual é minha posição agora? Terei um soberano guardado em meu banco e terei emitido dois recibos contra ele. A menos que seja depositado um outro soberano, ou um daqueles recibos não será honrado ou os dois só terão valor de meio soberano. Qual é a garantia? O carro não tem valor? Infelizmente, Tom sofreu um acidente, e o carro não estava segurado.

O mercado de ações sofreu um colapso em 1929 e em 1987, e o colapso dos bens imobiliários, em 1974 e em 1989, deve ter nos ensinado a não depender de garantias. De qualquer forma, tivesse o que tivesse, Tom não tinha um outro soberano ou não teria precisado tomar emprestado o meu. Ao emitir duas solicitações contra o mesmo soberano, eu também teria induzido o mercado a acreditar que existia um soberano a mais do que realmente havia. O número de soberanos iria parecer ter aumentado em um. Segue-se que o valor de todos os soberanos teriam diminuído proporcionalmente e que seriam necessários mais soberanos num câmbio para se equiparar ao mesmo valor — ou os preços aumentariam.

Esses aumentos de preços seriam aumentos gerais de preços como resultado do valor decrescente do dinheiro e não por causa das condições específicas de mercado de qualquer produto cujo preço aumentou. Esses aumentos gerais de preços são o que conhecemos como inflação.

Incidentalmente, essa é a faceta do mecanismo de empréstimo de dinheiro que foi usada historicamente por líderes de muitas religiões do mundo para advertir seus seguidores contra a prática. O mecanismo de empréstimo de dinheiro faz o dinheiro parecer reproduzir-se. Mas o dinheiro não se reproduz e nem pode. A aparência de que ele se reproduz vem das antigas práticas questionáveis dos ourives e da "legitimação pelo uso" dessas práticas. Os líderes religiosos sempre estiveram corretos ao advertir contra a continuidade dessa prática. Seus seguidores não ouviram.

Os banqueiros também estavam conscientes dos riscos que eles estavam correndo. De tempos em tempos, os depositantes de bancos particulares ficavam preocupados com relação ao lastro em ouro, cédulas e moedas disponíveis para pagar suas solicitações de pagamento e iam àqueles bancos para retirar seus depósitos. Se muitos fossem ao mesmo tempo, o banco não poderia honrar todos e estaria quebrado. Os depositantes que não tinham tido êxito na retirada de seus depósitos antes da quebra do banco perdiam seus depósitos e os donos dos bancos perdiam seus próprios investimentos. O termo *bancarrota* surgiu a partir dessas experiências. Para evitar essas quebras — e, claro, para proteger seus próprios investimentos — os bancos pressionaram os governos a estabelecerem bancos centrais como financiadores de último caso. Esses bancos centrais poderiam, então, emprestar ouro, cédulas e moedas para bancos que estavam sem liquidez, de tal forma que todos os depósitos pudessem ser honrados e os negócios do banco pudessem estar a salvo. Assim, o banco poderia recuperar a confiança de seus clientes e continuar nos negócios.

No início deste século, a emissão desses recibos inválidos ameaçou destruir todo o sistema monetário baseado em ouro ou em mercadoria. Para financiar a Primeira Guerra Mundial, o governo britânico tomou duas medidas absolutamente necessárias. Comprou armamentos dos Estados Unidos e pagou com ouro — ouro contra o qual ele já tinha emitido solicitações de pagamento. Também imprimiu novo papel-moeda e o usou para pagar suas operações diárias. O papel-moeda era, então, uma solicitação válida contra o ouro. Assim, uma cédula de libra tinha a garantia de ser trocada por um soberano. Dessa forma, passou a ser grande a diferença entre a quantidade de ouro que havia realmente para financiar a emissão de papel do governo britânico e a quantidade de papel-moeda que poderia ser trocada por ouro. Depositantes mais esclarecidos procuraram converter seus papéis-moedas em ouro. Para evitar um colapso da moeda, o governo suspendeu o direito de converter papel-moeda em ouro.

Não devemos esquecer que, antes e durante esse período, o mecanismo de empréstimo de dinheiro também estava em funcionamento, criando um intervalo ainda maior entre a quantidade de papel-moeda depositada com eles e a quantidade que eles realmente tinham em seus cofres. Dessa forma, a dimensão da diferença já era considerável e, junto com as atitudes do governo que aumentaram enormemente essa diferença, logo se desenvolveu uma falta de confiança na capacidade futura de trocar papel por ouro. A falta de confiança estava, claro, no papel-moeda, não no ouro e, conseqüentemente, a cédula de libra começou a perder valor comparada com o soberano, pelo qual devia ser trocada. Começaram as pressões políticas para restabelecer a confiança no papel-moeda.

Em 1925, as pressões tinham forçado o governo a agir. Ele restabeleceu a convertibilidade, mas somente para barras de ouro. As cédulas de libra não podiam ser convertidas em soberanos. Aqueles que desejassem fazer a conversão, deviam ter cédulas suficientes para trocar por uma barra de ouro. O governo achava que, ao tomar essa atitude, ele poderia restabelecer a idéia da convertibilidade sem, na verdade, ter de fazer muitas conversões e, assim, poderia recobrar a confiança no papel-moeda. Deu certo, mas seu sucesso durou pouco. No início dos anos 30, a demanda por conversão era tão grande que o governo teve de suspender novamente o direito dos cidadãos de trocarem seus papéis-moedas por ouro.

O Acordo de Bretton Woods

Numa esfera mais ampla, outros países que usavam um sistema bancário semelhante também estavam vivenciando uma diferença de credibilidade com relação ao valor de seu papel-moeda. Em 1944, havia uma enorme dificuldade nos mercados financeiros, e foi convocada uma reunião no Bretton Woods, em New Hampshire. Ali foi acordado que o dólar americano teria a garantia de ser trocado por ouro na taxa de 35 dólares por onça, e também foi fixada a taxa na qual todas as outras moedas poderiam ser trocadas por dólares. Foi acordado que somente os governos poderiam trocar dólares por ouro, ou seja, os governos poderiam trocar seus próprios papéis-moedas por dólares na taxa fixada e, aí então, trocar dólares por ouro. Dessa forma, concluiu-se que todas as moedas teriam uma paridade fixada com o ouro que confirmaria seu próprio valor. Os negociadores acreditavam que tinham pensado em tudo.

É evidente que eles tinham deixado de lado o mecanismo de empréstimo de dinheiro do sistema bancário.

Pior, eliminar a convertibilidade em ouro do sistema bancário doméstico resultou na situação na qual não havia nem ouro nem soberanos contra os quais mensurar as solicitações de pagamento de numerário que tinham sido emitidas. Os depósitos, então, pareciam exatamente os mesmos que os recibos e os empréstimos. Cada um era fixado em libras, dólares ou francos, e assim por diante, e parecia que o número dessas libras, dólares ou francos aumentava, de alguma forma, misteriosamente.

A próxima grande crise adveio do financiamento da Guerra do Vietnã. O presidente Lyndon Johnson estava bem consciente de que ele não poderia elevar as taxas para financiar uma guerra tão impopular como essa. Também não poderia emitir dinheiro para pagá-la. Isso era considerado como altamente inflacionário e teria sido também impopular. Em vez disso, ele tomou dinheiro emprestado para financiar a Guerra. Ao mesmo tempo, ele estimulou o comércio americano a ir ao exterior e investir.

Esse incentivo fez com que o mercado doméstico perdesse dólares, ao mesmo tempo que o presidente estava fomentando esse mercado ao tomar dinheiro emprestado. Por conseqüência, não havia inflação nacional aparente que lhe causasse problemas políticos — a não ser, claro, até que os governos estrangeiros em cujas reservas tinham entrado os dólares investidos em seus países os mandassem de volta para o mercado doméstico americano para serem trocados por ouro, sob os termos do acordo de Bretton Woods. Quando os governos procuravam trocar dólares por ouro, o Presidente Johnson lhes pedia para segurar suas solicitações de pagamento até que terminasse de financiar a guerra. A maior parte dos governos compreendeu as dificuldades americanas e concordou. Uma exceção foi a França, que solicitou e recebeu o ouro em troca de seus dólares.

O Presidente Richard Nixon herdou o problema. O dólar americano tinha se tornado a moeda de reserva do mundo. Não só os bancos centrais em torno do mundo tinham preenchido suas reservas com dólares que poderiam solicitar mais ouro do que havia em Fort Knox, mas um novo mercado de eurodólar tinha se desenvolvido dentro desses bancos, além do controle das autoridades americanas que estavam ocupadas aceitando dólares como depósitos e emitindo-os como empréstimos. Novos dólares estavam sendo criados fora dos Estados Unidos e não havia controle da quantidade que podia ser criada.

Assim, a diferença que foi criada por aquelas práticas questionáveis dos primeiros empréstimos de dinheiro dos ourives, cujo crescimento tinha sido mantido num nível prudente durante séculos, tinha dado um salto durante a Primeira Guerra Mundial, tinha aumentado para financiar a Segunda Guerra, tinha dado um salto ainda maior para financiar a Guerra do Vietnã, e tinha se tornado, em 1971, intransponível, e sua taxa de crescimento estava fora de controle. O Presidente Nixon não tinha escolha a não ser tirar o direito dos outros governos de trocar seus dólares por ouro. Isso removeu a diferença por completo.

É evidente que referir-se a ela simplesmente como uma "diferença" é negligenciar o que estava acontecendo. Cada unidade monetária era uma solicitação de pagamento em ouro. A "diferença" era uma diferença entre a quantidade do ouro que era mantido realmente em estoque e contra o qual eram emitidas solicitações de pagamento, e a quantidade nas quais as solicitações tinham sido emitidas — obviamente, uma deturpação. E, no âmago dessa deturpação, estava e ainda está o mecanismo de empréstimo de dinheiro do sistema bancário. Ele impulsiona implacavelmente, aumentando, ao mesmo tempo, a oferta de dinheiro e os encargos indiretos da dívida.

Cada nova solicitação de pagamento representa uma nova dívida. À medida que aumenta o número de solicitações de pagamento, aumenta também a quantidade de dívida no setor de pessoal, de negócios e do governo. À medida que o número de solicitações aumentava, o valor de cada solicitação diminuía e os preços subiam — inflação.

A taxa de crescimento da diferença, o número de solicitações, o volume da dívida e a inflação em si estavam, de alguma forma, restritos ao vínculo com o ouro. Tudo isso mudou em 1971. De acordo com a declaração de Nixon, os grilhões estavam soltos. Na verdade, alguns governos — e particularmente o governo britânico — em nome da desregulamentação, removeram a maior parte das restrições que, por outro lado, ajudavam a refrear os emprestadores. Como sabemos, o que se seguiu foi uma montanha-russa econômica de inflação, seguida por recessão com taxas de juros atuando como acelerador e freio.

O Custo de Nosso Sistema Baseado em Dívida

O sistema monetário baseado em dívida é um arranjo curioso, e um arranjo suspeito — muito mais do que poderíamos gostar de pensar — que nossos descendentes vão relembrar com tanto assombro quanto nós agora relembramos a idéia de que a Terra é chata.

Nós, enquanto cidadãos, sobrecarregamos nosso governo com a responsabilidade de criar e manter um estoque de dinheiro para nosso uso. Um dos aspectos mais curiosos desse arranjo é que os bancos não pagam um centavo como forma de *royalty* ou licença ao governo pelo uso do dinheiro que eles criaram para o governo e então usam para eles mesmos. O mínimo que se pode dizer é que esse não é um arranjo comercial.

Pior do que isso, no entanto, é que quando o governo precisa gastar mais dinheiro em nosso nome do que ele aumentou em impostos, em vez de criá-lo, como o autorizamos a fazer, o que teria um custo único, mas sem outros custos sucessivos, o governo toma dinheiro do grupo criado pelo sistema bancário e temos de pagar o custo original e o custo sucessivo do juro anual sobre ele.

Você pode não estar ciente da extensão disso, mas sob o sistema monetário baseado em dívida, o governo, agora, é um jogador minoritário quando cria dinheiro. No período de 22 anos, de 1971 a 1993, o governo britânico criou 13,5 bilhões de libras de dinheiro novo, enquanto o sistema bancário criou 490,5 bilhões de libras. O total de todos os depósitos de poupança em 1971 montavam a não mais do que 6% do total de poupanças em 1993. Isso representa a maior redistribuição de riqueza deste século — uma redistribuição de depositantes para tomadores de empréstimos e aqueles com os quais os tomadores de empréstimos negociam.

Pior do que isso ainda, se o próprio governo tivesse imprimido os 490,5 bilhões de libras que os bancos produziram, ele poderia ter liquidado os 300 bilhões de libras de dívida nacional.

Ele não teria tido de pagar 30 bilhões de libras em juros nesse ano nem teria pago juros durante o período de 22 anos. Com os 190 bilhões de libras que sobraram, mais a economia feita em juros, poderíamos ter tido a infra-estrutura, o sistema de transporte público e as instalações de saúde nacional mais requintados que poderiam ser obtidas — e tudo isso teria sido completamente saldado. Poderíamos ter tido tudo isso sem vivenciar mais inflação do que já sofremos.

O dinheiro foi corrompido por tanto tempo que perdemos muito de seus atributos mais positivos. Sob um sistema monetário honesto, quando aumentasse a demanda de dinheiro, aumentaria o valor de troca de dinheiro. Isso iria levar à redução nos preços à medida que menos dinheiro fosse requerido para se equiparar ao mesmo valor. Dessa forma, a parcimônia seria recompensada. Esse é o verdadeiro oposto do sistema baseado em dívida, no qual o dinheiro perde valor, aqueles que economizam são punidos e aqueles que tomam emprestado e especulam são recompensados.

Além disso, também não pode haver igualdade de oportunidade de acordo com o mérito sob o sistema monetário baseado em dívida. Uma pessoa com uma idéia de negócios sólidos e sem ativos acha extremamente difícil conseguir que sua idéia seja financiada. Uma pessoa com uma idéia sem fundamentos e ativos terá pouca dificuldade de ter sua idéia financiada. Sem financiamento da dívida, onde uma participação nos projetos é a segurança real dos investidores — seja essa participação arranjada por meio de uma parceria, uma *joint venture* ou uma estrutura empresarial —, o mérito da idéia é de importância fundamental, e uma idéia infundada provavelmente não deve ser financiada.

Além disso, com o financiamento da dívida vêm os negócios e os ciclos econômicos. Esses ciclos advêm da necessidade de se reembolsar a dívida e do fato óbvio de que leva mais tempo para reembolsar uma dívida do que para gastar o dinheiro tomado emprestado. O gasto cria atividade econômica. A retirada de fundos de um orçamento para reembolsar um empréstimo diminui a atividade econômica. À medida que alguns setores se desenvolvem e se tornam mais atraentes, o investimento neles acelera até que haja capacidade produtiva excessiva. O investimento, então, cessa, mas o reembolso continua. Esse é o padrão que produz os ciclos de negócios.

Agora estamos implicados na parte lenta de um ciclo econômico que ocorre quando se torna saturado todo o mercado para os tomadores de empréstimos. Isso se dá quando os investidores e os consumidores tomaram empréstimos até seus limites. Assim, a tomada de dinheiro cai substancialmente. A atividade econômica, então, cai numa dimensão ainda maior. Primeiro, cai pela quantidade geralmente criada à medida que investidores e consumidores gastam dinheiro emprestado e, então, além disso, cai pela quantidade de atividade econômica que teria resultado se eles, por outro lado, tivessem gasto o dinheiro usado para reembolsar seus empréstimos.

Um Sistema Baseado em Patrimônio Líquido

Qual é, então, a alternativa?

Suponha que em 1925 as autoridades tivessem percebido que a combinação de sua própria criação de nova moeda com a prática do empréstimo de dinheiro tinha causado o desequilíbrio entre a quantidade de ouro mantido para lastrear a moeda e a quantidade para a qual tinham sido emitidas solicitações de pagamento. Suponha que eles tomassem atitudes para interromper ambos. Suponha que as autoridades reavaliassem as solicitações de pagamento, incluindo as cédulas de libras e os recibos de depósitos, e os fixassem novamente nos termos da menor quantidade de ouro que eles poderiam realmente solicitar. Isso iria significar que mais cédulas de libra iriam ser exigidas para serem trocadas por um soberano. Sendo assim, em termos de cédulas de libras, o valor do ouro teria aumentado substancialmente.

É bem possível que os preços de outros produtos e serviços tenham permanecido completamente estáveis em termos de cédulas de libras. Se ocorresse isso, substancialmente menos ouro teria sido requerido para obterem-se esses produtos e serviços. Em termos de ouro, seus preços teriam caído consideravelmente.

Os emprestadores não teriam provisionado, na forma de obrigações de empréstimos, o poder de licitação que elevou o preço das ações a níveis insustentáveis em 1929, e nem o mercado acionário nem os bancos teriam entrado em colapso, e a Grande Depressão poderia ter sido evitada.

Da mesma forma, os emprestadores não teriam sido capazes de provisionar o poder de licitação que levou os preços dos bens imóveis a níveis insustentáveis em 1974 e em 1988. Teríamos evitado a inflação conseqüente que destruiu a poupança de muitos. Também não teríamos sido capazes de provisionar o poder de licitação que hoje permite aos especuladores da moeda tomar as altas posições que causam tanto tumulto nos mercados financeiros. Para resumir, seria improvável que estivéssemos na situação em que nos encontramos atualmente.

Há muitas razões para se recomendar a eliminação da prática do empréstimo de dinheiro. Por que permitimos que ela continue?

Fomos condicionados, desde cedo, a acreditar que o empréstimo de dinheiro é uma profissão íntegra e honrada. Freqüentemente, em nosso aniversário, nossos pais e avós, em nosso nome, guardam algum dinheiro para um dia de necessidade. Talvez até o coloquem numa conta de poupança, talvez comprem para nós um certificado de poupança do governo. Qualquer que seja o caso, desde cedo nós mesmos somos emprestadores de dinheiro. A agiotagem corrompe o agiota — ou, pelo menos, cega nossa visão. Precisamos nos educar para a verdadeira natureza do empréstimo de dinheiro e do financiamento da dívida.

As estruturas legais desempenham um grande papel ao nos estimular a usar preferencialmente o financiamento da dívida em vez das ações. Suponha que eu tenha vindo até você com uma idéia de negócios e que você tenha concordado em que eram negócios sólidos, e suponha que você tenha me considerado capaz e honrado e, com base em seu próprio julgamento você tenha decidido investir em meu projeto. Se esse investimento fosse investimento em ações, você iria comprar ações dele ou associar-se a mim numa parceria. Assim, se o projeto falhasse, na qualidade de um investidor em ações, você iria perder seu investimento.

Se, por outro lado, você me emprestasse o dinheiro e o projeto falhasse, você iria recorrer aos tribunais e aos juízes, talvez até a advogados, por meio de auxílio legal e, em caso de qualquer contumácia ou perjúrio, a fiadores — tudo para assegurar que você pode reclamar, tanto quanto possível, seu dinheiro perdido. Esses serviços são pagos pelo contribuinte. A mensagem é clara — o contribuinte vai proteger o emprestador de dinheiro.

Se os investimentos são feitos por meio do mecanismo de dívida e o projeto falha — mesmo que o fracasso seja devido a erro de julgamento dos próprios emprestadores —, os contribuintes vão gastar de seu dinheiro tanto quanto exigido para assegurar que o emprestador vá perder o mínimo possível. Em outras palavras, os contribuintes vão desperdiçar seu dinheiro para poupar os emprestadores de desperdiçar o seu. É hora de os contribuintes pararem de usar seus preciosos recursos.

O sistema de impostos oferece muito mais incentivo aos investidores em dívidas. Se você emprestar seu dinheiro a um projeto, o custo do financiamento — pagamentos de juros — é deduzido de seus lucros antes do imposto de renda. Os pagamentos de juros são feitos com o dinheiro que não foi usado para pagar o imposto. Os dividendos, por outro lado, são pagos com o dinheiro que se usou para pagar o imposto. Conseqüentemente, custa mais pagar pelos dividendos do que pagar pelos juros. O sistema de impostos favorece os emprestadores de dinheiro. Essa tendência tem de parar. Temos de revogar aquelas leis que favorecem e apóiam o empréstimo de dinheiro. Não há necessidade de proibir o empréstimo de dinheiro. Nós simplesmente precisamos dizer a todos: "Emprestem a quem quiserem, mas se eles não os reembolsarem, não esperem que nós gastemos nosso dinheiro para que você não perca o seu".

Ao revogar todas as leis que protegem o empréstimo de dinheiro, colocamos toda dívida na posição em que a dívida de jogo ocupa hoje — legalmente não válida. Essa ação isolada iria alterar radicalmente para sempre o mercado e o sistema bancário.

Remover essas proteções não iria interromper o empréstimo ou a concessão de crédito comercial. Os negócios precisariam continuar, e a concessão de crédito comercial é uma parte do risco dos negócios. No entanto, como a dívida não iria mais ser legalmente válida, a emissão bem-sucedida do crédito comercial iria depender do julgamento daquele que faz essa concessão. Há pessoas e empreendimentos que são conhecidos por seus fornecedores e sócios como sendo honestos, honrados e diretos. São aqueles que sempre vão pagar uma dívida, se, como e quando puderem — independentemente do custo para si mesmos —, porque é simplesmente assim que eles são. Para essas pessoas e esses empreendimentos, o crédito comercial continuaria. Para outros, se tornaria mais difícil. As características do comportamento honesto, honrado e direto iriam ser solicitadas novamente.

Para os bancos, sociedades de crédito imobiliário e emprestadores comerciais, iria haver uma mudança radical. Eles não seriam mais capazes de emprestar dinheiro com segurança. Eles não teriam meios de forçar o pagamento. Eles iriam perder os lucros que eles recebem hoje ao taxar juros para seus empréstimos.

Se revogássemos as leis que protegem o empréstimo de dinheiro, os bancos iriam ter de taxar todos os custos de custódia e distribuição do dinheiro dos depositantes. Os depositantes iriam ter um grande choque quando descobrissem a extensão desses custos subsidiados pelos lucros dos bancos com o empréstimo de dinheiro. Os depositantes não iriam querer pagar os custos totais de custódia do dinheiro deles por um tempo maior do que o mínimo, assim eles iriam, ativamente, procurar investimentos que lhes auferissem algum lucro de dividendos, criando, dessa forma, uma enorme e contínua demanda por investimentos em ações.

Os investimentos em ações, ao contrário dos empréstimos, não são pagos pelo beneficiário. Quer dizer que o beneficiário não precisa retirar fundos de seu orçamento para pagar dívida. Os beneficiários iriam poder continuar a usar suas receitas para seus próprios objetivos e iriam continuar a criar atividade econômica à medida que gastassem. Os ciclos econômicos e das transações comerciais iriam se tornar coisa do passado.

Quando os investidores de ações querem converter seus investimentos em dinheiro, eles precisam vendê-las. Iria haver um enorme mercado para a de investimentos por parte daqueles que os têm e querem convertê-los em dinheiro e para a aquisição de investimentos por parte daqueles que têm dinheiro e não querem pagar custos de custódia.

O sistema bancário existente é, provavelmente, o maior operador do mercado. O quadro de pessoal dos bancos deve ter o melhor conhecimento dos empreendimentos locais, e o pessoal e as instalações em cada filial são idealmente equipados para administrar tais transações. As sociedades de crédito imobiliário serão capazes de oferecer um investimento atraente para muitos que procuram lucro e segurança e, ao mesmo tempo, oferecer um programa muito melhor aos proprietários de casa própria.

Uma conversão maciça da dívida em ações iria converter os bancos em grandes *holdings*. Seus empréstimos iriam ser convertidos em ações, por mais que tivessem sido contratados com fundos para empréstimos. Algumas ações iriam ter um valor, outras, não. Os depositantes em sociedades de crédito imobiliário iriam se ver proprietários de ações em fundos para a habitação de propriedade compartilhada. As hipotecas iriam ser convertidas em ações nas casas que essas mesmas hipotecas ajudaram a comprar. As pessoas e os empreendimentos iriam ser liberados dos grilhões e da escravização da dívida. A economia iria vir à tona como receita e dinheiro disponibilizados para serem gastos e não guardados para pagamentos de empréstimos.

Os governos, claro, não podem emitir ações neles mesmos. Eles precisam cunhar cédulas e moedas na proporção de sua dívida e usá-las para reembolso imediato. Na medida em que os bancos fossem depositários da dívida do governo, eles iriam receber novo numerário. Esse numerário iria fazer parte de suas caixas-fortes subterrâneas para ser disponibilizado para honrar retiradas feitas por seus depositantes. Em vez de gerar inflação, isso iria dar substância física para as solicitações de retirada existentes. Os depositantes iriam se ver com uma solicitação de pagamento numa parte do numerário total mantido e numa parte das ações nas quais foram convertidos os empréstimos. Imediatamente eles iriam deparar com a escolha de pagamento das taxas de custódia para seu numerário ou de investimento para receber dividendos. Alguns iriam precisar de numerário imediatamente, outros iriam querem investir. O mercado teria se iniciado.

Percebo que muito do que estou sugerindo vai se ajustar com apreensão às pressuposições em que muitos pensadores tradicionais baseiam suas interpretações. Peço-lhe que não descarte essas idéias imediatamente. A realidade é que o sistema monetário baseado em dívida não está funcionando; ele precisa de ajustes. A implementação dessas idéias pode tirar de nossos descendentes o encargo da dívida, que é o atual legado deles.

Todos nós desejamos que os empreendimentos sejam bem-sucedidos, mas devemos sempre ter em mente a realidade de que, no sistema atual, quanto mais bem-sucedidos são os bancos, maiores são os encargos da dívida que têm de ser suportados pela economia e pelas gerações futuras. Se, em vez de emprestar o dinheiro dos depositantes, os bancos estimulassem e ajudassem os depositantes a fazer investimentos em ações com o dinheiro deles, as gerações futuras, em vez de herdarem um encargo de dívida, iriam herdar uma coleção de bens.

Thomas H. Greco, Jr. é um economista de comunidades, escritor, networker e consultor que vem trabalhando em projetos de ponta de reestruturação transformacional desde 1978. Já foi professor de negócios e é o diretor-fundador da Community Information Resource Center, *um centro de trabalho em rede que fornece informação e suporte técnico para as organizações de melhoria comunitária. Este capítulo foi adaptado de seu livro* New Money for Healthy Communities. *Os artigos de Greco foram publicados nas revistas* The Whole Earth Review, The Catholic Worker, The Permaculture Activist *e* Green Revolution. *É autor também do livro* Money and Debt: A Solution to the Global Crisis.

Capítulo 7

Novos Mecanismos para o Câmbio Monetário

Thomas H. Greco, Jr.

O alicerce do poder estatal e do controle centralizado no mundo de hoje é o poder de criar e manipular o meio de pagamento. Como o dinheiro tem o poder de controlar recursos e como a maioria de nós admite isso, aqueles poucos que controlam a criação de dinheiro são capazes de destinar a seus próprios objetivos grandes quantidades de recursos sem serem vistos. Hoje, a grande maquinaria do dinheiro e das finanças está sendo destinada a servir aos interesses do poder centralizado. Os governos centrais, em conluio com os bancos centrais, por meio do controle do dinheiro, são capazes de gastar praticamente sem limite. Eles não são mais constrangidos pelos limites da renda bruta proveniente dos impostos e agora são capazes de impedir qualquer apelo direto às pessoas para aprovação de seus gastos.

O elemento-chave na transformação social deve, por conseqüência, ser a liberação de dinheiro e do processo de câmbio. Se o dinheiro for liberado, o comércio será liberado; se o comércio for liberado, as pessoas terão sua capacidade plena de servir umas às outras; a liberação de capital e propriedades e o controle popular dos políticos vão seguir normalmente. Com o estabelecimento de mecanismos de troca eqüitativos e democráticos, não será mais possível que os poucos privilegiados se apropriem da porção mais importante das propriedades, dos recursos produtivos e do poder político.

O Restabelecimento da Integridade das Economias Individuais e Comunitárias

As soluções para os problemas globais requerem uma perspectiva global e uma interação transglobal, mas isso não quer dizer, necessariamente, que precisamos ter uma autoridade global centralizada com poder coercitivo para pôr em prática suas decisões. Na verdade, temos grandes provas para demonstrar que tais autoridades centralizadas não têm sensibilidade para as necessidades locais. Quanto mais distante o governo, menos sensível ele é. A competição entre os estados-nações, de modo geral, compôs a miséria humana por meio da guerra e da dominação econômica. O que parece mais apropriado ao período atual é uma pirâmide de comunicação e cooperação com poder investido nas pequenas unidades sociais que compõem sua base.

Isso implica maior liberdade pessoal e participação mais ampla, mais efetiva. Já que é possível uma participação adequada somente dentro de pequenos grupos, a ênfase deve ser dada à expansão das comunidades locais e às associações voluntárias. Essas vão formar o alicerce de uma nova ordem mundial que será sustentável e humana.

As economias locais saudáveis, como as pessoas saudáveis, são caracterizadas por uma diversidade de habilidades e recursos e uma larga medida de autoconfiança e autodeterminação. O investimento de poder econômico vai requerer um certo grau de desligamento do atual sistema de câmbio mundial e a implementação de meios de pagamento que são controlados de forma local e democrática.

Acredito que a tendência emergente na atividade de desenvolvimento econômico é para que as comunidades se tornem mais confiantes em seus próprios recursos, coloquem maior ênfase na qualidade de vida e comecem a reestruturação em áreas que atualmente as deixam vulneráveis a fatores externos, tais como a oferta de dinheiro e o crédito bancário, taxas de juros predominantes e os níveis de gastos do governo estadual e federal em suas áreas.

Quais passos práticos podem ser dados para proteger as economias locais dos efeitos distorcivos das maquinações monetárias e financeiras externas e restabelecer algum tipo de autonomia local? Há dois modos gerais de se caminhar: reduzir a confiança no dinheiro e nos mercados e/ou trazer o dinheiro e os mercados para o controle local, democrático.

Uma estratégia eficaz provavelmente vai requerer uma combinação dos dois modos. Reduzir a confiança no dinheiro e nos mercados implica fazer alguns ajustes. No nível pessoal, significa libertar-se da mentalidade consumista, distinguindo as necessidades reais das condicionadas, eliminando gastos que são induzidos pelo medo, tornando-se mais diversificado em suas habilidades e capacidades, aprendendo a fazer por si mesmo, mandando fazer ou deixando de fazer e, acima de tudo, desenvolvendo relacionamentos mútuos de apoio com outros que tenham a mesma mentalidade. Da mesma maneira, as comunidades devem fazer o levantamento de seus próprios recursos e tomar iniciativas para reduzir a quantidade de valor importado na comunidade, substituindo as importações pela produção local e, desse modo, reduzindo sua necessidade de ganhar com as exportações.

É maravilhoso o pequeno (e o local). Até o mais pobre dentre nós é capaz de exercer algum poder por meio das decisões de compra tomadas todos os dias. Cada dólar gasto é um voto lançado. É importante perceber que, apesar de uma pessoa ter muito ou pouco dinheiro, as escolhas que ela faz ao gastar aquele dinheiro têm muito peso na determinação não só dos produtos e serviços que o mercado oferece, mas também na verdadeira qualidade da vida da comunidade. Embora o preço seja um dos critérios mais importantes a ser considerado, não é o único.

Também se deveria dar alguma consideração à questão do local onde as pessoas deveriam fazer negócios. O aforismo familiar que diz que "a caridade começa em casa" contém muita sabedoria. Um corolário adequado poderia ser que "a prosperidade começa em casa". O primeiro poderia ser interpretado como "lidar com os problemas mais próximos" e o segundo como "apoiar os esforços dos empreendimentos de seus amigos e vizinhos".

Como Trazer o Dinheiro para o Controle Local, Democrático

As considerações acima implicam sistemas de câmbio que são auto-reguladores e independentes do controle externo feito pelo governo ou por qualquer outro poder central. Para usar uma metáfora orgânica, eles funcionam autonomamente. Isso exige uma abordagem descentralizada, na qual a criação e a extinção do dinheiro (o símbolo) estão diretamente ligadas à criação e transferência do valor (a realidade que o dinheiro representa). Em tais sistemas, a quantidade de dinheiro (símbolos) deveria ajustar-se automaticamente às elevações e quedas no valor e na quantidade de produtos e serviços que são negociados. O processo de criação de dinheiro deveria ser aberto e acessível ou, para usar o termo controvertido do erudito e filósofo Ivan Illich, "sociável". Esse processo também deve ser livre de dívida e de juros. Se o dinheiro tivesse de se tornar um símbolo de mérito a partir do verdadeiro ponto de sua criação, o produtor do valor econômico iria ser adequadamente recompensado por seu esforço e habilidade, e a produção iria ser estimulada. Ao mesmo tempo, a produção iria ser economicamente sólida, enquanto o dinheiro, num sistema "sociável", está mais rapidamente disponível e tem menor poder para induzir as pessoas a agirem de modos autodestrutivos. O dinheiro seria o produto de cooperação entre as pessoas que vivem dentro de comunidades integradas.

O objetivo estabelecido do sistema monetário controlado de maneira centralizada foi equilibrar a oferta de dinheiro com as necessidades da economia, mas as "necessidades" nunca foram bem definidas em termos monetários, e os mecanismos de controle nunca funcionaram para beneficiar mais do que uma classe privilegiada, relativamente pequena. A oferta de dinheiro ou de crédito disponível em qualquer tempo deveria refletir precisamente a riqueza de produtos materiais e de serviços disponíveis para compra no curto prazo. Esse princípio foi desconsiderado nos sistemas financeiro e bancário modernos, mas precisa ser considerado no estabelecimento de um sistema de câmbio local saudável.

Para resumir, as vantagens fundamentais das moedas ou créditos locais são que eles podem ser gastos somente dentro de uma área limitada da comunidade, podem ser criados localmente, de acordo com as necessidades da economia local, e estimulam as pessoas do local a se patrocinarem umas às outras, em vez de comprar fora da comunidade.

Quando as necessidades continuam insatisfeitas, a primeira pergunta a se fazer seria: é por falta de habilidades, recursos ou motivação, ou é por falta de dinheiro? Muito "bom trabalho" fica por fazer porque aqueles que têm a vontade de fazê-lo não têm dinheiro, e muito "trabalho ruim" é feito porque é do próprio interesse limitado daqueles que têm dinheiro, e porque os outros, já que precisam do dinheiro para viver, podem ser persuadidos a fazê-lo também. A escassez intencional do dinheiro oficial tem um efeito destruidor que pode ser superado pelas moedas locais suplementares.

A oferta de moeda oficial é limitada. É criada por entidades externas à comunidade que têm pouca sensibilidade ou preocupação pelas necessidades da população local. A moeda oficial pode circular e circula realmente por toda parte. Pode ser facilmente gasta para comprar produtos e serviços de regiões distantes. O dinheiro gasto fora da comunidade local não é mais disponível para facilitar a negociação dentro da comunidade local. Deve ser substituído por dinheiro atraído de fora pela exportação de produtos, pelo recebimento, pelo governo, de pagamentos de transferência, ou pela atração de turistas e empreendimentos.

A universalidade da moeda nacional, sua maior vantagem do ponto de vista da flexibilidade e dos gastos, é também sua maior desvantagem da perspectiva da autoconfiança local e da integridade econômica. O desemprego e a estagnação dos negócios numa economia local, em vez de refletir uma falta de habilidades ou de recursos físicos, são, com maior freqüência, o resultado do fato de que o dinheiro necessário para ligar as necessidades às ofertas foi para algum outro lugar.

Por sua natureza, uma moeda local é limitada em esfera de ação. É reconhecida somente dentro de uma área limitada e, conseqüentemente, pode ser criada, ganha e gasta somente dentro daquela área. Esse fato tende a favorecer os produtores locais que concordaram em aceitá-la, e seu âmbito restrito de circulação torna mais provável que aquele que gasta seja capaz de recuperá-la. As moedas locais, assim, estimulam a produção local e o emprego.

Exatamente como um quebra-mar protege um porto dos efeitos extremos do mar aberto, uma moeda local protege a economia local dos efeitos extremos do mercado mundial e das manipulações dos sistemas bancário e financeiro centralizados. A confiança total nas moedas nacionais e as condições competitivas do mercado mundial tendem a forçar todas as comunidades ao denominador comum mais baixo da qualidade ambiental e das condições de trabalho. As moedas locais, no entanto, fornecem um amortecedor que permite às comunidades locais estabelecerem seus próprios padrões e manter uma alta qualidade de vida.

Nunca deve haver qualquer escassez de moeda local, já que ela é criada pelos próprios membros da comunidade no curso da negociação. Se duas partes quiserem fazer um negócio, elas podem fazê-lo a qualquer tempo, mesmo que não tenham dinheiro. A moeda local ou os créditos podem ser criados facilmente para possibilitar o câmbio. Mais tarde se explicará como isso pode ser feito.

Sistema de Negociação e Emprego Local (SNEL)

Há uma grande quantidade de precedentes históricos que favorecem as moedas locais e há alguns experimentos atuais que vale a pena examinar.

A abordagem mais comum e mais promissora para o câmbio local é provavelmente o sistema SNEL. O SNEL é um acrônimo que originalmente se derivou do "Sistema de Negociação de Câmbio Local", mas que finalmente se tornou "Sistema de Negociação e Emprego Local". Provavelmente, é o melhor exemplo funcional de um tipo de sistema que pode ser referido, genericamente, como "Crédito Mútuo" ou Crédito Comunitário".[1] O SNEL foi originado por Michael Linton, de British Columbia, no Canadá, no início dos anos 80. Desde então, os sistemas SNEL proliferaram pelo mundo. Agora, há centenas de sistemas SNEL ativos em vários estágios de desenvolvimento em muitos países, principalmente nos países de língua inglesa. No final de 1993, havia aproximadamente dez sistemas SNEL nos Estados Unidos, vinte no Canadá, vinte na Irlanda, 120 na Inglaterra, sessenta em Nova Zelândia e 160 na Austrália.

Reconhecendo as limitações e disfunções dos sistemas monetários nacionais dominantes, Linton delineou uma abordagem para facilitar as negociações sem a necessidade do escasso dinheiro oficial. Ele percebeu que a característica fundamental do dinheiro, que lhe permite facilitar o câmbio, é a informação que traz consigo. Ele imaginou um outro sistema de informação que seria controlado localmente e operado paralelamente com o sistema monetário oficial. Ele idealizou o SNEL como uma associação sem fins lucrativos dirigida pelos e para seus membros. Nunca se pretendeu substituir a moeda oficial, mas somente suplementá-la. Por sua natureza, o SNEL é limitado, local e pessoal, e são essas características que lhe dão sua força.

Já que o SNEL é uma organização de associados, os créditos do SNEL podem ser usados somente dentro do grupo de associados. Isso estimula o grupo de associados ao SNEL local a produzir o montante de suas próprias necessidades e importar menos. A redução das importações reduz a necessidade de ganhar em moeda oficial. Por ser pequeno e pessoal, o SNEL também forma a comunidade e estimula os membros a se apoiarem uns aos outros de várias formas.

Os sistemas SNEL consistem, tipicamente, de um conjunto de contas, geralmente mantidas num computador pessoal.[2] Um sistema SNEL é como um banco no qual cada membro tem uma conta na qual são creditadas ou debitadas as transações. Como uma conta bancária, sua conta de SNEL é

---

1. Veja também a descrição de SNEL que apareceu num artigo ilustrado intitulado "Sistema de Negociação e Emprego Local", escrito por Michael Linton e Thomas Greco. *Whole Earth Review*, nº 55, verão de 1987.

2. Os membros de alguns sistemas SNEL estão considerando, atualmente, a suplementação de seus sistemas de razão com "recibos" de papel, que funcionariam como papel-moeda, proporcionando toda a conveniência e vantagens de uma moeda circulante.

creditada (aumentada, +) quando você vende alguma coisa e debitada (diminuída, –) quando você compra alguma coisa. As duas partes negociam o preço como elas fariam normalmente para uma transação em dinheiro, mas em vez de usar dinheiro, o vendedor recebe créditos de SNEL e o comprador é "responsabilizado" numa quantia correspondente como um débito.

A unidade da conta no sistema SNEL original é o "dólar verde", e os créditos de SNEL são referidos, com freqüência, simplesmente como "verdes", mas cada sistema SNEL local, por ser independente, é livre para escolher qualquer nome que queira para sua unidade contábil. Uma vez que estamos todos acostumados a avaliar as coisas nos termos da moeda oficial, o SNEL usa o mesmo conceito de valor (dólares nos Estados Unidos, libras na Inglaterra, etc.) para a contabilidade. Dessa forma, os membros tendem a equiparar o valor de um "dólar verde" com o valor de um dólar do Banco Central nos Estados Unidos ou um dólar de um Banco do Canadá, no Canadá. Diferentemente dos créditos bancários em dólar oficial ou do numerário em si, no entanto, que só podem ser criados pelo sistema bancário, os dólares SNEL ou os créditos em dólar verde são criados pelos próprios sócios conforme necessário para realizar uma negociação. Esse é o elemento crucial que faz do SNEL e de outros sistemas de crédito mútuos sistemas tão poderosos.

Toda conta começa com um saldo zerado. As vendas de produtos ou serviços aumentam o saldo da conta de uma pessoa, ao passo que as compras reduzem o saldo dessa pessoa. Os saldos de conta podem ser negativos e normalmente não há juros imputados aos saldos, embora os sócios possam concordar em limitar a quantidade de débito que um membro pode ter. Um sócio com um saldo negativo ou em débito, no entanto, é "incumbido" de suprir esse mesmo valor a outras pessoas no sistema em algum momento no futuro. Ter um saldo negativo num sistema SNEL não é um problema. De fato, só podem existir saldos positivos se houver saldos negativos. O total dos saldos positivos num sistema SNEL é sempre igual ao total dos saldos negativos. Além de não imputar juros nos saldos, não há programação de pagamento para saldos devedores num sistema SNEL. Entretanto, há a expectativa de que os sócios com saldos devedores se esforcem ativamente para evitar que suas contas fiquem permanentemente devedoras. Os saldos dos sócios não estão sob sigilo, podem vir ao conhecimento de qualquer outro sócio, se solicitados. Alguns sistemas SNEL rotineiramente publicam todos os saldos de conta para dar aos sócios uma noção do estado do sistema. É ainda uma questão a ser discutida se a lista publicada dos saldos de conta deveria ou não incluir os nomes dos sócios.

As transações são relatadas à secretaria do SNEL por telefone ou por carta. Os saldos de conta são atualizados periodicamente, e a cada sócio é enviado um extrato de conta, que mostra as transações no período e os saldos iniciais e finais. Além do extrato da conta, os sócios geralmente recebem um "quadro de anúncios" ou uma lista dos produtos e serviços oferecidos e requisitados. Esse quadro de anúncios é, na verdade, uma forma de anúncios classificados feitos por aqueles sócios que podem anunciar o que eles querem e o que eles têm para vender. Alguns grupos de SNEL também publicam um catálogo que dá mais detalhes sobre os interesses, habilidades e necessidades de cada sócio.

Como em qualquer sistema, há custos envolvidos na operação de SNEL. Alguns deles são custos em dinheiro para algumas coisas como cópias, postagem, serviço telefônico, e assim por diante. Esses normalmente são cobertos cobrando-se uma taxa anual do sócio e/ou uma taxa de ingresso em dinheiro. Outros custos, como a manutenção do livro de registro, a publicação, a administração e outros serviços fornecidos pelos sócios do SNEL são pagos tipicamente em créditos de SNEL. Esses são cobertos, cobrando-se dos sócios, em créditos de SNEL ou dólares verdes, pelas transações de registro, pela impressão dos extratos de conta e pela publicação no quadro de anúncios.

Para ilustrar como funciona o SNEL, vamos traçar os passos que uma pessoa poderia dar desde o momento em que se torna um sócio até o recebimento do primeiro extrato de conta. Suponha que Amy deseje se associar ao SNEL de Happyville. Ela preenche um contrato de associação e paga uma taxa inicial de cinco dólares, além da taxa de sua primeira anuidade de associação, no valor de 15 dólares. Dão-lhe uma cópia do quadro de anúncios e do catálogo atuais e uma folha de instruções que lhe diz como relatar as transações, bem como outros procedimentos do sistema. O saldo da conta de Amy começa em zero.

Amy, pelas listas do quadro de anúncios, vê que Sarah está oferecendo uma revisão de carros e que John está oferecendo massagem profunda e sessões de acupressura. Ela também observa que Harold quer pão integral e legumes frescos. Amy vê em cada um deles uma negociação em potencial. Ela negocia com Sarah para ter seu carro revisado. Elas concordam com um preço de 30 dólares verdes e mais 20 dólares em dinheiro para cobrir o custo dos pontos e das velas de ignição. Ela também negocia com John para fazer duas sessões de acupressura por um total de 40 dólares verdes e mais 10 em dinheiro. Depois, Amy vende a Harold dois de seus pães frescos por 5 dólares verdes; ela também lhe vende alguns legumes de sua horta por 10 dólares verdes.

A porção em dinheiro das transações é tratada pelas partes para as negociações. Somente as quantias de dólar verde são relatadas ao encarregado do registro do SNEL. Pelo carro revisado, Amy é debitada em 30, pelas sessões de acupressura, em 40, e por suas vendas a Harold ela é creditada em 15. Se esse é o total de suas negociações no período, seu extrato de conta, no final do período, vai mostrar um saldo negativo ou devedor de 55 dólares verdes. Pode ser também que o sistema cobre (débitos adicionais) 2 dólares verdes por seu próprio anúncio no quadro de anúncios e pela taxa de extrato, perfazendo um saldo final de 57 negativos. Enquanto isso, a conta de Sarah foi creditada em 30, a de John em 40 e a de Harold foi debitada em 15.

Não há um dia preciso em que Amy deve liquidar seu saldo negativo. Ela sabe, no entanto, que seu débito representa sua promessa à comunidade dos sócios. Provavelmente ela vai tentar fazer com que seu saldo devedor não se torne crônico ou excessivo. Uma primeira razão para tornar públicos os saldos de conta dentro do sistema é estimular o autocontrole. Numa situação desse tipo, um sócio com um saldo devedor crônico ou excessivo pode achar extremamente difícil encontrar sócios dispostos a vender a ele. Ao usar o sistema de SNEL, Amy "economizou" 55 dólares oficiais em serviços de que ela precisava, empregou seus amigos e vizinhos e, de fato, empregou a si mesma, ao proporcionar aos outros meios para comprar seus próprios produtos e serviços.[3]

Ithaca HOURS

Que eu saiba, o plano monetário local atualmente mais bem-sucedido nos Estados Unidos é a Ithaca HOUR, iniciado por Paul Glover, em Ithaca, Nova York. Desde que seu projeto foi lançado, em novembro de 1991, tem havido um crescimento rápido no número de negociantes que usam a moeda local e no volume de negociações. A partir de outubro de 1993, 4.200 HOURS (equivalente a aproximadamente 42 mil dólares) foram colocadas em circulação e o número de participantes que aceitam HOURS em negócios aumentou para aproximadamente oitocentos. Glover sustenta que centenas de milhares de dólares de negociação foram facilitados pela Ithaca

---

3. Para informações adicionais sobre os sistemas SNEL, entre em contato com Landsman Community Services Ltd., 1660 Embelton Crescent, Courtenay, BC V9N 6N8, Canadá. 604-338-0213/0214.

HOURS desde que o plano foi lançado.[4] As cédulas de Ithaca HOURS foram emitidas em denominações de ¼, ½, 1 e 2 hours. Ithaca HOURS começou a atrair bastante atenção. Eles foram o assunto do artigo de capa numa publicação da *Mother Earth News* (ago/set, 1993) e foram destaque numa importante televisão japonesa de grande difusão, vista por aproximadamente 35 milhões de telespectadores.[5]

O alicerce para o plano é um tablóide bicolor chamado *Ithaca MONEY*, que Glover publica e distribui livre de encargos. O jornal contém informação sobre a economia local, as iniciativas da comunidade e os benefícios das moedas locais, mas seu principal objetivo é divulgar as pessoas e os empreendimentos que concordaram em aceitar a moeda local no pagamento de seus produtos e serviços. Cada exemplar do jornal contém listas de tipos de classificados de ofertas e demandas de produtos e serviços, bem como de anúncios. Os anúncios podem ser pagos em dólares ou em HOURS.

Os recursos da emissão de HOURS são muito simples. A cada anunciante que concorda em aceitar HOURS em pagamento total ou parcial são emitidas cédulas com valor de quatro HOURS como um prêmio por participação. Os anunciantes, assim, ficam livres para gastar suas HOURS, comprando de qualquer pessoa disposta a aceitá-las; o vendedor não precisa ser um anunciante do *Ithaca MONEY*. Duas HOURS adicionais são emitidas para aqueles cujos produtos ou serviços foram listados em quatro exemplares. Àqueles que fazem uma assinatura nova mensal ou renovam a sua anterior da Barter Potlucks paga-se um bônus de uma HOUR.

Glover não afirma ser o emissor de uma moeda local, mas simplesmente o editor de um jornal. As cédulas de HOUR que os anunciantes recebem não têm razão de ser senão pelo contrato de seus anunciantes de aceitá-las em negociações. As decisões relativas às operações são tomadas coletivamente para esse fim específico por aqueles que acompanham mensalmente as publicações da Barter Potlucks, que são um aditivo informal à publicação do jornal.

O plano Ithaca HOUR inclui uma nova forma de "pagamento do dízimo". Barter Potlucks decidiram apoiar as organizações da comunidade fazendo concessão de HOURS, que elas podem gastar em produtos e serviços necessários. A política atual estabelece que aproximadamente 10% de todas as HOURS emitidas sejam colocadas em circulação como concessões às organizações locais. A alocação das concessões de HOURS entre os solicitantes

---

4. Ithaca MONEY, nº 13, out-nov, 1993. Para solicitar, entre em contato com Box 6578, Ithaca, N. York 14851.
5. Ibid.

da organização é feita por aqueles que acompanham cada Barter Potluck mensal. Até agora, foram feitas concessões a 21 diferentes organizações.

Além da dedicação e energia de seu fundador, o sucesso do plano Ithaca HOUR pode ser atribuído, provavelmente, principalmente à sua elegante simplicidade. Outros fatores prováveis de contribuição são o pequeno tamanho de Ithaca, sua distância de qualquer cidade grande e sua população extremamente culta e progressista. *Ithaca MONEY* também começou a oferecer um "Kit para iniciantes em dinheiro local" por 25 dólares ou 2 ½ Ithaca HOURS. O kit inclui "todos os procedimentos iniciais e de manutenção, formas, leis, artigos novos, programas de computador, atualizações e uma assinatura do *Ithaca MONEY*". A partir do final de 1993, mais de 150 kits foram distribuídos a pessoas em 39 estados, e moedas locais similares começaram a despontar em várias comunidades.

Com o reconhecimento de que o dinheiro é meramente um sistema de informação, agora é possível transcender as limitações dos atuais e destrutivos mecanismos monetários, adotando-se novos mecanismos de câmbio que dão base para uma maior percepção do potencial humano.

PARTE 3

Uma Revolução na Estrutura e na Administração da Organização

Os administradores bem-sucedidos das organizações atuais precisam perceber seu ambiente em transformação de uma forma acurada, clara e contínua. Parcialmente, apenas, essa é uma questão de reunião e análise dos dados em vários tipos de indicadores ambientais. Ainda mais importante do que isso é o tipo de desenvolvimento pessoal que possibilita que o administrador perceba sem distorção porque ele não tem mais um ego vulnerável que precisa ser protegido de percepções acuradas — e talvez ameaçadoras. Sem esse desenvolvimento pessoal, tendemos a ver o que precisamos ver para nosso próprio conforto, em vez de ver o que realmente há.

E da mesma forma que o ambiente externo, o ambiente interno da organização também está mudando. As pessoas estão mudando em toda parte, inclusive dentro da organização. Elas estão solicitando maior autonomia, mais processos democráticos de tomada de decisão e maior senso de domínio, poder compartilhado e participação. Elas estão insistindo em emprego significativo, que quer dizer, tipicamente, que o trabalho delas — que necessariamente envolve algumas tarefas de rotina — é parte de uma missão global que elas acham pessoalmente significativa. O gerenciamento é o aprendizado de que, para atrair e manter as pessoas mais criativas e eficientes, tem de se proporcionar um ambiente de trabalho totalmente diferente daquele que satisfez uma ou duas gerações passadas.

Em parte, essas mudanças vêm de um estilhaçamento do contrato social que foi feito entre o empregador e o empregado. O axioma predominante com que a maioria de nós cresceu — trabalhe arduamente, seja leal à empresa e a empresa cuidará de você — não é mais verdadeiro. Os empregados se sentem traídos quando eles vêem que esse contrato foi anulado unilateralmente por seus empregadores. Quando as pessoas descobrem que seus trabalhos não são seguros, não importa o que elas façam, elas tomam suas vidas de trabalho em suas próprias mãos. Elas não são mais cegamente leais à "empresa" e estão solicitando maior autodireção.

As mudanças, em parte, também são o resultado de várias décadas de uma mudança cultural referida como o movimento potencial humano. Essa mudança, que começou a aparecer nos anos 50 e floresceu nos anos 60, promove a crença de que cada um de nós tem os recursos interiores para lidar com as crises que aparecem em nossa vida; minha segurança e liberdade estão, em última análise, em minhas próprias mãos. A filosofia do investir-se de poder aposta que as pessoas em nosso nível, ou abaixo, na hierarquia organizacional vão saber como se organizar para alcançar um objetivo, criar um produto superior ou atender um cliente. Cada um de nós sabe que uma democracia é um sistema político destinado não para a eficácia, mas como uma proteção contra o abuso de poder. O investir-se de poder é a disposição para trazer esse valor para o local de trabalho — para estimular a reivindicação de autonomia e o compromisso em fazer a organização trabalhar melhor.

A estrutura organizacional foi baseada, tradicionalmente, numa crença de que aqueles que estão no topo são responsáveis pelo sucesso da organização e o bem-estar de seus membros. As pessoas tendem a temer as crises e o caos, e elas contam com relacionamentos de autoridade evidente para protegê-las dessas situações perturbadoras. Num sistema autoritário, espera-se que os administradores pensem e os empregados sigam suas instruções. Assim, a formulação da estratégia e sua implementação são atividades separadas. Como McLagan e Nel apontam no capítulo escrito por eles, nesta seção, num sistema autoritário, o que mais interessa são as pessoas que estão no topo; os sistemas e programas estão em funcionamento para usar e apoiar seu cérebro e habilidades. Conseqüentemente, as pessoas nos sistemas tradicionais tipicamente guardam e acumulam conhecimento e o usam para perpetuar seu próprio poder e posição.

Um local de trabalho que produz desamparo e obediência insensata não estimula as qualidades que produzem excelência. A dependência reside na crença de que há pessoas no poder que sabem o que é melhor para os outros, inclusive para elas mesmas. Pensamos que a tarefa desses líderes é criar um ambiente no qual possamos ter uma vida de segurança e previsibilidade. Num ambiente de alto controle, o que é pessoal e sagrado é negado; o governo autocrático tende a fazer murchar o espírito.

Um dos aspectos mais importantes do "novo negócio dos negócios" foi, no princípio, representado pelo conceito de curatela de Mohandas Gandhi. Embora o compromisso básico de Gandhi pela não-violência seja familiar à maioria de nós, foi muito menos estimado que esse conceito se estendeu bem além da resolução de conflito direto, até as verdadeiras raízes das causas de violência que ele viu ser inerente e endêmica nos sistemas econômicos, sociais e industriais do século XX. Ele explicou a curatela como um compromisso dual com a *ahimsa* (não-injúria em pensamento, palavra e realização em todas as formas de vida, incluindo a não-violação da essência de uma outra pessoa) e a *satyagraha* (pressão por reforma por meio de resistência amigavelmente pacífica; ação militante com preocupação pelo oponente; literalmente, insistência na verdade). Curatela significa, essencialmente, ter fé e confiança num processo de tomada de responsabilidade por valores materiais e sociais, e administrar seu uso legítimo e criativo em benefício de todos, inclusive das gerações futuras. Isso se coloca em contraste flagrante com o conceito comum de que os bens deveriam ser administrados em benefício máximo dos acionistas. Gandhi via a livre iniciativa, com um compromisso com a curatela, como tendo o potencial de substituir as formas econômicas socialista e capitalista.

A "revolução" que está ocorrendo agora na direção da curatela é mais comumente identificada com os conceitos de "intendência" ou "participação". A intendência é uma forma de governar organizações que cria um forte senso de domínio e responsabilidade por resultados por parte daqueles que estão na base da organização, tais como clientes — na verdade, entre todos os que são atingidos pelas atividades da organização. Isso implica estar disposto a ser extremamente responsável sem escolher controlar o mundo à nossa volta. Requer um nível de confiança que a maioria das pessoas ainda não está acostumada a ter. Implica projetar novamente as práticas fundamentais de administração e a redistribuição de poder — não no interesse deles próprios, mas a serviço da redistribuição do domínio e da responsabilidade conscientes.

Como Peter Block observa em seu livro *Stewardship: Choosing Service over Self-Interest*, o sistema de governo que herdamos e que continuamos a recriar é baseado na soberania e numa forma de colonialismo profundo. A solidez, o controle e a previsibilidade se tornam os meios de dominação pelos quais esse colonialismo e essa soberania são decretados. Pode ser que essa dominação não seja procurada diretamente, mas é o efeito das crenças predominantes sobre o modo mais eficaz e seguro de se conseguir o trabalho feito.

A silenciosa revolução atual nas organizações de negócios está colocando o governo empresarial tradicional sob sua responsabilidade; a hierarquia da pirâmide está sendo esmagada e virada ao contrário. Peter Block faz uma observação importante sobre essa revolução — que ela está sendo iniciada pelos executivos e administradores e/ou está tendo a colaboração deles:

> O que é singular com relação a essa revolução — e nos dá esperança — é que ela está sendo iniciada pela classe dirigente, pela classe empresarial. A

intendência é uma revolução iniciada e planejada por aqueles que estão no poder... Se nossas organizações devem sobreviver, a redistribuição de objetivos, poder e privilégios terá de se dar com o envolvimento e consentimento daqueles que, de alguma forma, mais resistem a perder, a classe empresarial. E isso é basicamente o que requer o serviço de escolha... A intendência depende de uma disposição para ser responsável pelos resultados sem usar o controle ou a proteção como meio para alcançá-los. Isso demanda uma escolha por serviço com parceria e investimento de poder como estratégias básicas de governo.[1]

Talvez, pela primeira vez na História, uma revolução está sendo iniciada e planejada por aqueles que têm maior poder na velha estrutura. Compartilhar de bom grado esse poder é verdadeiramente revolucionário.

Um ótimo exemplo de uma revolução numa organização é o que Dee Hock chama de "a organização caórdica". Num artigo publicado em *Perspectives*, em 1995, Hock, fundador e superintendente emérito da VISA Americana e da VISA Internacional, define uma *caord* como "qualquer sistema complexo auto-organizado, adaptativo, não-linear, seja ele físico, biológico ou social; o comportamento desse sistema apresenta características da ordem e do caos ou — mal traduzindo para a terminologia dos negócios — de cooperação e competição".[2]

Para ilustrar o que é uma *caord*, ele conta a história da evolução da VISA. Hock se dedicou durante anos a descobrir por que as organizações são cada vez mais incapazes de administrar seus negócios e por que o comércio e a sociedade estão cada vez mais em desordem; assim, quando, em 1968, lhe passaram o projeto de desenvolvimento de um plano para resolver os problemas cada vez mais sérios de um sistema incipiente de cartão bancário, ele percebeu a oportunidade de desenvolver uma nova forma de organização — a *caord*. Ele reuniu um pequeno grupo de pessoas que foi trabalhar para criar esse novo tipo de entidade. Eles observaram que ao mesmo tempo que nós, em culturas industrializadas, nos beneficiamos enormemente do conhecimento dos cientistas, esse conhecimento significou que "a natureza de nossa destreza se transformou na criação e no controle de constância, uniformidade e rendimento, ao passo que nossa necessidade agora se transformou na compreensão e coordenação da variabilidade, complexidade e eficácia".

A investigação de Hock levou às seguintes convicções:

---

1. Peter Block, *Stewardship: Choosing Service over Self-Interest*. San Francisco: Berrett-Koehler, 1996, pp. 45, 47, 49.

2. Dee Hock, "The Chaordic Organization: Out of Control and Into Order", *World Business Academy Perspectives*, vol. 9, nº 1, 1995, p. 5.

- O maior perigo para a civilização é a concentração cada vez maior de poder e riqueza em poucas mãos.

- A conseqüência real da ciência e tecnologia emergentes não são os inventos, mas a mudança social radical, que demanda mudança organizacional radical.

- As pirâmides de comando e controle de poder são aberrações da Era Industrial e não só são arcaicas e cada vez mais irrelevantes, mas uma ameaça pública.

- Os sistemas de comunicação eletrônica são interligados em uma complexa rede social e econômica em torno da qual as instituições e a sociedade serão forçadas a se reorganizarem.

- A Era da Informação deve ser mais bem conhecida como a Era da Habilidade Mental, já que a informação não é senão os materiais brutos da mente, e o *software*, a ferramenta com a qual configuramos e administramos a informação, é simplesmente um produto da mente.

- O recurso mais abundante, menos caro, mais explorado e do qual freqüentemente mais se abusa no mundo é a inventividade humana; a fonte desse abuso é arcaica, as instituições da Era Industrial e as práticas de administração o desenvolveram.

Hock descreve o que emergiu nas deliberações de grupo:

Era necessário conceber novamente, no sentido mais fundamental, o conceito de banco, dinheiro e cartão de crédito — e ainda, além disso, os elementos essenciais de cada um e como eles podem mudar num ambiente microeletrônico. Apresentaram-se várias conclusões:

- O dinheiro não tinha se tornado outra coisa senão um dado alfanumérico garantido, gravado em papel e metal sem valor. Ele se tornou um dado na forma de elétrons organizados e fótons que se moviam ao redor do mundo na velocidade da luz, a um custo mínimo, por vias infinitamente diversas em todo o espectro eletromagnético.

- O "cartão de crédito" foi uma denominação imprópria, um falso conceito. Deve ser concebido novamente como um dispositivo para o câmbio do valor na forma de sinais eletrônicos arranjados. A demanda por esse câmbio seria enorme — e mundial.

- Qualquer organização que pudesse dar mais garantias mundialmente e trocar dados na forma de sinais eletrônicos arranjados teria um mercado potencial — todos os câmbios de valor no mundo — cuja dimensão ultrapassava a imaginação.

> Ficou claro que nenhuma corporação hierárquica, nenhuma nação-estado poderiam fazer isso. Na verdade, nenhuma forma existente de organização poderia fazer isso. Foram calculados os recursos dos bancos em todo o mundo. O total tornava menores os recursos da maior parte das nações. Em conjunto eles podiam fazer isso, mas como?
>
> Estava além do poder da razão planejar uma organização que lidasse com tal complexidade, e além do alcance da imaginação perceber todos os problemas com que se poderia deparar. Mas a evolução apressou regularmente muito mais *caords* complexas com aparente facilidade. Tornou-se gradualmente evidente que uma organização como essa iria ser baseada em conceitos e métodos biológicos. Teria de desenvolver-se — na prática, teria de se inventar e se organizar. (p. 12)

Hock explica que o grupo que estava estudando o problema chegou aos seguintes princípios aos quais a nova *caord* teria de satisfazer:

- Deve ser reconhecida imparcialmente por todos os participantes. Nenhum membro teria posição preferencial intrínseca.
- O poder e a função devem ser distributivos em seu grau máximo. Nenhuma função seria desempenhada por qualquer parte do todo que pudesse, razoavelmente, ser desempenhada por qualquer outra parte periférica e nenhum poder deveria ser investido a nenhuma parte que pudesse razoavelmente ser exercido por qualquer parte menos importante.
- O governo deve ser distributivo. Nenhuma pessoa, instituição e nenhuma combinação de pessoas ou instituições seria capaz de dominar as deliberações ou controlar as decisões.
- Deve ser infinitamente maleável, apesar de extremamente durável. Deveria ser capaz de constante modificação, gerada por si mesma, da forma ou função, sem sacrifício de sua natureza essencial de princípio incorporado.
- Deve abarcar diversidade e mudança.

Depois de um intenso esforço, ao longo de um ano, os princípios foram gradualmente ampliados para um conceito, o conceito para uma estrutura teórica, e a estrutura se ajustou aos interstícios da lei, dos costumes e da cultura. Em junho de 1970 a *caord* VISA passou a existir.

Hock descreve o resultado:

Parece difícil descrever aquela comunidade, mas o recorde é impressionante com relação ao que aconteceu quando os princípios "caórdicos" foram aplicados, o poder distribuído e a inventividade humana libertada. Há 27 anos a VISA não era senão um conceito vago. Hoje, em 1996, seus produtos são criados por vinte mil instituições financeiras e aceitos em mais de duzentos países e territórios; quinhentos milhões de pessoas usam esses produtos para fazer aproximadamente um trilhão de transações, excedendo 950 bilhões de dólares anualmente — o maior bloco individual de poder de compra do consumidor na economia mundial.

No sentido legal, a VISA é uma corporação de associados não acionária, que visa lucros. Num outro sentido, é uma *holding às avessas* na qual ela não mantém, mas é mantida por suas partes funcionantes. As vinte mil instituições financeiras que criam seus produtos são seus proprietários, seus sócios, seus clientes, seus súditos e seus superiores. Existe como uma parte integral da mais altamente regulada das indústrias, embora não esteja sujeita a nenhuma autoridade reguladora no mundo.

É uma *caord*, sua totalidade, excluindo milhares de entidades afiliadas, teria, se convertida numa empresa acionária, um valor de mercado que excederia os 400 bilhões de dólares. Ela também não pode ser comprada, negociada, atacada de surpresa ou vendida, já que sua propriedade é fixada em forma de direitos de associação perpétuos, não transferíveis. No entanto, essa porção dos negócios criada por cada associado é possuída somente por ele, é refletida nos preços de suas ações e pode ser vendida a qualquer entidade elegível para associação — um mercado realmente amplo, ativo.

A VISA não adotou nenhuma teoria política, econômica, social ou legal, transcendendo, assim, a língua, os costumes, a política e a cultura para unir com sucesso instituições e pessoas de todos os gêneros. Passou várias guerras e revoluções, sendo que os beligerantes continuavam a compartilhar uma propriedade comum e nunca cessavam a aceitação recíproca de cartões, mesmo que eles estivessem se matando uns aos outros.

Há muitos quadros de diretores dentro de uma simples entidade legal; nenhum deles pode ser considerado superior ou inferior, já que cada um tem autoridade e autonomia irrevogáveis sobre áreas geográficas ou funcionais.

Seus produtos são os mais usados e reconhecidos no mundo; e a organização é tão transparente que seus últimos clientes, a maioria de seus afiliados, e alguns de seus associados não sabem como ela existe ou funciona. Ao mesmo tempo, o âmago da empresa não tem conhecimento de um grande número de partes constituintes, ou mesmo autoridade sobre elas. Nenhuma parte conhece o todo, o todo não conhece todas as partes e ninguém tem necessidade disso. O conjunto, como todas as *caords* — incluindo aquelas que chamamos corpo, cérebro e biosfera —, é amplamente auto-regulador.

Seus empregados recebiam salários medíocres pelos padrões internacionais, na época, e nunca poderiam ser compensados com imparcialidade ou tornar-se ricos por seus serviços. No entanto, aquelas pessoas selecionaram o nome Visa, completaram a maior conversão de marca registrada na história comercial antes do tempo previsto e construíram o protótipo do atual sistema de comunicações em noventa dias por menos de 25 mil dólares. Continuamente eles demonstraram uma simples verdade de que, de alguma forma, perdemos muito em organizações mecânicas, newtonianas:

Dadas as devidas circunstâncias, a partir de nada mais do que sonhos, determinação e liberdade para tentar, pessoas completamente comuns fazem, coerentemente, coisas extraordinárias. (p. 15)

Hock acredita que precisa emergir uma organização mundial cujo objetivo único seja o desenvolvimento, a disseminação e a implementação de novos conceitos "caórdicos" de organização, ligando pessoas e instituições comprometidas com a nova concepção institucional numa grande rede de aprendizado, informação e propriedade compartilhados. Deve ser organizada nos princípios "caórdicos" que ela adota. Hock fundou a The Chaordic Alliance para explorar a criação de uma organização como essa. Seu livro *Nascimento da Era Caórdica* foi publicado em 2000 pela Editora Cultrix.

Os capítulos da Parte 3 exploram o tema da estrutura organizacional de várias perspectivas. Pamela Mang adverte contra a banalização dos conceitos do "novo paradigma", que permite à cultura popular co-optar pelos princípios, de tal forma que "frustrem qualquer esperança de transformação real". Ela diz que esse processo de co-optação freqüentemente sela o destino de qualquer idéia verdadeiramente nova antes que ela tenha uma chance de atuar. Ela apresenta uma abordagem em três níveis para evitar essa banalização e seus efeitos: trabalho em recursos, processo e evolução.

Riane Eisler identifica um aspecto da administração organizacional que é geralmente ignorado ou abrandado: as diferenças entre o estilo dominador e o estilo participativo de liderança. Ela afirma que a razão básica pela qual precisamos de mudanças fundamentais em instituições e valores é que, em nosso nível de desenvolvimento tecnológico, não é sustentável um modelo dominador e sim um modelo de parceria de organização social e ideológica. Ela propõe que uma mudança mais importante de paradigma requer um exame mais acurado dos fatores ainda geralmente ignorados na maior parte das análises organizacionais e ambientais: como são estruturadas as relações entre as metades feminina e masculina da humanidade e como os estereótipos de masculinidade e feminilidade afetaram a forma como o poder é conceitualizado e exercido. A desvalorização das mulheres e "do feminino", que é característica das sociedades dominadoras, deve ser reconhecida explicitamente — e alterada — se tiverem de se dar as mudanças organizacionais e as mudanças de atitude.

Ralph Estes propõe um método de corporações estruturadas para mantê-las responsáveis por seus efeitos no ambiente físico e social exterior à corporação. Ele afirma que o fato de serem consideradas responsáveis, vai criar concordância com os padrões ambientais e humanos pela pressão pública, e não pela regulação. Ele aponta que originariamente, as corporações eram licenciadas pelos governos para atender ao objetivo público, não para enriquecer acionistas, e que o objetivo original não deveria se perder. O problema é que as grandes corporações perderam seu rumo — elas esqueceram quem são seus verdadeiros investidores. Estes sugere que se deveria exigir que as corporações publicassem um relatório que trouxesse informação disponível sobre todas as decisões tomadas pela empresa que afetem todos os depositários — trabalhadores, consumidores, fornecedores, a comunidade e assim por diante. Não devemos mais permitir que "a tirania da base financeira" derrube todo o sistema empresarial.

Patricia McLagan e Christo Nel vão mais longe ao dizerem que "a visão coletiva de governo institucional da sociedade está passando por uma mudança fundamental — a substituição do autoritarismo pela participação". A mudança para o governo participativo no local de trabalho é inevitável e necessária. A participação parcial nunca é eficaz a longo prazo, como mostram muitas tentativas frustradas. As ramificações dessa mudança são profundas e inevitáveis. Os autores detalham os princípios que determinam o sucesso das tentativas de se fazer essa mudança.

Esses artigos deixam claro que o papel e a prática da administração devem mudar fundamentalmente. O "comando e o controle" autoritários são um anacronismo num mundo sustentável.

Pamela Mang é sócia-fundadora da The Regenesis Collaborative, estabelecida para criar modelos de desenvolvimento regenerador. Foi consultora de corporações na Europa, nos Estados Unidos e no Canadá na qualidade de sócia da Institute for Developmental Processes. O Instituto forneceu a forma das organizações de desenvolvimento dos negócios em todo o mundo, algumas das quais serviram como modelos de trabalho significativo e eficácia competitiva por mais de trinta anos. Sua formação em negócios inclui a atuação como vice-presidente da Advanced Design Techonologies (fabricação de azulejos); presidente da Communication Advocates (marketing e relações públicas) e gerente do French Gulch Hotel/ Restaurant.

Capítulo 8

Vinho Novo, Garrafas Velhas: O Dilema da Mudança Organizacional

Pamela Mang

Antes, a forma como nos organizamos para realizar o trabalho nunca recebeu tanta atenção e energia. Os temas, antes confinados aos obscuros periódicos acadêmicos, estão agora em destaque em novos programas televisivos. Raramente se passa uma semana sem que pelo menos um título sobre organização seja listado entre os dez livros de não-ficção mais vendidos. Numa era de indústrias e mercados em declínio, o progresso organizacional é um grande negócio e está se tornando ainda maior, com milhões de dólares gastos todos os anos.

Ainda mais significativo do que a atividade crescente, no entanto, é o rápido crescimento de uma abordagem fundamentalmente diferente da mudança organizacional. Às vezes chamada transformação organizacional ou, mais recentemente, "novo paradigma", o rico e variado trabalho que está sendo feito dentro dessa abordagem opõe-se ao simples enquadramento por um único título. A verdadeira natureza do trabalho, caracterizado por compromisso com o relacionamento e com o desenvolvimento contínuo, com a integridade e a inteireza, significa que envolve e desafia todos os aspectos da vida para aqueles, dentre nós, que entram nele, não importa se como administradores, como quadro de recursos humanos de uma organização ou como consultores. Há uma contínua sensação de novidade e descoberta e, ao mesmo tempo, de retorno a um centro eterno de sabedoria.

É impetuoso e sedutor. E, à medida que progressivamente vemos palavras como *visão* e *objetivo* se apresentarem na impressa popular, é fácil admitir que a transformação que está ocorrendo em nossas organizações de negócios é muito mais ampla, profunda e rápida do que realmente é. Devemos admitir que adoção e aceitação equivalem a compreensão. Paradoxalmente, para aqueles dentre nós que iriam despertar nossos empregados, sócios ou clientes de negócios e a nós mesmos para um novo modo de pensar — um novo paradigma — nosso desafio mais formidável é nossa própria visibilidade e popularidade crescentes. Nosso dilema é que o ato de adoção na cultura comum dos negócios traz consigo processos que efetivamente frustram qualquer esperança de transformação real. Temos de temer mais a inclusão do que a exclusão.

Não é nova a preocupação relativa ao fato de ser co-optado pela cultura popular — enfrentou todos os esforços de mudança que aspiraram a introduzir valores de ordem mais elevada nas atividades materiais mundiais e, com maior freqüência que nunca, sela o destino de qualquer idéia verdadeiramente nova ou qualquer nova maneira de pensar, antes de ter uma oportunidade de atuar. Vemos esse ciclo de co-optação repetidamente, começando com adoção com altas expectativas, movendo-se para aplicação seletiva e banalização e finalmente culminando em rejeição marcada por uma sensação de traição. Alguma inteligência pública anônima o descreveu, uma vez, como as seis fases de um projeto: (1) entusiasmo, (2) desilusão; (3) pânico; (4) procura pelo culpado; (5) punição do inocente; e (6) elogios e honrarias para os não-participantes.

Apesar da repetição contínua do ciclo, no entanto, acredito que o funcionamento disso continua malcompreendido e muito freqüentemente descuidado ou subestimado, de tal forma que aqueles dentre nós que seriam os agentes de mudança inconscientemente conspiram ao criar as expectativas não-realistas, o processo de banalização e a reação de pêndulo que segue o fracasso em atingir as expectativas.

Exemplos do ciclo de co-optação abundam no campo da mudança organizacional. Infelizmente, por não entendermos bem o processo, geralmente não os identificamos até que uma idéia tenha se juntado ao rastro de outras idéias desacreditadas e o dano já tenha sido feito. Na verdade, podemos ver o final da extremidade de um processo como esse continuar agora com qualidade total de administração (QTA). Ao mesmo tempo que exatamente há alguns anos foi considerado como a salvação da indústria americana, os eruditos que não puderam elogiá-lo suficientemente estão agora se enfileirando para condená-lo. E se você olhar mais atentamente, pode encontrar sinais de que o pêndulo já está começando a oscilar de volta para o conceito de liderança, que seguiu rigorosamente a qualidade total para a notoriedade.

Essa não é uma preocupação teórica. Esses processos de adoção prematura, banalização e julgamento em pêndulo estão tendo conseqüências extremamente caras em nossos negócios. A síndrome "programa do mês" que é encontrada em muitas de nossas empresas está desviando recursos, drenando energia, exigindo ainda mais de pessoas já sobrecarregadas de trabalho e produzindo um cinismo que torna cada esforço de melhoria subseqüente muito mais difícil.

Para alguns, a resposta é abandonar os esforços para transformar as velhas e incrustadas instituições de negócios, olhando, ao contrário, para os novos e pequenos negócios empresariais. Palavras como *obsoleto* e *dinossauro* são ouvidas cada vez mais freqüentemente com referência às 500 empresas da revista *Fortune*. É uma resposta desencorajadora em dois níveis. Primeiro, não é preciso muita imaginação para delinear a extensão do dano que um dinossauro, em sua agonia da morte, pode causar; grande quantidade desse dano recai sobre as criaturas menores ou sobre as empresas que o rodeiam. Ainda mais importante que isso, no entanto, é que não há absolutamente nada, a não ser o desejo de que assim seja, que garante que não vamos repetir os mesmos padrões numa escala menor. É essencial que compreendamos esses padrões se quisermos desenvolver em nós mesmos e em nossos negócios a capacidade de superá-los e de cumprir as transformações que são auto-sustentáveis e auto-renováveis.

Dito isso, a questão passa a ser: como conseguir tal compreensão. Gostaria de sugerir um exercício que poderia nos possibilitar vivenciar a dinâmica que existe por trás desse ciclo, mesmo quando o exploramos. Um dos princípios do pensamento do novo paradigma é que podemos "saber" muito, mas não "entender" nada se restringirmos nossa investigação ao mundo da função — o mundo visível que pode ser mensurado e transmitido por nossos sentidos. Essa é a aparência externa, não a realidade das coisas. Para possibilitar uma investigação mais profunda, o instrumento que vamos usar no exercício é uma parábola. As parábolas foram, por muito tempo, instrumentos de ensinamento e aprendizado. O termo deriva da palavra grega para "justaposição" ou "comparação". Com seus múltiplos níveis de significado, a parábola nos possibilita ver além da palavra funcional quando a justapomos a uma situação da vida; a situação, nesse caso, é o ciclo de co-opção.

A parábola que vamos usar está no Evangelho de Mateus 9:16, no Novo Testamento. O exercício é se imaginar na Galiléia, na época em que a parábola foi contada. Você é um sócio de um dos discípulos e um membro desse movimento sem nome, por ora; seu trabalho é ajudar as pessoas a organizarem o modo como elas trabalham juntas, alinhando-se com a nova forma de pensar, o novo paradigma. Você pode ser um membro de uma frota de pesca ou um gerente de uma empresa mercantil. Tente visualizar a atmosfera da época. Uma pessoa pode imaginar a sensação de esperança e excitação que se forma quando Jesus vai de uma cidade a outra, pintando visões de um novo mundo e de novos valores, uma nova maneira de ser e de se comportar. Você passa horas discutindo com sócios, brigando para divulgar sua própria compreensão por meio de ensinamentos e para ver o significado do trabalho que você foi chamado a fazer.

Então, um dia você ouve que João Batista e os Filisteus introduziram as novas práticas nos templos. Jesus responde, contando a seguinte parábola:

> E ninguém deita remendo de pano cru em vestido velho, porque (*este remendo*) levaria consigo uma parte do vestido, e ficava pior o rasgão. Nem se deita vinho novo em odres velhos; doutro modo rebentam os odres, e derrama-se o vinho, e perdem-se os odres. Mas deita-se vinho novo em odres novos.

Primeiro nível: trabalho em recursos

Conhecendo o contexto em que foi contada, você imagina que é realmente sensacional. Está diretamente relacionado às questões com as quais você depara todos os dias no trabalho. O vestido velho e os odres velhos devem ser as religiões tradicionais e as instituições de trabalho. Os odres velhos são rígidos e não podem mudar sua forma quando o novo vinho fermenta, assim eles finalmente rebentam nas costuras de toda aquela atividade criativa interna; o vestido velho está claramente gasto pelo uso e desleixo e não tem a elasticidade para suportar quaisquer pressões externas sem se rasgar. Como o vestido velho e os odres velhos, as velhas instituições e o modo como elas são estruturadas devem ser recipientes inadequados para o novo modo de fazer as coisas. Imediatamente você vê várias mudanças que você pode fazer e você se apressa para começar a colocá-las em ação. Em que você começaria a trabalhar em seus negócios?

Segundo nível: trabalho em processo

No caminho de volta para o escritório, você encontra um sócio que também está indo para o trabalho. Você compartilha seus pensamentos, e ele começa a fazer perguntas. De repente você lembra que por trás das palavras literais das parábolas existe uma outra esfera de sentido, que é ainda mais excitante que o primeiro. Você acabou compreendendo, por meio do seu trabalho, que a transformação só pode começar com uma *metanoia*, uma antiga palavra grega que significa "mudança de opinião" (traduzida na maior parte das versões da Bíblia como "arrependimento") — com uma maneira totalmente nova de pensar e ver o que está por trás do pensamento comum de alguém, e você percebe que o vinho novo simboliza essa mudança e a nova sabedoria que resulta dele. Ao mesmo tempo, você sabe que os seres humanos são criaturas com costumes, ligados a pontos de vistas familiares, velhos valores, tradições confortáveis. Essa "velha" mente, com suas atitudes cristalizadas, não pode receber uma nova maneira de pensar; se continuamos a derramar novos pensamentos em cima dos velhos, nós simplesmente tiramos o poder dos novos. Ah, você pensa, se não podemos ver nossos próprios padrões cristalizados, limitadores, nunca seremos capazes de criar e sustentar novos processos de pensamento e de trabalho que se ajustem ao novo paradigma. O que esses *insights* acrescentaram às mudanças nas quais você está se esforçando?

Terceiro nível: trabalho em evolução

Agora, o dia já está no fim e é tarde para começar alguma coisa nova, então você vai para casa, onde, como parte de seu ritual noturno, passa seu tempo sozinho em tranqüila meditação. Você se vê contemplando as parábolas do vestido e do vinho e gradualmente se forma um quadro em sua mente, com um outro nível de significado. Não está propriamente relacionado com a diluição do novo pensamento ao misturá-lo com o velho. Também diz respeito a se tentar colocar valores de ordem mais elevada para trabalhar por propostas de ordem mais baixa, tentando abranger pensamentos maiores em outros menores.

Você nos vê vivendo num universo relacionado, um universo em que tudo está relacionado com tudo e tudo influencia tudo, onde nada pode ser tomado separadamente, isolado do resto. Você vê seres humanos como seres que se desenvolvem por si mesmos, capazes de criar suas próprias vidas, mas somente se eles puderem se ver relacionados com o todo. Nesse nível de pensamento, não há contradições. A parte não pode ser atendida sem atender ao todo; nos não podemos "rasgar uma parte" do todo para atender somente a uma parte. É um quadro que é magnético na forma como o atrai e completamente assustador em seu desafio. Você não tem absolutamente idéia de como isso pode ser trazido ao mundo no qual você vive e trabalha, e você sabe que tem de dar o primeiro passo, mesmo sem esse conhecimento. Você se sente vazio de técnicas e cheio de objetivos. Agora em que você vai trabalhar?

Sem dúvida, há muitas interpretações, mas espero que isso tudo tenha lhe dado um certo sabor do que é pensar em diferentes níveis de significado, cada um dando a você mais características íntimas a partir da superfície ou do mundo material. O aspecto interessante desse tipo de trajeto de pensamento é que nós também vivenciamos níveis cada vez mais interiores estando numa escala mais elevada e mais ampla. Por exemplo, no primeiro nível, parece que a organização é o problema que precisa ser trabalhado e que será necessária alguma forma de reestruturação radical. Eu poderia começar com a estrutura física e criar escritórios abertos, estacionamentos sem marca, e assim por diante — não mais santuários de privilégio —, e então mover-me para a estrutura da organização, removendo camadas, modificando as definições de trabalho e outras coisas.

Movendo-me para o segundo nível, meu foco muda para a forma como pensamos enquanto condutores que estão por trás do comportamento de nossas estruturas. A mudança de uma estrutura de negócios tem em vista a mudança dos outros; a mudança do modo como pensamos só pode ocorrer se todos nós nos modificarmos. Cada um de nós pode aprender a "ver" e desenvolver seu próprio pensamento por meio do conhecimento de si próprio. Assim, além de mudar as estruturas que alimentam velhos padrões, eu poderia estimular os processos de auto-reflexão, promover o aprendizado como um esforço contínuo e trabalhar na criação de um ambiente que estimula o diálogo e o questionamento.

No terceiro nível, meu foco se volta para o que dirige meus negócios — são os valores que eu considero como centrais ou são simplesmente demandas de mercado? Começo a ver as conseqüências de como trabalhamos, estendendo-nos através do tempo e atravessando grandes distâncias. Compreendo a importância de atender aos nossos clientes como um eleitorado importante, mas também reconheço o significado de nosso relacionamento com outros eleitorados. Compreendo como a comunidade da qual eu tiro meus recursos, as infra-estruturas que circundam meu processo de agregação de valor de sua fonte de materiais brutos para a reciclagem de meus produtos, os acionistas que investem em nós e os empregados que contribuem para nosso sucesso devem, todos eles, junto com os nossos clientes, ser atendidos de uma maneira integrada. Comprometer uma parte é comprometer todas elas. Eu me comprometo com a formação dessa compreensão em toda a extensão de meus negócios, com o desenvolvimento das habilidades do novo pensamento exigidas para me estender e me comprometo a atuar a partir dessa compreensão.

O que aprendemos com esse exercício sobre o ciclo de co-opção com o qual começamos, particularmente o processo de banalização e o pensamento em pêndulo que geralmente finaliza o ciclo? No primeiro nível, chegamos a um significado que trazia consigo um forte impulso para agir. Pensamentos que derivam do mundo de nossos sentidos tipicamente nos levam rapidamente na direção da ação, já que nós literalmente podemos ver o problema diante de nós. Esse senso de retidão e competição entre a solução e o problema visível envolve o esforço resultante com entusiasmo e excitação. Ao mesmo tempo, nossa esfera de compreensão e atividade é penosamente pequena, já que é restrita ao que podemos detectar e administrar com nossos sentidos. Dentro dessa esfera, nosso esforço pode estar sendo absolutamente visado, razão pela qual é ainda mais desorientador quando o vemos desabar. Entramos de surpresa num quarto da casa que está em total desordem e partimos para fazer o que for necessário para colocá-lo novamente numa ordem funcional. Nunca percebemos a infestação de cupim que existe embaixo da casa até que o piso que acabamos de encerar se desmorona.

É nesse ponto que o pensamento em pêndulo freqüentemente contribui para completar a primeira idéia. No exercício, nós nos movemos através dos níveis de significado de uma maneira contínua, ao administrar o foco de nossa atenção num período de tempo concentrado. Na vida, raramente acontece assim. O que ocorre com maior freqüência é um processo descontínuo, desvinculado do tempo e administrado por influências externas, muito parecido com a Galiléia, cuja ambientação nós tomamos emprestada no exercício. Ouvimos um novo pensamento e respondemos; uma outra idéia ou uma pergunta nos choca e nossa atenção se volta nessa direção.

Como nossa atenção está sendo administrada pelas atrações externas e não por nós, não observamos a relação existente entre nossos diferentes pensamentos e consideramos que estão não só separados mas freqüentemente em conflito. Meu primeiro esforço falha: Eu aplanei minha hierarquia e criei equipes; as pessoas deveriam ser investidas de poder, deveriam assumir riscos, ser criativas — mas não são assim! Se posso ver meu primeiro pensamento como verdadeiro mas demasiadamente limitado, posso estendê-lo para o próximo nível. Se, ao contrário, eu o vejo como um pensamento isolado, em vez de uma parte de uma hierarquia de pensamento, e eu fico no mundo dos sentidos para avaliá-lo, então se não é correto, deve ser errado. Eu o condeno e me movo para a próxima idéia que atrai minha atenção. Muita energia foi gasta, mas nada mudou.

Podemos começar a ver o funcionamento do pensamento em pêndulo, mas e o processo de banalização que eu descrevi como precedente a ele? Banalizar alguma coisa é fazê-la menor do que é, tornar mundano o que é sagrado. Quando mantemos uma nova idéia no nível de nossos sentidos e, então, sucumbimos ao impulso de influir nessa compreensão parcial e agimos como se fosse a verdade total, nós banalizamos essa idéia. Quando começamos com uma imagem de nós mesmos, de nossos negócios ou mesmo de nossos negócios e de nossos clientes como uma entidade separada do todo e influenciada somente pelo contato visível, atraímos limites em torno de nosso pensamento que asseguram a banalização de qualquer novo pensamento que tivermos. Tomamos poderosos conceitos como comunidade, intendência e investimento de poder e, ao aplicá-los à melhoria separada dessa entidade artificialmente isolada, nós os condenamos à impotência.

Reconheço que agir diferentemente do que foi descrito acima é pedir muito em nossa cultura e requer uma mudança fundamental no modo como pensamos e naquilo que valorizamos. E isso, claro, é parte do dilema.

Riane Eisler *introduziu a teoria da transformação cultural como uma abordagem integrada para a mudança estrutural e ideológica. Co-fundadora do Center for Partnership Studies, em Pacific Grove, Califórnia, e membro da General Evolution Research Group, Eisler ensinou na UCLA e no Immaculate Heart College. É autora de* The Chalice and the Blade: Our History, Our Future. *Seu livro mais recente é* Sacred Pleasure: Sex, Myth, and the Politics of the Body. *Uma versão desse artigo foi publicado no* Journal of Organizational Chance Management, *em Bradford, Inglaterra, em 1994. Eisler é membro da World Business Academy.*

Capítulo 9

O Subtexto Oculto para a Mudança Sustentável

Riane Eisler

Em minha teoria de transformação cultural, sugiro que *a razão básica pela qual precisamos de mudanças fundamentais em instituições e valores é que em nosso nível de desenvolvimento tecnológico não é sustentável um modelo dominador e sim um modelo de parceria de organização social e ideológica*. Proponho que a principal mudança de paradigma sobre a qual tanto ouvimos falar requer um exame mais atento dos fatores ainda geralmente ignorados na maior parte das análises organizacionais e ambientais: como são estruturadas as relações entre as metades feminina e masculina e como os estereótipos de masculinidade e feminilidade afetaram o modo como o poder é conceitualizado e exercido. Também proponho que há ligações entre os três movimentos contemporâneos importantes: o movimento de mudança organizacional, o movimento ecológico e o movimento das mulheres, e que focar nessas ligações nos ajuda a mover no sentido de mudanças sustentáveis — em vez de superficiais — em nossas instituições e valores.

A Caminho de uma Nova Forma de Liderança e Administração

Um tema comum em grande parte da literatura de desenvolvimento ambiental e organizacional é a demanda por estruturas descendentes de desmantelamento que foram a norma para o capitalismo americano e para o comunismo de estilo soviético. Além disso, grande parte dessa literatura questiona os pontos de vista tradicionais sobre a verdadeira natureza da liderança e do poder. Mas para lidar efetivamente com essas questões, precisamos nos reportar ao subtexto oculto do sexo que serviu para manter uma forma dominadora de organização.

A maneira como a liderança e a administração foram conceitualizadas foi profundamente afetada pelos estereótipos dominadores da masculinidade, tais como força, firmeza e poder de decisão. De fato, o poder foi praticamente sinônimo de masculinidade, com mulheres ocasionais como Catarina, a Grande ou Corazón Aquino, de modo geral assumindo posições de liderança como viúvas, filhas ou mães de homens. Além disso, a liderança foi associada a um tipo particular de poder: o poder de dar ordens e de ser acatado, que foi associado, de modo estereotipado, a "homens reais" — mesmo que a questão com a qual estamos lidando não seja, obviamente, uma questão de características masculinas e femininas inatas, mas de estereótipos masculinos apropriados para um modelo dominador de organização social.

Na verdade, esses estereótipos de uma "masculinidade real", equivalentes a dominação, conquista e controle — e assim, com violência masculina "heróica" —, são essenciais para a manutenção dessa organização social descendente. Então, não é de surpreender que, para a maior parte da História, o direito de um homem controlar outros — sejam seus súditos como chefe de um clã, rei ou lorde ou as mulheres e filhos em sua casa — fosse considerado como ordem divina. Mesmo milênios mais tarde, no "berço da democracia moderna", o controle absoluto de um ser humano por outro, pela instituição da escravidão, ainda era justificado como de ordem divina, exatamente como o racismo, o anti-semitismo e o sexismo são, nos dias de hoje, algumas vezes justificados nessas bases. Da mesma forma, nas fases iniciais da Revolução Industrial, as relações de trabalhadores e patrões tendiam a seguir esse mesmo padrão — de tal forma que os locais onde mulheres e crianças trabalhavam em regime de exploração, do amanhecer até o cair da noite, sob condições opressivas, inseguras, eram aceitos como "exatamente como são as coisas", e o uso da força por industriais contra aqueles que procuravam organizar trabalhadores era, às vezes, tolerado pelo governo e por líderes religiosos.

Da mesma maneira, de acordo com os estereótipos de dominação da masculinidade "real", a função do administrador, seja como capataz ou alto executivo, era dar ordens. Era assim também que tinha de ser num local de trabalho de hierarquias verticais rígidas de comando, onde a norma era monopólios ou competição desumana, onde as mulheres eram relegadas aos salários mais baixos e aos empregos de menor *status*, e onde carisma e empatia eram vistos como tendo pouca ou nenhuma relevância.

Dado o fato de que essas conceitualizações de administração e liderança são profundamente arraigadas em nossa história cultural, não é realista admitir que, justamente porque hoje estamos aprendendo que elas são inoperantes, elas serão receptivas à mudança sustentável. A mudança sustentável requer que toda a estrutura e a cultura do local de trabalho seja transformada — razão pela qual ouvimos falar tanto a respeito da nova cultura empresarial. Mas esses esforços não serão bem-sucedidos sem a atenção para as questões básicas dos papéis e das relações dos sexos que estivemos examinando.

Isso me leva a um outro ponto ligado ao sexo na conexão com a redefinição comum de liderança. Com certeza, a socialização dos homens por características definidas como "masculinas" em estruturas dominadoras (conquista, dominação e a supressão da empatia e carisma juntamente com a sensibilidade estética "efeminada") é inadequada para os novos estilos de liderança — para não falar do fato de que, a longo prazo, elas são inadequadas para nosso planeta. Mas outras qualidades também consideradas masculinas, como o poder de decisão, a assertividade e a característica de correr risco, foram e continuarão sendo altamente funcionais, particularmente para o exercício eficaz da liderança. Além disso, da mesma forma que os homens são capazes de ter traços e comportamentos "femininos", o poder de decisão, a assertividade e a disposição para correr riscos também são traços que as mulheres são tranqüilamente capazes de dispor — como vemos em toda a nossa volta, no local de trabalho e na sociedade em geral.

Tudo isso me leva a uma observação final que eu quero fazer nesta seção: novamente estamos falando aqui de mudança *sistemática*. Desse modo, como Susan G. Butruille escreve em seu artigo "Corporate Caretaking", muitas das importantes tendências que estamos vendo hoje no local de trabalho concordam com as tendências na vida familiar e individual das pessoas, particularmente a tendência para papéis compartilhados por mulheres e homens no trabalho e na família[1]. Butruille relata que, graças à entrada maciça de mulheres na força de trabalho e ao aumento de casais com carrei-

---

1. Susan Butruille, "Corporate Caretaking", *Training and Development Journal*, abril, 1990.

ra dupla, os estudos mostram que as mulheres e os homens estão cada vez mais preocupados com questões semelhantes. Em outras palavras, à medida que as relações profissionais e familiares mudam para a parceria, estamos vendo uma mistura de atitudes e papéis de estereótipos ligados ao sexo tanto da parte das mulheres quanto dos homens.

Um exemplo é a tendência atual no sentido de os homens redefinirem seu papel de pais, para incluir alguns dos comportamentos acalentadores, associados, de forma estereotipada, às características da mãe. É claro que essa tendência também está relacionada com o movimento em direção a estilos de administração acalentadores ou mais "femininos", tanto para homens como para mulheres. Mas, ainda assim, essa mudança só será sustentável se as mulheres e o "feminino" subirem em *status*. Somente assim os homens podem respeitar e adotar as atitudes e comportamentos "femininos" sem o sentimento de perda de *status* e auto-estima.

Sexo, Política Social e o Futuro

Tenho focado na interligação entre as mudanças fundamentais em como o poder, e desse modo a liderança e a administração, são conceitualizados e como as organizações são estruturadas, por um lado, e, por outro, as mudanças fundamentais em papéis e relações dos sexos. Sugeri que essas interligações podem ser compreendidas mais claramente se vistas não como fenômenos aleatórios ou isolados, mas como partes integrantes de um poderoso movimento nesses nossos tempos de aumento das crises ecológica e econômica para mudar de uma sociedade dominadora para uma sociedade de parceria. Agora, eu quero focar brevemente os tipos de políticas de que precisamos para um futuro sustentável e como aqui também podemos considerar os estereótipos e as relações dos sexos.

Para começar com as políticas ambientalmente sustentáveis, enquanto o serviço de casa for considerado apenas "trabalho de mulheres", não é realista esperar que um sistema social no qual o "masculino" é mais valorizado que o "feminino" vá proporcionar bases adequadas para a limpeza ambiental necessárias para se lidar com nossos problemas ecológicos. Além disso, a menos que as mulheres tenham livre acesso à contracepção e ao aborto, bem como a outras opções de vida que não as de dar à luz os filhos dos homens e cuidar deles, não podemos esperar nenhuma estabilização na população global — e, dessa forma, qualquer redução real nas graves pressões da superpopulação em nosso ambiente, desde o desmatamento desenfreado de florestas pluviais, a desertificação e a poluição ambiental até a dizimação de mais e mais espécies de outras formas de vida no planeta.

Na verdade, sem se dar atenção a essas "questões das mulheres", o mundo continuará cambaleando sob o peso aumentado do nascimento de 250 mil pessoas a cada dia — embora os dados americanos mostrem que se as mulheres tivessem livre escolha iria haver uma queda imediata de quase um terço das taxas de natalidade mundiais. E, já que a superpopulação é o fator principal de muitos de nossos problemas, desde guerras e pobreza até poluição ambiental e exaustão de recursos, também não podemos esperar, de modo realista, desenvolvimentos econômico e social bem-sucedidos.

A Oportunidade e o Desafio

Tudo isso nos faz voltar ao ponto de partida: à necessidade de um modelo de organização em parceria, no qual as mulheres e os chamados valores "femininos" de cuidados e limpeza ambientais estão completamente integrados no modo social, econômico e ecológico de se fazer política — voltamos também ao papel do campo de desenvolvimento organizacional nesse processo acelerado. Já há três clamores na literatura sobre mudança organizacional para que reconheçamos que somos interdependentes e não independentes uns dos outros e das outras formas de vida, que as organizações precisam reconhecer que são parte de seu ambiente e não entidades distintas. Também lemos como a tendência no sentido do pensamento abstrato desvia a atenção das questões e dos problemas da vida real e como a ênfase no controle (tais como as definições de conhecimento tecnológico como aquelas que proporcionam poder sobre a natureza) impede a mudança organizacional bem-sucedida e a implementação de negócios sustentáveis do ponto de vista ambiental e políticas governamentais.

Mas o que ainda está faltando é reconhecer que a independência de campo, o pensamento abstrato e a capacidade de controlar outros seres humanos e a natureza são características que os estudos de diferenças de sexos (e exatamente observação evidente) mostram e foram tradicionalmente considerados centrais para a "masculinidade normal". Além disso, os estudos mostram que a atenção para os relacionamentos, para o pensamento contextualizado e para uma visão de mundo de interligação ainda é geralmente vista como feminina — com mais mulheres do que homens socializados para essas atitudes e comportamentos.

Não estou sugerindo que, porque as mulheres, enquanto um grupo, foram socializadas para possuírem mais das características e comportamentos requeridos para um futuro sustentável, deveríamos agora colocar as mulheres acima dos homens. Também não estou dizendo que somente as mulheres podem formular políticas responsáveis do ponto de vista social e ambiental de que precisamos com tanta urgência. Estou sugerindo, porém, que o ingresso de grandes quantidades de mulheres em todas as áreas de liderança é um elemento essencial na mudança de uma forma dominadora para uma forma de parceria de organização política, econômica e ideológica — que é o tipo de organização social que pode nos levar para um futuro sustentável.

Como vimos, a desvalorização das mulheres e do "feminino", característica das sociedades dominadoras, deve ser reconhecida explicitamente — e alterada — se tiverem de ocorrer as mudanças organizacionais e de atitude que nos disseram que temos de operar. Obviamente não é realista, como alguns filósofos bem-intencionados demonstraram, simplesmente tentar exaltar os valores e as atividades estereotipicamente femininos, tais como a não-violência, empatia e cuidados com o ambiente, de seu papel de subordinação sem fazer mudanças concomitantes no *status* daquelas que, durante muito tempo na História, foram associadas a esses valores e atividades: as mulheres. De fato, somente à medida que as mulheres e o "trabalho das mulheres" de cuidados e limpeza forem exaltados de sua posição de subserviência (freqüentemente invisível) é que pode ocorrer a mudança em prioridades mundiais — incluindo prioridades básicas —, mudança essa necessária para um futuro mais humano e equilibrado do ponto de vista ecológico.

 **Ralph Estes** é professor de administração de empresas na The American University e co-fundador do Center for the Advancement of Public Policy, em Washington, distrito de Colúmbia. Ele também é contador público certificado e foi contador sênior junto à Arthur Andersen & Co. Este artigo é adaptado de seu livro The Tyranny of the Bottom Line.

Capítulo 10

A Responsabilidade Empresarial: A Tirania da Base Financeira

Ralph Estes

Evidentemente, o sistema empresarial já se desviou do caminho. Os empregados, em todos os níveis da organização, são mantidos como reféns da tirania da base financeira. Demissões em massa freqüentemente arrasam carreiras e devastam vidas. Aqueles que ainda estão empregados vivem com medo constante da sua segurança econômica, enquanto os salários dos superintendentes vão aos céus. Os resíduos tóxicos envenenam a terra, a água e o ar. Produtos nocivos e perigosos permeiam o mercado. Acidentes e as mortes no trabalho continuam, apesar do Decreto da Segurança Ocupacional e da Saúde (OSHA) e de outras legislações protetoras. Os empurrões dos colarinhos-brancos nas S&Ls e na Wall Street nos custam muito, afinal. Os administradores, muito freqüentemente difamados, também são vítimas de um sistema que parece exigir que eles subordinem a moral pessoal às injunções do balanço patrimonial.

Não precisa ser assim. Medidas relativamente simples, sustentadas por determinação pública, podem trazer a responsabilidade legítima e completa a todos os depositários.

Quando pessoas decentes em empresas acham que seus trabalhos parecem exigir que eles façam coisas indecentes, a última justificativa é considerar isso como "a base financeira". Para aqueles que supõem que as coisas sempre foram assim, pode vir a ser uma surpresa aprender que as empresas não foram originariamente criadas para maximizar os lucros para os acionistas. Desde a sua criação até aproximadamente 1800, essa noção teria parecido bizarra. Provavelmente é uma noção a ser merecidamente descartada.

As empresas foram inicialmente licenciadas pelos governos para atenderem ao objetivo público. Por mais de duzentos anos depois de Plymouth Rock, as empresas recebiam concessões de licença com o propósito de realizar um bem social sem a participação direta do governo. Aos investidores era permitido um lucro como um incentivo para financiar a empresa, mas proporcionar um lucro aos investidores financeiros era secundário ao real objetivo da empresa, que era proporcionar um retorno para o público. (Quando a antiga comunidade de Massachusetts licenciou uma empresa de cobrança de pedágio, por exemplo, não foi para beneficiar os investidores da empresa; foi para beneficiar os cidadãos de Massachusetts.)

Por mais de dois séculos, nos Estados Unidos, as empresas foram vistas como servidoras legitimamente benignas do bem público. Mas elas já não são mais nossas servidoras, e freqüentemente não são benignas. Embora muitos de seus produtos sejam excelentes, muitos também causam danos. Os trabalhadores podem ser feridos, envenenados ou brutalizados no trabalho e depois "cortados". Os vizinhos e os contribuintes em comunidades adjacentes pagam para reparar os danos que as empresas causam ao ar, à água e ao meio ambiente. Em vez de lutar por melhores produtos e serviços, as empresas freqüentemente focam em fusões e incorporações. A obsessão com os lucros financeiros pode conduzir a uma perspectiva de curto prazo que leva as empresas a reduzirem gastos em treinamento, serviços, manutenção, pesquisa e desenvolvimento — apesar da evidência de que uma abordagem de curto prazo como essa prejudica o desempenho financeiro a longo prazo.

Os empregados estão geralmente muito preocupados, e com razão. Os empregos que foram ganhos com suor e lealdade são eliminados a golpe de caneta. Um trabalho de toda uma vida, antes com a idéia de ganhar segurança no trabalho e uma aposentadoria confortável, é repentinamente interrompido com uma demissão ou mudança das instalações. O contrato social entre o empregador e o empregado parece rescindido para sempre. Como diz o ditado popular: "Agora somos todos interinos".

Quem ou o que culpar? Onde está o problema?

O problema não está em nosso povo. Somos tão bons — e tão maus — como sempre fomos. Ainda somos inventores, construtores, pioneiros, pensadores, trabalhadores, lutadores e sonhadores. E o problema não está no governo. Alguns políticos e burocratas são bons, alguns desonestos, alguns mesquinhos, alguns corajosos e alguns sábios. Em geral, porém, eles vêm e vão, e o problema continua conosco e vem se acumulando há mais de um século.

O problema é que nossas grandes empresas perderam seus propósitos. (Embora as pequenas empresas sejam, de alguma forma, dirigidas pela base financeira e também possam causar danos, nossa preocupação aqui é primeiramente com as empresas maiores e especialmente com os gigantes empresariais. A maioria é de multinacionais, com instalações, fontes de material e mercados em todo o mundo.) Elas não admitem mais um objetivo público e uma responsabilidade pública. Os acionistas, os sindicatos de trabalhadores, o mercado também não são efetivamente capazes de mantê-las responsáveis.

A História mostra claramente que o poder irresponsável sempre vai ser corrompido, mais cedo ou mais tarde.

Há uma maneira melhor de se fazerem negócios? Sabemos, do fundo de nosso coração, que deveria haver. Os negócios não têm de ser exploradores ou destrutivos. Deveriam ser, e podem ser, bons para todos os depositários, não só para os acionistas. No final do dia, as pessoas de negócios deveriam sentir que elas fizeram algo bom e não ter de ir para casa cheias de culpa.

O Questionamento da Sabedoria Convencional

Quem são os investidores? A sabedoria convencional afirma que somente os acionistas são investidores na empresa e que isso é adequado para que a administração aja no interesse exclusivo dos acionistas — que os lucros financeiros dos acionistas é a medida adequada do desempenho empresarial. Os acionistas fazem o investimento, assumem os riscos, e portanto merecem o lucro.

Mas a empresa tem outros constituintes, tais como: os trabalhadores, os clientes, os fornecedores, a comunidade e a sociedade como um todo. Esses depositários também são investidores, e eles freqüentemente correm mais riscos do que os investidores financeiros. Os empregados investem na empresa; eles trazem sua formação, suas habilidades e experiência; eles investem tempo, energia e freqüentemente sua saúde também. Os clientes investem na empresa; seus investimentos monetários são comparáveis àqueles dos acionistas, e no caso de produtos defeituosos ou perigosos, eles podem correr muito mais riscos. Os fornecedores também são investidores; eles podem consignar as instalações de produção, instalar equipamento especial, redesenhar produtos e proporcionar financiamento a seus clientes empresariais. Eles também têm direito de esperar um tratamento e um retorno verdadeiros de seus investimentos. As comunidades investem nas empresas, proporcionando infra-estrutura necessária, uma força de trabalho culta e contribuições ainda mais diretas. A nação, ou a sociedade, fornece o capital social e a estrutura, sem as quais ninguém teria lucro.

As empresas se reportam aos acionistas regularmente e de modo compreensível. Quase nunca elas se reportam aos outros depositários.

Maximização dos lucros. O pensamento mais central foi formulado admiravelmente por Milton Friedman: "O negócio dos negócios é maximizar lucros". Maximizar lucros significa maximizar o retorno financeiro aos acionistas? Ou significaria maximizar benfeitoria, ganhos e benefícios para todos os depositários?

Recentemente a América empresarial passou por um espasmo de enxugamento — corte de empregos, demissão permanente de trabalhadores, devoluções de remuneração/salário e outras concessões e identificação de trabalhos previamente permanentes como temporários. Embora algumas empresas tivessem inquestionavelmente excesso de empregados, muitas foram rentáveis nos últimos anos e eram rentáveis na época do enxugamento. Muitas empresas desperdiçaram a lealdade, a experiência, o moral, a produtividade e o comprometimento do empregado em nome da redução de custos; em compensação elas podem ter colhido uma força de trabalho de qualidade inferior.

Competitividade. As ações empresariais são freqüentemente defendidas em nome da competitividade mundial, às vezes com referências patrióticas ao interesse nacional. Conseguir fechar negócios subornando funcionários de governos estrangeiros? Continuar assim para competir mundialmente! Se a competição está contando com o trabalho escravo num país de Terceiro Mundo, nós deveríamos continuar competindo? Onde está nosso limite — ele existe? Vamos nos curvar a qualquer nível em nome da competição mundial?

Produtividade. A necessidade de melhorar a produtividade continuamente é uma outra justificativa familiar para as ações da administração empresarial. A produtividade é definida de modo variado como a produção por unidade de mão-de-obra ou por dólar de investimento. Em última análise, a ênfase na produtividade é uma outra maneira de justificar as ações prejudiciais feitas pela base financeira.

O único efeito mensurado hoje é a base financeira — os ganhos e as perdas dos acionistas. Os efeitos sobre as outras pessoas, todos os que fazem a empresa funcionar, só são considerados em termos de como eles afetam aquela base.

Empresas Responsáveis

Não vimos grandes empresas responsáveis, em nossa própria vida ou na de nossos pais — empresas que são responsáveis, em todos os sentidos, com todos os depositários, que proporcionem emprego expressivo, seguro e legítimo a seus trabalhadores, ao mesmo tempo que proporcionam lucros legítimos aos fornecedores e emprestadores. Não vimos grandes empresas que são bons cidadãos para a comunidade e a nação. Mesmo que tivéssemos de encontrar uma empresa como essa, sabemos que ela poderia mudar, virtualmente, da noite para o dia. Independentemente do quanto ela parece boa hoje, ou do quanto o superintendente está comprometido com a responsabilidade social, mais cedo ou mais tarde a tirania inexorável da base financeira vai exercer seu poder.

Qual é a fonte do poder empresarial e quem o controla? Os documentos de criação dos Estados Unidos (e de outras democracias constitucionais) proclamam claramente que todo poder provém do povo; o governo recebe seu poder a partir de um consentimento do governado. O poder que as empresas exercem é derivado de suas licenças; todos os privilégios das empresas são concedidos pelas pessoas, por meio de seus governos.

A empresa moderna tem vastos poderes e grandes benefícios e privilégios, legalmente concedidos por sua licença. De forma bastante importante, uma empresa tem a capacidade de se dissimular, de correr e se esconder ou de se reorganizar numa entidade inteiramente nova. Ela pode vender todos os grupos e subsidiárias, pode ser adquirida e absorvida numa empresa diferente, ou se reorganizar e adquirir um outro nome, emergindo, aparentemente, como uma empresa completamente diferente. A empresa de hoje não foi a de ontem e não pode ser considerada como a de amanhã.

Embora os acionistas forneçam os recursos de que as empresas necessitam, o poder e o privilégio empresariais vêm da licença concedida pelo estado. Os acionistas não dão à empresa o poder que ela tem e nem controlam esse poder. Na grande maioria das empresas, o diretor-geral ou alguns poucos altos executivos exercem essencialmente o controle autocrático.

Ensinaram-nos que esses acionistas fornecem recursos que alimentam a empresa, e o poder vem desses recursos. Mas isso está errado. Somente uma pequena porção dos recursos usados pela empresa vem diretamente dos investimentos do acionista. A maior parte do capital empresarial vem da retenção e reinvestimento de lucros de operações, que são realizadas por meio de compras de produtos e serviços pelos clientes da empresa; quando são necessários recursos adicionais, a empresa normalmente toma emprestado em vez de vender ações. Os acionistas fornecem recursos para empresas que estão começando e para outras pequenas empresas. As grandes conseguem seus recursos de vendas e de empréstimos. Seu poder vem de outras fontes que não os acionistas. Os administradores em grandes empresas sabem que o ponto de vista popular da soberania do acionista é um mito. Eles administram os acionistas com a mesma facilidade com que administram o numerário, os estoques e os empregados.

Um outro mito popular é que a empresa é controlada pelo mercado. São bem conhecidos os poderes da publicidade e do *marketing* de induzir os consumidores, globalmente, a responderem ao convite da empresa, a comprarem seu produto. Como indivíduos, nós consumidores somos independentes e freqüentemente teimosos. Coletivamente, quando representamos "o mercado", somos maleáveis, persuadíveis e previsíveis. A grande empresa raramente depara com as três condições necessárias para a soberania do consumidor — um produto simples, compreensível; informação completa disponível; e múltiplos vendedores. Salvo essas poucas exceções e amplos limites estabelecidos pelo mercado, a regra é a soberania empresarial.

Pouco precisa ser dito a respeito do suposto controle governamental. Se um século de história reguladora não nos diz nada, é que as agências do governo que fazem as regras são quase invariavelmente aprisionadas pelas indústrias que são estabelecidas para controlar. Essencialmente, a empresa — ou mais precisamente, sua administração — controla a si mesma.

E o que fazem os administradores empresariais com o seu poder? Estudos de administração empresarial invariavelmente concluem que os administradores são movidos pelo crescimento — uma maior participação no mercado, mais ativos, uma corporação maior. Crescimento significa ainda maior poder para o executivo, maior prestígio e maior gratificação pessoal. O crescimento também leva, com segurança, a níveis cada vez mais altos de compensação para executivos. Não importa muito se o crescimento vem acompanhado de ganhos mais elevados; mesmo que, obviamente, desempenho insatisfatório não seja tipicamente muito ameaçador para o emprego dos executivos ou para seu salário. Como se sabe, os administradores empresariais cuidam de si mesmos em primeiro lugar quando, de alguma forma, a empresa é ameaçada.

A administração tem o poder de prover a si mesma com generosos pacotes de compensação e pára-quedas dourados quando forçada a se demitir, sem nenhuma responsabilidade real. Mas quando desafiados a investir em produtos seguros, prover os trabalhadores de locais de trabalho mais saudáveis e mais seguros, reduzir a poluição ou proteger uma comunidade, mantendo uma instalação em funcionamento, os executivos empresariais respondem, tipicamente, que isso iria reduzir os lucros do acionista e iria ser uma violação da responsabilidade fiduciária junto aos acionistas. Assim, eles criam uma aparência de comprometimento e responsabilidade que não corresponde à realidade.

As pessoas de negócios, quando atuam fora do mundo empresarial como indivíduos, são responsáveis por si mesmas e por sua consciência, seu senso de moralidade, suas famílias e sua religião; tudo isso atua como um controle no comportamento pessoal. Como indivíduos, eles também são responsáveis de acordo com a lei e estão sujeitos a sacrifício pessoal por violação da lei.

Mas quando atuam em sua capacidade empresarial, os administradores, para falar de maneira prática, não estão sujeitos a sacrifício ou a quaisquer ônus pessoais significativos de acordo com a lei. Quando eles aceitam a cultura empresarial e se adaptam a ela, eles adotam seus costumes e sua moral. A empresa — sem uma religião, um pai-guia, uma filosofia pessoal, uma alma ou uma consciência — recebe seus padrões morais do balanço patrimonial. Esse se torna a alma da empresa. Ao aceitar a posição deles, os administradores freqüentemente se sentem obrigados a pôr de lado sua moral pessoal e agir de acordo com os padrões morais da empresa. Essa contradição entre a moralidade pessoal e a moralidade "do emprego" é uma fonte de tensão interna para muitas pessoas.

Na Rússia pré-*perestroika*, um pequeno grupo de funcionários do governo, não eleitos pelos cidadãos ou não responsáveis, do ponto de vista desses cidadãos, mas escolhidos e perpetuados largamente por si mesmos, controlaram a qualidade, o preço, a pureza, a segurança e a escolha do alimento e de todos os outros produtos de consumo; esse grupo estabeleceu a qualidade, a segurança e a taxa salarial do emprego. Estranhamente, numa sociedade que se opôs ao sistema de comunismo russo durante toda a sua existência, parece que chegamos a aceitar um arranjo bem semelhante nos Estados Unidos (e em outros países capitalistas). Temos um pequeno grupo, não eleito pelo povo, mas escolhido *por* si mesmo, *dentre seus pares*, uma elite administrativa cujos membros têm grande poder e cuja moralidade pessoal é mantida enquanto desempenham seus papéis empresariais. Em grande parte, eles decidem coletivamente onde e como vamos trabalhar, quanto vai ser seguro nosso emprego, quando vamos perder nossos empregos, o que vamos comer, o que vamos vestir, como vamos limpar nossas roupas, como vamos nos organizar, como vamos nos comunicar, quanto vamos ganhar de salário e de retorno em nossos investimentos, o que vamos fazer para nos divertir, e mesmo, por meio da influência penetrante da mídia, o que vamos pensar. Nosso sistema é marcado por um número relativamente pequeno de indivíduos sem responsabilidade, que controla um grande poder em prol de poucos interesses, enquanto o interesse do grande público é tido como um passageiro cativo, um refém. Não toleraríamos por muito tempo um governo sem responsabilidade, uma ditadura que não correspondesse a ninguém. Mas, com pouco protesto, aceitamos empresas irresponsáveis.

A Caminho de uma Solução

O sistema empresarial se transformou num colosso incontrolado e irresponsável. Seu objetivo público original se atrofiou, foi substituído pelos princípios da base financeira. Há grande evidência de que, quando a empresa é dirigida somente por esse objetivo de maximização, um tanto restritamente definida como "lucro do acionista", o resultado pode ser grandes danos. Não precisa ser assim.

Precisamos de um modo diferente de pensar sobre as empresas — uma mudança de paradigma —, um retorno às raízes, ao conceito original: as empresas que recebem licenças para atender o objetivo público. Para chegar lá, não podemos simplesmente dizer à empresa que ela deve ser responsável. E efetivamente não podemos legislar sobre comportamento responsável. A mudança, ao contrário, deve ocorrer na fonte dos problemas, no mecanismo pelo qual a empresa é administrada. A solução é insistir num *melhor cartão para registro de resultados*.

As decisões empresariais sempre são tomadas tendo-se em mente o sistema de mensuração do desempenho, o "cartão para registro de resultados". Atualmente, os administradores empresariais guiam e justificam suas decisões com base na limitada e deficiente definição de lucro. Para restabelecer a função original das empresas no interesse público, esse critério precisa ser ampliado. Isso precisa ser feito para incluir os efeitos sobre todos os depositários. Com um cartão de registro de resultados apropriado, os administradores vão se tornar, automaticamente, responsáveis por todos os depositários, à medida que suas decisões são influenciadas pelos efeitos prováveis sobre eles. Mude o sistema de avaliação de desempenho e você muda o comportamento. Introduza um sistema válido, relevante e você produz ações e decisões mais alinhadas com os objetivos estabelecidos globalmente e com os objetivos públicos da empresa.

Deixe claro dentro da empresa que os administradores serão avaliados, não numa base financeira unidimensional, mas nesse novo cartão de registro de resultados. Torne pública a informação, e tanto os depositários quanto a mídia vão responder. Essa é uma abordagem sistêmica e cibernética. É autodiretiva e pode se modificar, desdobrando-se conforme o necessário para reagir às mudanças ambientais. Não exige reguladores governamentais para identificar todos os problemas empresariais e, assim, procura controlá-los. Só requer informação adequada e precisa, que esteja amplamente disponível para todos os depositários que, então, vão reagir para cuidar de seus próprios interesses. (Essa é uma expansão do sistema de divulgação financeira, e uma analogia a ele, que funcionou muito bem, de modo geral, durante meio século.)

Uma relação empresarial abrangente com os depositários precisa conter a informação exigida pelos trabalhadores para suas próprias decisões — informação relativa a dispensas, fechamento de instalações e emprego; saúde e segurança; os registros de emprego da empresa; as queixas dos empregados; o impacto da tecnologia; os programas de pensão e os planos futuros. Deveria conter informação essencial aos consumidores — informação sobre o produto e o cliente, o que muitas empresas já relatam a várias agências governamentais. É preciso também conter a informação relativa à responsabilidade pelas comunidades (propriedade empresarial, história empresarial relevante, dados de impactação na escola, dados de água e resíduos, atividade veicular, impostos pagos, dados de construção de instalações, fonte de materiais, dados sobre a emissão de poluição, dados sobre criação de empregos, investimentos empresariais, *lobby* e atividades políticas). Finalmente, deveria transmitir informação relativa às necessidades da sociedade (impostos pagos, poluição do ar e da água, transporte e armazenamento de materiais perigosos, esforços políticos, história de ações legais, câmbio exterior gerado e usado, contratos governamentais importantes, multas arrecadadas contra a empresa por agências e instâncias reguladoras).

À medida que os depositários são investidos de poder com a informação, eles são capazes de dirigir seu trabalho, seus recursos e apoio às empresas que apresentam uma conduta responsável — bem como refrear tudo isso de empresas cujo comportamento não é aceitável. Desse modo, o "mercado livre" se aproximará muito mais do modelo ideal imaginado nas aulas de introdução à economia, nas quais presume-se que aqueles que tomam a decisão econômica tenham acesso à informação total e legítima. À medida que essa importante informação sobre as empresas que dominam uma grande parte de nossa sociedade entrar em domínio público, as conseqüências reais virão na forma de um sistema econômico e uma sociedade melhores.

Os líderes empresariais sábios vão se mover para proporcionar liderança com responsabilidade a depositários. Hoje, grandes empresas têm grande poder, mas não são responsáveis por esse poder. Os cidadãos não vão aceitar esse arranjo para sempre. À medida que os problemas com o sistema empresarial continuar crescendo, essa legitimidade do sistema será desafiada tão certa e efetivamente quanto o foi a legitimidade dos governos comunistas no Leste europeu, em 1989. Haverá um recuo e o público vai exigir que as empresas sejam colocadas sob controle. Responsabilidade total é a melhor maneira e a mais apropriada para afastar um retrocesso público.

A base financeira exerceu sua tirania por um tempo demasiado longo. É um acidente histórico que causou danos a pessoas boas, tanto administradores empresariais quanto depositários afetados pelas ações empresariais. Essa tirania precisa ser vencida e substituída por um sistema razoável de responsabilidade empresarial, para que o abuso que ela estimula não derrube todo o sistema empresarial.

Patricia McLagan *foi consultora de instituições do setor público e privado nos Estados Unidos, na Inglaterra e na África do Sul por mais de 25 anos. Ela ainda vive na África do Sul, onde é co-diretora do Democracy and Work Institute, na África do Sul, e presidente da McLagan International, Inc., nos Estados Unidos.* **Christo Nel** *é um sul-africano que auxiliou na mudança dos setores público e privado, na África do Sul, por mais de quinze anos. Foi promovido a líder do Project Free Enterprise e co-fundador do Consultative Business Movement. Este capítulo é baseado no livro escrito por eles,* The Age of Participation.

Capítulo 11

A Mudança para a Participação

Patricia McLagan, Christo Nel

A visão coletiva da administração institucional da sociedade está passando por uma mudança fundamental — a substituição do autoritarismo pela participação. Uma mudança como essa requer transformações profundas em nossas premissas sobre como devem funcionar as organizações bem-sucedidas. Vai afetar valores, estruturas, papéis, processos, competências e a natureza da vida e interações em muitas instituições e em muitos países do mundo. Essa nova era de participação que está emergindo é um desenvolvimento para as instituições humanas tão radical quanto foi a descoberta do Novo Mundo para os europeus, há quinhentos anos.

A mudança para a administração participativa no local de trabalho é inevitável e necessária. É inevitável porque a capacidade de participação está se tornando cada vez mais comum. É necessária porque as questões com as quais deparamos no local de trabalho são demasiadamente complexas e interdependentes para serem resolvidas pela autoridade de algumas pessoas.

Nas últimas décadas, as organizações têm tentado, cada vez mais, iniciar repentinamente as atividades do novo desempenho. Esperando lançar a si mesmas aos novos cumes do privilégio do cliente, da qualidade e da competitividade, elas envidaram esforços de mudanças muito caros. Mas muitos desses esforços falharam. Eles não alcançam os níveis planejados, ou os efeitos não sobrevivem à excitação inicial. Em alguns casos, os esforços de mudança deixaram as organizações em estado pior do que estavam antes. As organizações tentaram várias intervenções, mas mesmo com as melhores intenções, essas intervenções passaram um tempo difícil fugindo do campo gravitacional exercido por uma cultura e desempenho empresariais.

A Questão da Administração

Hoje, as organizações prosseguem a mudança sob muitas bandeiras. Mas o tipo fundamental de mudança que aumenta surpreendentemente a qualidade, a produtividade e a retenção do cliente continua de difícil compreensão. Quando olhamos mais atentamente para os esforços do passado abortados, fragmentados ou apenas parcialmente bem-sucedidos, podemos ver, retrospectivamente, que essas mudanças parciais foram, de fato, as primeiras tentativas para lançar um novo sistema de administração. Elas tiveram menos do que resultados espetaculares, não porque estavam erradas, mas porque não foram impulsionadas por uma nova visão de administração institucional.

O movimento no sentido da administração participativa está se acelerando por várias razões convincentes. A informação está cada vez mais disponível em tempo real e em formatos que a tornam usável. Até recentemente, precisávamos de pessoas para sintetizar, interpretar e dar formato à informação para as pessoas que iam usá-la. A hierarquia desempenhava um grande papel dentro das organizações. Hoje, as pessoas conseguem muito dessa informação de forma direta. Agora elas podem administrar sua própria atividade e podem participar sem as camadas de interferência ou a direção das autoridades.

A globalização é uma outra força que está conduzindo o movimento no sentido da participação. As pessoas, as organizações e até as nações que, no passado, estavam relativamente isoladas, agora se vêem frente a frente via fax, televisão e telefone celular. As empresas freqüentemente projetam, produzem e vendem em vários países diferentes. Os limites dentro das organizações estão se misturando à medida que funções e níveis, clientes e fornecedores percebem que precisam derrubar as paredes existentes entre eles. Uma interdependência maior requer uma participação maior. As relações mundiais agora dependem da participação efetiva e da rápida queda do autoritarismo.

À medida que a tecnologia transforma o trabalho, a participação recebe um outro impulso. A tecnologia está mudando a natureza do trabalho e liberando tempo — tempo que pode ser dedicado à participação. Como a tecnologia reduz o número de pessoas exigido para produzir um determinado produto ou serviço, ela aumenta a esfera de ação da produção pela qual cada trabalhador é responsável. Ela aumenta a dimensão do emprego individual e da responsabilidade associada. À medida que a automação e os computadores tornam-se rotina ou trabalho perigoso, o novo trabalhador se torna um administrador de exceções. Espera-se que ele tenha acesso à informação, compreenda o contexto de um problema e reaja rápida e adequadamente para satisfazer clientes. A tecnologia no trabalho em si torna o impacto de cada pessoa mais significativo e o comprometimento e envolvimento dessa pessoa mais críticos. Os controles do velho estilo não são adequados para essa situação.

O mais importante é que as características da nova força de trabalho ordenam que as organizações se movam no sentido da participação. Se os trabalhadores não podem ter a garantia do emprego por toda a vida (e eles não podem), então, pelo menos, eles querem estar envolvidos e querem que suas opiniões sejam ouvidas enquanto eles estiverem na organização. A velha segurança paternalista precisa ser substituída por um novo senso de controle: "Agora tenho controle sobre minha vida porque influo nas decisões tomadas à minha volta". Essa demanda para participar também vai crescer cada vez mais diversamente, como a nova força de trabalho. O mandato de participação já está exercendo grande pressão na estrutura autoritária para que essa se abra para a administração e oportunidade.

A assertividade crescente do cliente é um outro fator importante que está dirigindo o movimento no sentido da participação. Rapidamente, a qualidade está se tornando o pré-requisito mínimo para a satisfação do cliente. No futuro, os clientes vão esperar, cada vez mais, que suas necessidades individuais sejam atendidas — rapidamente. A grande mobilidade dos clientes, hoje, significa que sua capacidade de pesquisar e, assim, sua gama de escolha aumentaram profundamente. As organizações, agora, devem estar numa posição para responder quase instantaneamente a uma solicitação do cliente. Na prática, a pessoa que recebe a solicitação do cliente deve ter poderes para fazer o que for preciso para conseguir e manter o cliente. Em outras palavras, as pessoas têm de ser capazes de pensar, escolher e participar.

Olhando retrospectivamente, é fácil para nós identificar as forças que estão trazendo a participação para o primeiro plano. Mas como as forças emergiram gradualmente, corremos o risco de subestimar a magnitude da mudança na administração motivada por elas. A instituição participativa e o modo conscientemente participativo de vida representam uma mudança surpreendente em como fazemos as coisas e no valor que damos aos sistemas social, político e econômico, dos quais somos uma parte.

O Reconhecimento do Artigo Verdadeiro

Como Peter Block nos aponta, a participação é um sistema de administração que requer que todos os elementos de uma organização sejam projetados novamente numa direção comum. Se, ao contrário, os elementos são tratados separadamente, como a competência das características separadas de pessoal, com técnicas ou intervenções aplicadas individualmente a eles, nada de importante vai mudar. Ele dá alguns exemplos de contradições comumente encontradas:

- Você não pode formar equipes e continuar recompensando desempenho individual.
- Você não pode defender a auto-administração e ter chefes que continuem avaliando subordinados.
- Você não pode propagandear comprometimento com a satisfação do cliente e fazer da construção, a curto prazo, do valor do acionista sua afirmação básica de propósito.
- Você não pode valorizar a abertura, considerar cada pessoa como um "sócio", e ter diferentes sistemas de compensação para diferentes níveis organizacionais, ainda mantendo em segredo o sistema de pagamento para aqueles que estão no topo.
- Você não pode defender a idéia de que administração é um sistema e apontar responsabilidade para melhoria de qualidade, desenvolvimento de administração, reengenharia e satisfação do cliente para unidades de pessoal separadas. Todas essas são facetas do mesmo diamante.

Contraste entre a Administração Autoritária e a Administração Participativa

Para compreender todas as implicações dessa revolução em administração, é útil lembrar de alguns contrastes entre participação e a administração autoritária, mais familiar.

Num sistema autoritário, os administradores pensam e os empregados executam. Desse modo, a formulação de estratégia e a implementação de estratégia são atividades separadas. Contrariamente, do ponto de vista da participação, as pessoas com diferentes papéis pensam ao mesmo tempo sobre as mesmas coisas, mas não da mesma maneira. Suponha, por exemplo, que um engenheiro e um operador explorem um problema de produção. O engenheiro dá ênfase às soluções de projeto intricadas e de longo prazo, enquanto o operador aponta as limitações práticas e sugere alternativas operacionais. Ou um diretor de uma empresa pode administrar o processo de desenvolvimento estratégico, enquanto as pessoas de vendas descobrem oportunidades de novo mercado e levam seus *insights* para o debate no foro da estratégia.

Num sistema autoritário, as pessoas em posições mais elevadas são os administradores; eles administram o local de trabalho. Num ambiente participativo, a maioria dos empregados é auto-administradora. Eles dirigem seu próprio fluxo de trabalho. Ainda há líderes formais que são responsáveis pelo posicionamento estratégico da organização, mas eles não ficam mais isolados, longe do alvoroço da organização. Eles são parte de uma aliança de liderança que envolve cada um no trabalho e na informação que tradicionalmente foram prerrogativa dos administradores.

Num sistema autoritário, as pessoas que estão no topo são mais importantes. Há muitos sistemas e programas para usar e apoiar suas inteligências e habilidades. Contrastando com esse sistema, a organização participativa honra e apóia ativamente a dignidade, os direitos e as responsabilidades de todos. As pessoas nos sistemas tradicionais freqüentemente guardam e acumulam conhecimento e o usam para conquistar poder e posição. Em instituições participativas, um comportamento como esse é considerado como roubo do conhecimento essencial. Aprender e compartilhar conhecimento são dois valores-chave. As pessoas ensinam umas às outras e cada um é um aprendiz. O fluxo de aprendizado pode ser no sentido da administração assim como proveniente dela. Os líderes formais são intendentes e não superiores.

As definições de desempenho também variam. No sistema autoritário, o desempenho é freqüentemente de curto prazo e é dirigido para o ganho financeiro dos acionistas. Na organização participativa, o desempenho focaliza o cliente, o aumento de valor, o benefício e a capacidade de reabastecimento. O foco da participação está nos valores de curto *e* longo prazos e na satisfação de múltiplos depositários. As pessoas, em todas as posições no sistema, são igualmente responsáveis por sua criação. Por exemplo, os trabalhadores têm direitos e responsabilidades. Eles podem desdizer líderes que não lideram e devem aceitar as conseqüências pessoais de seu próprio fracasso em desempenho e participação.

Nove Elementos de Mudança de Todo o Sistema

A mudança para a administração participativa será lenta, aos empurrões. A forma autoritária de vida é tecida na verdadeira trama da existência na sociedade moderna; subsistemas inteiros ainda refletem as velhas relações e suposições. As instituições desenvolveram anticorpos contra a principal mudança. Elas se comportam como o corpo humano quando recebe um transplante: isolando e depois atacando o invasor. Estruturas difusas, práticas e linhas de comunicação e os milhares de interações diárias que caracterizam a administração em conjunto de um sistema exercem uma força que é mais do que capaz de esmagar qualquer coisa nova.

Às vezes, a resistência toma a forma de uma negação. Depois de uma ou duas ações participativas, os executivos declaram a batalha vencida. Eles e os outros começam a usar a nova linguagem de administração, como se nomeá-la significasse que a nova administração já existe. Nesse ínterim, as práticas autoritárias podem continuar presentes. Todavia, o movimento no sentido da participação, como forma predominante de administração no local de trabalho e no mundo, continua a ganhar impulso. Sua superioridade moral e sua capacidade de superar em desempenho os sistemas autoritários garantem seu avanço.

O movimento para a administração participativa requer uma mudança ampla e fundamental no código genético de uma instituição. A mudança para o novo paradigma de administração requer o equivalente de uma reengenharia genética da organização. As mudanças podem não acontecer repentinamente, mas a instituição só será propulsionada para a nova era se um número suficiente de mudanças ocorrer simultaneamente. E os "transplantes" anteriores de participação numa cultura autoritária alheia vai requerer muito apoio se eles tiverem de evitar a rejeição.

Há nove áreas de grande influência nas quais a reengenharia genética para a participação deve focar. Trazendo os princípios de administração participativa para essas nove áreas que se fortalecem mutuamente, pode ser criado um contexto dentro do qual o código genético profundamente estabelecido da organização tem uma grande chance de mudar.

1. *Valores*. Os valores são forças de controle profundas e freqüentemente invisíveis dentro de uma organização. Mais do que qualquer elemento, eles determinam a natureza da administração. Eles são freqüentemente baseados nas premissas encravadas inconsciente e profundamente a respeito do mundo no qual atuamos. Os valores de administração profundamente arraigados, formados através de séculos de experiência, se tornam freqüentemente conscientes somente quando são desafiados ou ameaçados. Na

ausência de desafio ou ameaça, agimos e reagimos sem questionar se os valores básicos são válidos ou aceitáveis.

Os valores de uma organização são um elemento fundamental em seu sistema de administração. Se os valores são autoritários, então nós criamos hierarquias, tiramos o poder das pessoas, insistimos em que os administradores tenham prerrogativas sem responsabilidades, criamos mecanismos de controle rígido, ressaltamos a autoridade com símbolos de *status* e patronagem, restringimos o acesso à informação e tratamos as pessoas como subordinados.

Os valores participativos invalidam tais práticas e nos conduzem a reações diferentes. Se os velhos valores, que são notavelmente persistentes, têm permissão para sobreviver, então é impossível sustentar a mudança. Em última análise, os velhos valores vão digerir e absorver quaisquer novas iniciativas. A nova administração exige novos pontos de referência que orientem o que fazemos, o que aceitamos e o que não vamos tolerar.

2. *Estruturas*. As estruturas refletem nossa filosofia de administração. A administração participativa não pode viver em estruturas que foram designadas para apoiar o autoritarismo. A empresa participativa valoriza o investimento de poder, a responsabilidade pessoal, o acesso aberto à informação e um foco no cliente. Esses valores não podem prosperar numa hierarquia autoritária, sob cadeias de comando. Por conseqüência, a estrutura de uma organização deve ser projetada novamente para refletir e reforçar a transparência, para facilitar o acesso a níveis e funções, para organizar o trabalho como um fluxo que vem do cliente por intermédio da organização aos fornecedores, e ajudar as pessoas a atuar em várias equipes de auto-administração.

3. *Liderança*. A liderança está pronta para inovar, indo além do conhecido e criando o futuro. Ela também está relacionada com o auxílio às pessoas para se consolidarem no novo território que lhes dá esperança para o futuro. A nova administração requer um novo tipo de liderança que não depende da superioridade e subordinação que apoiaram a liderança no passado. Os novos líderes ajudam a criar a capacidade em suas pessoas. Eles desistem de sua necessidade de serem tratados como clientes e, ao contrário, tornam-se os administradores de todos os depositários da organização. Se os líderes não tornarem seu comportamento congruente com as necessidades da empresa participativa, então não será possível uma mudança real na administração. Qualquer pessoa que tenha tentado ajudar na mudança de uma organização sabe que é verdade: as pessoas que têm o poder formal precisam agir de acordo com os valores participativos. Os líderes no velho estilo só conseguem mudar uma organização se eles mesmos mudarem.

4. *Processos de administração*. Os processos de administração incluem todas as ações importantes que se relacionam com a formulação e implemen-

tação de estratégia. Os processos de administração são elos vitais na trama participativa, porque são centrais para o sucesso econômico da organização e porque são determinantes poderosos da cultura da organização. Se a estratégia, os planos, orçamentos, objetivos, decisões e retorno se dão em formas autoritárias, então a participação só pode ser teórica; se elas se dão em formas participativas, então os valores da nova administração vão se tornar vivos e deitar raízes. Qualquer organização que queira fazer da participação uma norma, precisa deliberadamente replanejar esses eventos de processo de administração e ajudar todos a desenvolver as habilidades e disciplinas necessárias para fazê-los trabalhar de acordo com as novas regras.

5. *Informação*. A informação fornece o contexto no qual as pessoas trabalham. Se o acesso à informação é restrito, fragmentado e controlado por autoridades, então esse contexto cria as condições de administração autoritária. Se o acesso é amplo, integrado e aberto a todos, então o contexto possibilita a administração participativa. As pessoas precisam ser capazes de acessar e usar a informação para se tornarem responsáveis por sua própria vida profissional. Tais acesso e uso caminham lado a lado com o investimento de poder, equipes de alto desempenho e responsabilidade.

O acesso à informação e a capacidade de usá-la para influenciar decisões são os determinantes definitivos do poder. Aquele que tem informação tem poder; aqueles que não têm informação são desprovidos de poder. Sem informação, os líderes não podem ser responsáveis, as estruturas se tornam irremediavelmente burocráticas, e os relacionamentos tornam-se frágeis, suspeitos. As instituições autoritárias restringem o acesso à informação, enquanto as participativas a expandem. Nenhuma organização pode se tornar verdadeiramente participativa sem reestruturar e recanalizar a informação de tal forma que todos tenham o que precisam para o desempenho fortalecido.

6. *Relacionamentos*. Os relacionamentos são os componentes e, provavelmente, os indicadores mais poderosos da nova administração. De fato, o código genético da organização está incrustado nos milhares de interações que ocorrem todos os dias entre as pessoas, por toda parte na organização. Esse fato dá aos relacionamentos um poder único. Em seu âmago, podem ser observados e descritos comportamentos humanos. Esses comportamentos são as menores expressões de participação ou autoritarismo dentro de uma empresa. Como tais, eles são verdadeiras unidades controláveis de mudança. Na organização autoritária, os comportamentos de relacionamento são hierárquicos e dependentes. Freqüentemente eles também são manipulativos. Na organização participativa, os comportamentos de relacionamento são interdependentes.

O fato de que a autoridade formal continua tendo níveis ainda mais baixos de administração participativa não implica subordinação perpétua. Na nova administração, as pessoas trabalham juntas conforme o necessário para atender aos clientes. Elas se respeitam mutuamente e dizem a verdade, independente do nível ou do *status*. Na nova administração, é comum ver pessoas com menor autoridade conduzindo seus "superiores" da organização nas áreas em que elas têm uma destreza especial. Sem esse tipo de reversibilidade, não pode haver participação real.

Apesar do que dizem as declarações da visão, valores e missão da organização, as interações que as pessoas têm com as outras — seus relacionamentos — são os melhores indicadores da administração real de uma organização.

7. *Competências*. As competências são os recursos pessoais que ajudam a fazer um sistema de administração funcionar. As organizações autoritárias focalizam as competências das pessoas que têm autoridade. As pessoas que estão no controle precisam ser capazes de planejar, organizar, controlar, motivar e lidar com a alienação entre empregados que freqüentemente resulta de dependência, sigilo e falta de responsabilidade. Eles precisam desenvolver os sistemas de recursos humanos que mantêm as pessoas leais e ligadas à organização.

Como a nova administração pede a todos que se tornem um sócio responsável no esforço de fazer com que os negócios sejam bem-sucedidos, ela exige que todos ampliem suas competências. Sem um amplo conhecimento dos negócios e uma série de habilidades necessários para a auto-administração e a participação, o trabalhador comum ou o profissional numa organização não podem desempenhar novos papéis. Sem as competências da nova liderança, as autoridades não sabem como usar o poder diferenciadamente. A administração participativa é impossível se todas as partes não puderem desempenhar seus novos papéis — a organização vai reverter aos modos autoritários.

8. *Controles*. Independente da forma de administração, toda organização precisa de controles. Os controles são as conferências e os balanços que mantêm as coisas no caminho certo e previnem erros caros. Eles fornecem os critérios e os sistemas de alarme que estabelecem os processos que podem ser copiados, criam estabilidade e previnem a anarquia. Os controles podem ser externos ou internos, impostos ou gerados por si mesmos. Como eles são desenvolvidos e executados reflete e reforça os valores do sistema de administração predominante. Na organização autoritária, a administração cria os controles, ordena seu uso e, assim, freqüentemente tem de vigiar para garantir seu cumprimento. Na organização participativa, as pessoas

ajudam a desenvolver os objetivos e indicadores que estão na base dos controles. Elas ajudam a decidir sobre as conseqüências ou não-conformidades. Além disso, na organização participativa, a participação promove o senso individual de comprometimento e eleva sua responsabilidade pelo sucesso da empresa. Cria condições para o autocontrole crescente.

Os mecanismos de controle da organização são, por conseqüência, importantes alavancas para o autoritarismo ou para a participação. O modo como eles são desenvolvidos e executados cria uma força poderosa que impulsiona a organização para uma ou outra forma de administração.

9. *Pagamento*. O pagamento é um sinal tangível sobre o que é importante numa organização. É uma mensagem excepcionalmente poderosa sobre a administração porque é muito pessoal: as pessoas vêem seu pagamento como um retorno de seu valor individual e quanto é valorizado no trabalho. O pagamento é uma questão emotiva e geralmente "quente". Tem pouca habilidade comprovada para motivar e muita habilidade para desmotivar. Inconfundivelmente ele dirige a atenção das pessoas para áreas específicas de desempenho, mas se as pessoas se sentem manipuladas pelo sistema de pagamento ou se elas não estão profundamente comprometidas com os valores que esse pagamento é destinado apoiar, elas podem subvertê-lo para seus próprios fins.

O sistema de pagamento desempenha um papel importante na criação e sustentação da administração de uma instituição. O pagamento não pode, efetivamente, desenvolver relacionamentos, mas pode miná-los. Tem capacidade limitada para controlar, mas pode ajudar a ligar atividade com produção. Se os sistemas de pagamentos são secretos e manipuladores, se eles recompensam a competitividade e punem os erros, e se a organização não tem fontes, ou tem poucas, de retorno e recompensa, então o pagamento vai ajudar a sustentar o autoritarismo. No entanto, se o pagamento estimula o trabalho em equipe e o aprendizado e se tem claros vínculos com o sucesso de toda a empresa e de seus clientes, ele vai estimular a participação.

É fundamental a mudança do autoritarismo para a administração participativa. Afeta e transforma milhares de comportamentos e premissas. Focalizar *todos os nove elementos organizacionais de grande influência* pode produzir mudança que vai ter repercussões, virtualmente, em todos os aspectos das interações e da vida da instituição.

O autoritarismo é uma forma obstinada de administração. Enquanto qualquer uma dessas nove áreas continuar autoritária, permanece um posto avançado a partir do qual o velho sistema pode atacar e depreciar o novo. Isso pode acontecer quando os sistemas de pagamento não mudam, quando as estruturas continuam rigidamente hierárquicas, quando os processos de administração continuam exclusivos e autoritários e quando os líderes se comportam como faziam no passado, ao mesmo tempo que pedem aos outros, na organização, que se comportem de novas maneiras. O compromisso com a nova administração não é uma questão de procurar e escolher os itens no conjunto das técnicas transformacionais que queremos mudar. Isso significa um compromisso com a transformação — com a participação.

PARTE 4

O Desafio da Sustentabilidade a Longo Prazo

As atividades das sociedades humanas se tornaram um fator significativo no bem-estar dos ecossistemas da Terra. Não poderia haver loucura maior do que continuar administrando a economia como se seu único relacionamento com a Terra fosse o de explorador — como se a Terra pudesse ser vista como um fundo de reservas e um depósito de lixo para o que não serve mais. Muitos comentaristas se comprometeram a nos alertar para os perigos do caminho que se está percorrendo atualmente, para a não-sustentabilidade ecológica da sociedade de consumo industrial moderna em sua forma atual. Alguns mostraram que é realmente um problema de todo o sistema — que as medidas temporárias ambientais e ecológicas não serão suficientes, e serão necessárias profundas mudanças culturais e institucionais.

A primeira análise séria que veio da própria comunidade de negócios foi o relatório de 1992 do Business Council for Sustainable Development, intitulado *Changing Course*.[1] É significativo tanto pelo que diz quanto pelo que deixa de dizer. O livro é excelente ao apresentar a seriedade e a urgência dos problemas associados ao ambiente e desenvolvimento, bem como ao descrever um grande número de coisas que as corporações já estão fazendo para reagir à crise. Entre as questões que ele abarca estão o fato de incluir o ambiente no preço de mercado, usando menos energia, conseguindo uma visão de longo prazo em mercados de capital, negócios e desenvolvimento sustentável, administrando a mudança empresarial, administrando os processos de inovação, a cooperação tecnológica, a agricultura e silvicultura sustentáveis, e o papel dos negócios nos países em desenvolvimento. Um outro grupo de capítulos oferece os estudos de casos que descrevem, real-

---

1. Stephen Schmidheiney, *Changing Course* (Relatório do Business Council for Sustainable Development). Cambridge, MA: MIT Press, 1992.

mente, como as empresas deram passos positivos no sentido de uma economia sustentável.

Mas a análise do relatório não lida com os aspectos da situação do sistema como um todo. Os autores nunca se referiram nem mesmo à possibilidade de que a situação pode requerer mudança em nível mais profundo do que algumas ações que empresas e organizações de negócios podem empreender por si mesmas.

E o que muitos considerariam uma posição mais extrema, nós extraímos do livro *Saving the Planet*,[2] do Worldwatch Institute. Com relação a uma economia sustentável, ele tem a dizer o seguinte:

> No âmago dessa transição econômica está a substituição do crescimento com progresso sustentável como o objetivo central dos líderes políticos e dos planejadores econômicos... Ao ouvir a maioria dos economistas e políticos (e homens de negócios), o crescimento ilimitado da economia parece não somente possível, mas desejável. Eles procuram obter aumento no produto nacional bruto como a resposta para o desemprego, a pobreza, as indústrias em dificuldades, as crises fiscais e muitos outros males sociais. Questionar a sabedoria do crescimento ilimitado parece quase blasfêmia, tão arraigado está no pensamento popular o modo como o mundo funciona. E ainda... são inevitáveis os limites em algumas formas de crescimento. (p. 115)

Lester Brown e seus colegas documentam a situação dos problemas ambientais e outros e suas origens mais profundas. A situação retratada é séria. A saúde do planeta está se deteriorando numa velocidade sem precedentes. As estatísticas são entorpecedoras; numa época, ouvimos muitas delas e resta a tentação de negá-las como uma super-reação aos problemas corrigíveis.

> Nossas economias estão envolvidas numa forma dissimulada de financiamento de déficit: processos tais como o desflorestamento e o superbombeamento do lençol freático inflam a produção atual à custa da produtividade de longo prazo. Contando com um sistema contábil incompleto, um sistema que não mensura a destruição do capital natural associado aos ganhos em produção econômica, nós exaurimos nossos ativos produtivos, satisfazendo nossas necessidades hoje à custa de nossos filhos. Como diz o economista Herman Daly (ex-membro do Banco Mundial): "Há algo fundamentalmente errado em se tratar a Terra como se ela fosse um negócio em liquidação".

---

2. Lester R. Brown, Christopher Flavin e Sandra Postel, *Saving the Planet: How to Shape an Environmentally Sustainable Global Economy*. Nova York: W. W. Norton, 1991.

Para ampliar a analogia, é como se uma grande corporação industrial simplesmente vendesse em liquidação algumas de suas fábricas todo ano, usando um sistema contábil que não refletisse essas vendas. Conseqüentemente, seu fluxo de caixa iria ficar sólido e seus lucros iriam aumentar. Os acionistas ficariam satisfeitos com os relatórios anuais, sem se dar conta de que os lucros se davam à custa dos ativos da empresa. Mas, uma vez liquidadas todas as fábricas, os diretores da empresa teriam de informar os acionistas de que suas ações não valiam nada.

Para reverter esse padrão, as indústrias e os governos vão precisar alterar suas visões de mundo, focando menos na base financeira de curto prazo e mais na sustentabilidade de longo prazo das economias em que investem. (p. 29)

Mas não é tão simples assim. Os grandes investidores, como os fundos de pensão e as companhias de seguro, tendem a tomar decisões de investimento na base da maximização do retorno a curto prazo. Por causa das considerações da responsabilidade fiduciária, eles acreditam que têm de fazer assim. Mesmo com a ênfase dos investidores no retorno a curto prazo, a administração empresarial está sob uma grande pressão para tomar decisões que sejam financeiramente vantajosas no curto prazo, mas que podem ser desastrosas a longo prazo, do ponto de vista ambiental e social. A lição, novamente, é a necessidade de mudança fundamental, não meramente um alívio dos sintomas.

Uma das histórias mais notáveis que advêm da controvérsia da sustentabilidade é a do "O passo natural", criada pelo pesquisador sueco em oncologia Karl-Henrik Robèrt. O dr. Robèrt inicia seu entendimento com a biologia celular porque ela é a base de quase todas as formas mais diminutas de vida. As células cresceram e evoluíram por bilhões de anos, por ciclos auto-sustentáveis, nos quais todos os resíduos eram constantemente reciclados por outras formas de vida. As unidades de produção primárias são as células dos vegetais que fazem a fotossíntese. Elas são únicas em sua capacidade de sintetizar mais estrutura do que a destruída em toda a biosfera. Isso implica uma necessidade geral de produção nos ciclos da natureza, bem como em nossas sociedades: os produtos residuais devem ser recrutados para a fotossíntese ou reciclados dentro da sociedade ou armazenados em depósitos definitivos.

As toxinas da natureza evoluíram durante milhares de milhões de anos como uma parte dos ciclos complexos, cíclicos e vitais. Elas não quebram o padrão cíclico de crescimento, morte e evolução. Por outro lado, nossos venenos feitos pelo homem, nossas toxinas e nossos resíduos químicos e nucleares não são a mesma coisa. Eles não podem ser aceitos e incorporados pelos processos metabólicos normais da vida celular.

A sociedade industrial criou um acúmulo de produtos de refugo, lixo e poluição, que perturba a biosfera e causa um decréscimo correspondente nos estoques de recursos naturais. Além disso, devido à complexidade e ao atraso dos mecanismos, não podemos, de modo geral, prever os limites de tempo para as conseqüências socioeconômicas ou para o desenvolvimento de doenças. Continuar por esse caminho não é compatível com a riqueza ou com a saúde humana e ecológica.

Foi o gênio do "O passo natural" que fez perguntas sistemáticas para evitar as questões técnicas sobre as quais os cientistas vão tergiversar nos próximos anos e, desse modo, chegar a um consenso que permita uma ação cooperativa, enquanto as incertezas técnicas tinham paralisado previamente os processos políticos usuais. Essas questões sistemáticas trazem à luz acordos surpreendentes desde o Greenpeace e sindicatos até a indústria e religião. Eles são interpelados com relação ao CFC, à dioxina ou a outras substâncias feitas pelo homem: *Esta é uma substância que existe naturalmente no ambiente? Não. É quimicamente estável? É. Ela se decompõe em substâncias nocivas? Não. Ela se acumula em tecidos orgânicos ou físicos? Sim. É possível prever as tolerâncias aceitáveis? Não. Podemos continuar a colocar dioxina no ambiente?* Não, não se quisermos sobreviver.

O programa "O passo natural" foi oficialmente lançado em 1989, na Suécia. Suas atividades defendem uma mudança dos métodos lineares, de desperdício de recursos, de dispersão de toxinas de materiais manuseados e fabricados, para métodos cíclicos, de preservação de recursos. A estratégia central é dar apoio ativo a bons exemplos de desenvolvimento ecocíclico nos lares, empresas e governos locais. O programa goza de apoio surpreendentemente amplo das grandes corporações, pequenos negócios, bancos e companhias de seguro, da Ferrovia do Estado, Igreja da Suécia, redes profissionais de empresas e grupos de jovens. Seu exemplo tem sido seguido em vários outros países do norte europeu, bem como nos Estados Unidos.

De acordo com Robèrt, para uma economia verdadeiramente sustentável a longo prazo há quatro condições de sistema "não-negociáveis":

1. *Depósitos de mineral armazenados.* O uso de depósitos de minerais nativos não deve exceder os lentos processos de sedimentação na natureza. Na prática, isso exige uma interrupção quase completa da extração de minérios.

2. *Componentes estranhos.* Deve haver uma retirada escalonada de componentes persistentes, não naturais. Se o uso de tais moléculas exceder o lento processo pelo qual a natureza as destrói, o princípio da conservação da matéria aliado à tendência para a dispersão (tendência de aumento da entropia) vai causar um acúmulo do lixo molecular na biosfera.

3. *Ecossistemas*. Devem ser preservadas as condições físicas (da superfície e ecológicas) da diversidade da natureza e da capacidade de produção primária. Na prática, isso implica agricultura e silvicultura ecologicamente sustentáveis, medidas eficazes para lidar com a escassez de água e fim à expansão das infra-estruturas das grandes cidades.

4. *Metabolismo*. O uso de energia e de materiais deve ser reduzido de acordo com a capacidade dos ecossistemas de processarem o lixo em novos recursos. Na prática, isso implica um estilo de vida menos intenso em termos de energia no mundo ocidental, combinado com medidas eficazes para regular o crescimento da população e para melhorar a qualidade de vida no Terceiro Mundo.

Acreditamos que "O passo natural" é um programa extraordinário, altamente significativo, que empenha as comunidades científica e a dos negócios num esforço comum de criar uma sociedade sustentável.

A mudança necessária no papel dos negócios — se for para responder ao desafio da sustentabilidade — deve incluir mudanças fundamentais em nossos conceitos de negócios e administração. As mudanças não podem ser cumpridas por uma apresentação enganosa: precisam ser genuínas, profundas e permanentes. Em última análise, elas devem estar baseadas numa mudança fundamental em nossa compreensão de como se deu a crise atual.

Peter Russell nos pede para pensar o impensável: É impossível sustentar nossa atual forma de vida neste planeta? Ele pergunta se o crescimento econômico, com seus conseqüentes padrões de consumo, é basicamente incompatível com a capacidade da terra de sustentar a vida. Ele continua, perguntando se muitas das necessidades presumidas de nossa vida moderna serão sustentáveis no futuro: livre iniciativa, o encargo de juros, a democracia ocidental, a liberdade individual. Ele afirma que a real crise com a qual estamos deparando é uma crise de consciência. A velha maneira não está funcionando; precisamos encontrar modos de nos libertar de nossos vínculos materiais. A nova fronteira não está no espaço exterior, mas no interior.

David Korten remete os problemas inerentes às tentativas, pelo Norte geográfico, de financiar o desenvolvimento do Sul geográfico num esforço para eliminar a pobreza. A sabedoria convencional sustenta que o crescimento econômico é a chave para minimizar a pobreza, para reduzir o crescimento da população, para proteger o ambiente e para fortalecer a ordem civil, mas as evidências históricas sugerem que isso não funciona assim. Precisamos repensar o desenvolvimento para equilibrar as necessidades humanas com a capacidade do ecossistema, dar prioridade às necessidades básicas na alocação dos recursos disponíveis do ecossistema e aumentar a responsabilidade democrática das instituições econômicas e políticas. Usar os termos *Norte-Sul* para dividir o mundo em nações ricas e pobres é muito menos útil do que reconhecer que a divisão Norte-Sul mais significativa é uma divisão de classes globalizada. Essa distinção ressalta a necessidade de se realocar o poder financeiro e o controle sobre recursos ecológicos não simplesmente do Norte para o Sul, mas das classes ricas para as classes mais pobres, dentro e fora das fronteiras nacionais.

Willis Harman sugere que, ao mesmo tempo que se fala muito sobre "pensar no sistema como um todo", pouco se levam a sério as implicações disso. Ele diz que os problemas globais são sintomas de questões subjacentes mais fundamentais. Na visão do sistema como um todo, é preciso se lidar com essas condições subjacentes; do contrário, as "soluções" vão simplesmente levar a outros problemas. Harman apresenta sete aspectos insustentáveis do atual sistema mundial e depois aponta sete condições que precisam ser cumpridas para se ter uma sociedade global sustentável. Ele continua indicando quais das nossas crenças comumente sustentadas precisam ser reexaminadas e quais condições necessárias precisam ser cumpridas para uma sustentabilidade regional.

Brad Crabtree dá a esperança da criação de uma cultura mais sustentável com exemplos de dois países, a Holanda e a Nova Zelândia, que descobriram que a norma governamental pode não ser a maneira mais eficaz de fazer com que a indústria cumpra os padrões ambientais. Os holandeses concluíram, há uma década, que uma abordagem predominantemente reguladora foi insuficiente e estabeleceram os princípios para manter os produtores responsáveis pelo atingimento de objetivos de longo prazo. O resultado é que a orientação está funcionando. A Nova Zelândia apresenta resultados semelhantes. Crabtree explica os elementos básicos da nova estrutura e desafia outros países a aprenderem com esses exemplos de sucesso.

Estes capítulos dão a esperança de que, na verdade, podemos viver de modo mais leve sobre a Terra; existe a possibilidade de podermos parar de tratar a Terra como se ela fosse "um negócio em liquidação" e nos tornarmos intendentes responsáveis dessa preciosa herança.

*Depois dos títulos em física teórica, psicologia experimental e ciência da computação, na Cambridge University, Inglaterra, **Peter Russell** viajou para a Índia, onde estudou filosofia oriental. Depois de seu retorno, começou a pesquisar a psicologia da meditação. Foi um dos primeiros a introduzir o autodesenvolvimento no mundo dos negócios. Ele divide seu tempo entre Sausalito, Califórnia, e uma cabana isolada, na Inglaterra. Seu livro mais recente é* The Global Brain Awakens: Our Next Evolutionary Leap. *É membro da World Business Academy.*

Capítulo 12

O Desenvolvimento Sustentável é Compatível com a Civilização Ocidental?

Peter Russell

Quero desafiar algumas de nossas premissas profundamente arraigadas a respeito da sustentabilidade e o que isso vai acarretar. A razão disso não é criar um sentimento de desesperança — embora eu, na verdade, vá mostrar que as atuais abordagens não prometem muito —, mas iluminar os aspectos críticos da questão de que, ao contrário, devemos ter descuidado.

As Premissas Questionadas

O crescimento é sustentável?

A primeira premissa que precisamos questionar a respeito do desenvolvimento sustentável é sua incompatibilidade com o crescimento. Isso porque o crescimento — da população e da indústria — reside no âmago de nossa crise.

Tendências para o consumo. Nos últimos tempos, as nações mais desenvolvidas vivenciaram um crescimento econômico sem precedentes. O ocidental médio de hoje consome cem vezes mais os recursos que uma pessoa consumia há duzentos anos, no princípio da Revolução Industrial. No mesmo período, a população aumentou dez vezes. Combine esses dois crescimentos e o resultado é um aumento mil vezes maior em consumo e, com ele, um aumento correspondente em resíduos e poluição.

Esses dois crescimentos vão continuar, com certeza. Estima-se que a população humana vai dobrar nas próximas três décadas. Isso não só significa duplicar as bocas a serem alimentadas e os corpos a serem abrigados, mas também duplicar a produção industrial, o consumo e a poluição.

Esse seria o caso se houvesse zero *per capita* de crescimento industrial. Mas isso é extremamente improvável. As nações do Terceiro Mundo precisam de desenvolvimento econômico. As pessoas desses países querem água potável para beber, alimentos, saneamento, moradia, medicina e emprego. O interesse atual deles é elevar seu padrão de vida para um nível suportável.

Enquanto isso, as nações mais desenvolvidas atestam que elas também precisam de um crescimento econômico continuado. Cada novo relatório do crescimento econômico de um país é celebrado como se tivesse chegado algum novo Salvador. "Mensalmente a produção industrial sobe 0,4%", lia-se numa manchete recente. Boas notícias, de acordo com todos os economistas que passaram pela televisão, mas eu me pergunto quantos pararam para pensar no que isso significa a longo prazo. Os 5% ao ano nos próximos trinta anos significam um aumento de 250% na produção, com um aumento correspondente em consumo e em poluição. Em cem anos, um aumento de 13.000% na produção.

As taxas de crescimento das empresas são planejadas para ser cada vez mais altas. Muitas empresas americanas importantes, incluindo algumas mais voltadas para as questões ecológicas, se comprometeram com taxas de crescimento de 10% a 15%. Nessa taxa, as empresas que habitualmente ficam no patamar dos dez bilhões de dólares, em trinta anos vão estar no patamar dos trilhões de dólares. Como isso pode ser sustentável a longo prazo?

Alguns tecnólogos atestam que com tecnologias mais eficientes e mais perfeitas, a produção crescente não tem de resultar em maior consumo e poluição. Durante o próximo século, devemos ver a eficiência tecnológica crescer numa ordem de dez vezes. Isso poderia ajudar, mas não resolveria o problema. Iria simplesmente reduzir um aumento de 13.000% em consumo para um de 1.300%. De mais a mais, isso supõe que usaríamos a eficiência crescente para fazer a mesma coisa com menos. Mas os progressos em eficiência no passado levaram, habitualmente, a um aumento na produção.

Também é verdade que uma mudança do processo de fabricação para o de informação vai diminuir a taxa na qual cresce nosso consumo. Mas diminuir a taxa de crescimento não elimina o problema; simplesmente leva o auge da crise para alguns anos mais tarde, no futuro. Esse é um desenvolvimento dificilmente sustentável, por qualquer definição do termo.

Um conflito fundamental. Em seu livro, *The Growth Illusion*, o economista Richard Douthwaite afirma, de modo persuasivo, que a única economia verdadeiramente sustentável é aquela com crescimento material zero.[1] Ele mostra como, apesar de todas as promessas, o crescimento fez muito pouco nos últimos anos para aumentar a qualidade de vida. Basicamente, a promessa de novos empregos foi compensada pelo desemprego causado pelas novas tecnologias — produtos da tendência para o crescimento — que aumentaram a eficiência e a produtividade.

Poucas pessoas nos países mais desenvolvidos estão mais satisfeitas do que estavam há trinta anos. Um estudo realizado em 1955 mostrou que um terço da população americana dizia que eles eram felizes com suas vidas. O mesmo estudo repetido em 1992 descobriu que exatamente a mesma proporção estava feliz com suas vidas, apesar do fato de a produtividade e o consumo *per capita* terem dobrado nesse período.[2]

O crescimento econômico continuado fez poucas pessoas mais ricas e muitas pessoas mais pobres. Em 1980, o diretor-geral de uma grande empresa ganhava em média 42 vezes mais do que um trabalhador pago por hora. Em 1992, ele ganhava 157 vezes mais.[3] O mesmo aconteceu no mundo como um todo, resultando num fluxo nítido de riqueza do Terceiro Mundo para o Primeiro Mundo. Durante os anos 80, os lucros caíram em mais de 40 países em desenvolvimento, em alguns casos, 30%. No mesmo período, a dívida do Terceiro Mundo foi aumentada em 10% ao ano, dobrando a cada sete anos. O crescimento econômico continuado danificou seriamente o ambiente, na maioria das vezes de maneira perigosa, empobrecendo o solo, poluindo os mares, poluindo o ar, incrementando o efeito estufa, exaurindo a camada de ozônio e desencadeando muitos desastres ambientais.

Douthwaite conclui que "quanto mais cedo o crescimento sair de nosso pensamento e voltarmos a estabelecer para nós mesmos objetivos específicos e finitos que vão na direção de nossa situação estável, melhor será nosso

---

1. Richard Douthwaite, *The Growth Illusion: How Economic Growth Has Enriched the Few, Impoverished the Many, and Endangered the Planet.* Londres: Resurgence Books, 1992.

2. A. During, "Asking How Much Is Enough." In *State of the World 1991*, org. por L. R. Brown et al. N. York: W. W. Norton, 1991.

3. *Business Week*, abril de 1993.

futuro".[4] O economista Herman Daly, que já trabalhou no Banco Mundial, expõe isso mais claramente em seu ensaio, no livro *For the Common Good*: "É óbvio que num mundo finito nada que é físico pode crescer infinitamente. Apesar disso, nossa política atual parece aspirar a uma produção física infinitamente crescente".[5]

Mas, para a maioria dos economistas e políticos, também é muito difícil aceitar o crescimento zero. O capitalismo ocidental não pode sobreviver sem crescimento; as economias nacional e empresarial são forçadas a se expandir se tiverem de evitar o colapso. E aí reside um conflito fundamental. Queremos garantir o futuro da humanidade, embora também queiramos garantir o verdadeiro sistema que está contribuindo para sua derrocada. Como diz Willis Harman, um dos fundadores da World Business Academy: "É exatamente como o paciente que implora a seu médico que o salve, mas contanto que o médico não interfira em seus hábitos de beber e fumar, em sua alimentação ou em suas atitudes produtoras de *stress*. No entanto, fazemos quase a mesma coisa quando admitimos a seriedade de nosso insustentável modo de vida moderno e insistimos em que poderíamos tentar conseguir a cura sem perturbar nossos conceitos da necessidade de progresso tecnológico e crescimento econômico".

Por conseqüência, a maior parte das definições de desenvolvimento sustentável faz pouco mais do que tornar o crescimento econômico mais justo e cuidadoso do ponto de vista ambiental. Elas raramente desafiam a premissa de que o crescimento econômico é benéfico.

A livre iniciativa é sustentável?

Questionar a sustentabilidade do crescimento implica questionar a sustentabilidade de nosso sistema capitalista de livre iniciativa. Isso pode ser ainda mais difícil. No pensamento de muitas pessoas, a livre iniciativa ocupa o *status* de uma religião, e desafiá-la é uma heresia virtual. Entretanto, se formos verdadeiros em nosso desejo de manter o planeta inabitável, precisamos estar preparados para desafiar nossas premissas mais básicas e arraigadas profundamente.

Interesse próprio versus *benevolência*. Um dos principais defeitos de nosso sistema atual é que ele não considera plenamente a psicologia humana. O psicoterapeuta Kenneth Lux esclarece esse fato muito bem em seu livro

---

4. Douthwaite, *Growth Illusion*.
5. Herman Daly e John B. Cobb, *For the Common Good*. Boston: Beacon, 1989.

Adam Smith's Mistake.[6] Ele mostra como Adam Smith afirmou que a mão invisível do interesse próprio geralmente faz mais pelo bem comum (e pelo bem individual) do que a benevolência altruística, de auto-sacrifício. Seu erro, como indica claramente Lux, foi se mostrar favorável somente ao interesse próprio, descartando a benevolência. Se todos nós fôssemos seres humanos esclarecidos, isso poderia funcionar, mas não o somos. Por exemplo, nem todos são honestos. Se um comerciante pode enganar um cliente (usando pesos pequenos em sua balança) e escapar impune, então é em seu interesse próprio que ele aja assim. O interesse próprio não exclui a enganação; ele simplesmente determina que uma pessoa deveria ser boa o suficiente nisso para evitar ser apanhada.

O mesmo vale para a corrupção, o furto, a fraude e outras atitudes enganosas. As sociedades em todo o mundo estão cheias de pessoas cujos interesses próprios as levaram a se comportar de modos que evidentemente não promovem o bem comum, e essas são exatamente as pessoas sem sorte ou habilidade suficientes para serem apanhadas.

A corrupção não prejudica somente nossa sociedade, ela também prejudica nossas tentativas de cuidar do ambiente. Qual projeto de grande desenvolvimento na África, na América Latina ou na Ásia nas últimas três décadas progrediu sem uma grande reação contra os políticos? Os países em desenvolvimento se queixam a respeito de seus onerosos encargos indiretos da dívida. O Brasil, por exemplo, tem de pagar juros sobre mais de 100 bilhões de dólares em empréstimos. Mas o "capital voador" (dinheiro que voa, a seu modo, para fora do país, a várias contas bancárias no exterior) é de 50 bilhões de dólares por ano, o suficiente para saldar a maior parte de sua dívida em alguns anos.

Sair impune com o mínimo. A mão escondida do interesse próprio convida as pessoas e as empresas a burlarem a lei ou fazerem o mínimo que puderem para saírem impunes, e não a fazerem o máximo possível. A história do clorofluorocarbono (CFC) é um bom exemplo. Os CFCs foram criados há mais de 25 anos como resultado de uma procura por gases inertes, não-tóxicos, inflamáveis, estáveis e compressíveis — gases que, em outras palavras, seriam mais seguros para os seres humanos e para o ambiente. Somente depois de iniciada sua fabricação é que algumas pessoas suspeitaram que eles poderiam danificar a camada de ozônio que protege a superfície da Terra dos nocivos raios ultravioletas (UV).

---

6. Kenneth Lux, *Adam Smith's Mistake: How a Moral Philosopher Invented Economics and Ended Morality*. Londres: Shambhala, 1990.

Hoje estamos percebendo que esse perigo é real, e cada novo relatório sobre a diminuição da camada de ozônio é recebido pela mídia com estimativas do aumento dos casos de câncer de pele e de catarata, as prováveis conseqüências. Mas se o buraco na camada de ozônio aumenta, os casos de câncer de pele e de catarata devem ser, provavelmente, a menor de nossas preocupações.

O que vai acontecer com as outras criaturas que não podem se beneficiar de medidas de proteção? Não podemos colocar óculos de sol em abelhas, e abelhas cegas não serão muito boas como polinizadoras de plantas. Provavelmente, as conseqüências devem ser catastróficas. Considere também o efeito direto dos raios ultravioletas sobre as plantas. As partes mais vulneráveis são as extremidades em crescimento. Destrua o DNA nessas células, e a planta não chegará à maturidade — com conseqüências igualmente catastróficas. Ou considere os efeitos sobre o fitoplâncton microscópico no mar, que não tem pele para protegê-lo e é altamente vulnerável à radiação ultravioleta. Destrua-o, e a cadeia alimentar do planeta vai se quebrar.

Se causamos danos graves à camada de ozônio ou mesmo se a destruímos, a vida na Terra se tornará quase impossível. Teremos destruído meio bilhão de anos de evolução — e, com isso, teremos destruído a nós mesmos. Eis como é perigosa a situação.

Já é tarde demais? Ninguém sabe. De todos os CFCs produzidos, 60% já seguiram a direção da camada de ozônio. Leva de dez a quinze anos para chegar lá, e, uma vez lá, uma molécula de CFC vai continuar destruindo as moléculas de ozônio durante cinqüenta anos. Há quinze anos era tarde demais quando começamos a perceber os potenciais desastrosos dos CFCs? Não. Se tivéssemos agido em nosso interesse próprio de longo prazo, teríamos parado de produzi-los. Mas não era do interesse das empresas em questão (nem, deveríamos acrescentar, de seus acionistas), então eles ocultaram a informação por mais uma década.

Agora, no final do século, que finalmente temos as evidências à nossa frente, a maior parte dos países concordou em proibir os CFCs e outros agentes químicos que esvaziam a camada de ozônio, tais como o tetracloreto de carbono e os *halons* usados em extintores de incêndio. Em 1992, depois do progresso mais rápido do que se esperava no desenvolvimento de peças sobressalentes, controles ainda mais rígidos foram estabelecidos. Agora, a produção da maior parte desses gases será proibida a partir de 1996 — exceto o metilbrometo, uma substância usada como um pesticida no solo e em safras armazenadas, apesar de o metilbrometo ser considerado tão responsável pela destruição do ozônio quanto os CFCs. Por que está excluído?

Países como Israel, Brasil, Grécia, Espanha e Itália, cujas indústrias agrícolas dependem muito dos produtos químicos, bloquearam a proibição do metilbrometo: não era do interesse próprio deles.

A mão escondida do interesse próprio pode ter promovido o bem-estar geral das comunidades da época de Adam Smith, e a economia da livre iniciativa deu à luz a Revolução Industrial. Ajudou a elevar o padrão geral de vida e nos deu, no Ocidente, muitos luxos pessoais, tais como carros particulares, ar condicionado e filmadoras portáteis. Mas agora temos de perguntar se ainda é válida numa comunidade global. O desenvolvimento sustentável está claramente no interesse de longo prazo da humanidade. O problema é que os passos necessários para realizá-lo não são de nosso interesse imediato — e é nosso interesse imediato que tende a dominar.

O juro é sustentável?

Uma outra forma, não intencional, na qual nosso sistema econômico pode exacerbar nossa crise mundial, é a cobrança de juros. Está tão arraigada em nossa sociedade que é quase uma heresia questioná-la. Vamos ver, no entanto, que é um dos principais motores que está atrás da necessidade de crescimento econômico contínuo de nosso sistema econômico.

Embora possamos dar por certa a cobrança de juros, só recentemente é que se tornou uma prática amplamente aceita. A agiotagem, como é freqüentemente chamada essa prática, foi originariamente declarada ilegal no judaísmo; o Antigo Testamento contém várias advertências contra ela. Aristóteles a chamava de o mais antinatural e injusto de todos os negócios. Durante séculos foi considerada ilegal pelas leis canônicas da Igreja Romana. É proibida pelo Alcorão, e atualmente há vários países islâmicos cujos bancos são proibidos de cobrar juros.

Por que as doutrinas espirituais e os filósofos se mostraram repetidamente contra a agiotagem? Há várias razões, morais e econômicas.

Em primeiro lugar, o acúmulo de juros compostos é economicamente insustentável a longo prazo. Um dólar investido a 10% de juros compostos, iria valer 2,59 dólares depois de 10 anos; 13.780 dólares, depois de 100 anos, e aproximadamente $2,473 \times 10^{48}$, depois de 1000 anos, o que é aproximadamente dez trilhões de vezes o valor do peso da Terra em ouro. Em segundo lugar, há aqueles que têm dinheiro e emprestam e os que não têm e precisam pedir emprestado e pagar os juros. Essa prática tende a fazer o rico cada vez mais rico, e o pobre, cada vez mais pobre. Terceiro, a agiotagem quer cobrar algo de nada. O ato de emprestar dinheiro não implica nenhum insumo no trabalho humano — salvo, talvez, a assinatura de um acordo e a entrada de alguns dados num computador. O tomador de dinheiro pode muito bem usá-lo para fazer alguma coisa útil, mas o emprestador não fez nada. Apesar disso, ele espera receber algo em troca. É o velho desejo de se conseguir um almoço grátis.

Mas de onde vem esse algo extra? A maior parte dos emprestadores de dinheiro está tão preocupada com seus próprios ganhos que eles não consideram essa questão ou fingem não vê-la. Para que sejam pagos os juros sobre todos esses empréstimos, a quantidade de dinheiro em circulação tem de aumentar. Mas isso alimenta a inflação: mais dinheiro perseguindo a mesma quantidade de bens faz baixar o valor do dinheiro. Assim, os governos se empenham para compensar o máximo possível o dinheiro extra, aumentando a riqueza real. O resultado disso? A necessidade de crescimento econômico continuado.

Dadas as implicações desastrosas de longo prazo do crescimento econômico continuado, devemos questionar se a cobrança de juros é compatível com os objetivos do desenvolvimento sustentável. Se não, devemos procurar criar um sistema econômico radicalmente diferente.

A democracia ocidental é sustentável?

Uma outra pergunta que devemos fazer é se o desenvolvimento sustentável é compatível com um sistema democrático no qual os líderes devem favorecer os interesses daqueles que os põem no poder. Os líderes eleitos precisam do voto popular, e o voto popular é fortemente influenciado pelo que as pessoas pensam que os políticos vão lhes dar a curto e não a longo prazo. Na maioria dos casos, não é isso que se requer para um desenvolvimento sustentável.

Considere a morosidade dos governos em todo o mundo em tomar atitudes realistas para reprimir o efeito estufa. Uma razão freqüentemente apontada para essa falta de atitudes firmes é que os cientistas estão habitualmente divididos quanto à ocorrência ou não do aquecimento global. É verdade, pois 98% pensam que vai ocorrer o aquecimento global, 2% acham que não.

É ridículo sustentar, por esse motivo, que não deveríamos agir. Quando da aproximação de uma curva fechada numa estrada estreita, "o princípio de precaução" deveria ditar que a pessoa diminuísse a velocidade. Seria louco o motorista que continuasse na mesma velocidade ou acelerasse ainda mais, até que tivesse a evidência irrefutável de que um outro veículo estava apontando à sua frente. Por que não aplicamos o mesmo princípio de precaução ao efeito estufa? Porque o custo para a sociedade seria muito alto, diminuiria o crescimento econômico, criaria muita inconveniência e desconforto individuais.

Os interesses materialistas, de curto prazo dos eleitores, são uma razão pela qual os partidos verdes europeus não cumpriram sua promessa inicial. As pessoas perceberam que votar nesses partidos não era simplesmente votar por um ambiente mais saudável, mas também, em última análise, votar por um fim ao crescimento, ao consumo desenfreado, por uma baixa tributação e pela perda de muitos confortos e conveniências pessoais. Quem iria votar por isso? O fato de podermos não estar aqui daqui a vinte anos se não votarmos por tudo isso é uma consideração muito distante.

A liberdade individual é sustentável?

Isso me leva à premissa definitiva que quero explorar: as pessoas vão optar por um programa de desenvolvimento sustentável depois que elas perceberem sua necessidade. Talvez o fizéssemos se fôssemos seres humanos verdadeiramente libertos. Mas muitos de nós ficamos tão apegados aos nossos estilos de vida que correríamos o risco do esquecimento em vez de abandonar as coisas que dizemos a nós mesmos serem importantes. Isso leva a todas as maneiras de pensamento complicado.

Uma reação é negar completamente que haja mesmo um problema. Vi isso enquanto fazia um *show* de rádio em Dallas. Assim que mencionei a questão ambiental, os telefones começaram a tocar. Falaram, repetidamente e em termos não duvidosos, que não havia a menor prova de aquecimento global, que a redução da camada de ozônio era parte de uma conspiração ambientalista e que se eu queria saber a verdade eu deveria falar com alguns cientistas.

Devo admitir que, inicialmente, fui tratado com uma certa hostilidade; era algo que eu nunca tinha vivenciado antes. Mas eu explorei as opiniões das pessoas mais profundamente, e ficaram claras as razões que estavam por trás daquela reação: "Não me diga", disseram elas, "que eu tenho de mudar meu modo de viver. Não somos nós o problema. As mudanças têm de ocorrer na Europa oriental e no Terceiro Mundo".

A verdade é que todos nós somos responsáveis. Quase todo mundo hoje está consciente de que os automóveis são produtores importantes de dióxido de carbono. Mas quantos de nós pararam de dirigir? Na verdade, muito poucos. E dentre aqueles que argumentam que precisam ter um carro, quantos escolheram o carro com o combustível mais eficaz no mercado? Mais uma vez, muito poucos.

Por que não? Uma razão é que a maioria de nós não acredita que iria realmente fazer diferença. Por que fazer tantos sacrifícios pessoais se a grande maioria das pessoas continua agindo como antes? Tais sacrifícios não vão fazer uma diferença mensurável para o planeta ou para o resto da humanidade. A única diferença será uma diminuição no conforto e na conveniência pessoais. E isso não é em nosso interesse próprio.

O Equilíbrio Interior

Assim, em que esse questionamento das premissas nos tocou? Ele simplesmente mostrou que deveríamos abandonar qualquer esperança de algum dia chegar a um sistema verdadeiramente sustentável e nos entregar a uma série cada vez mais grave de catástrofes ecológicas? Não, ainda há esperança. Como disse antes, o objetivo do questionamento das premissas não é invalidá-las, mas descobrir aspectos da questão que podem ter ficado ocultos e, assim, chegar a soluções mais adequadas e eficazes.

O que emergiu de nosso questionamento é uma percepção crítica: o principal impedimento para a sustentabilidade não está "fora", no complexo sistema global que estamos tentando administrar; está dentro de nós mesmos. É nossa ganância, nosso amor pelo poder, nosso amor pelo dinheiro, apego aos nossos confortos e nossa falta de disposição para incomodar a nós mesmos. De uma forma ou de outra, o interesse próprio humano está criando o problema ou nos impedindo de solucioná-lo. Desse modo, se tivermos de levar o desenvolvimento sustentável de um *status* de grande ideal para um de realidade prática, é absolutamente imprescindível que levemos em conta nossa dinâmica psicológica interior.

Muitos comentaristas defenderam a necessidade de aplicar sistemas, pensando na crise mundial. Não podemos mais considerar isoladamente problemas como a diminuição da camada de ozônio, a dizimação das florestas pluviais, as mudanças climáticas, a extinção das espécies, a escassez de recursos, a poluição e a fome. A escassez de recursos, por exemplo, pode estimular os índios da Amazônia a desmatarem a floresta pluvial, o que pode resultar em maior extinção de espécies e acentuar o efeito estufa, contribuindo, talvez, a longo prazo, para a escassez de alimentos. Os muitos diferentes aspectos de nossa crise mundial estão ligados, como parte de um sistema maior — a um sistema que inclui não somente os parâmetros ambientais, mas também as variáveis econômicas, políticas e sociais.

O que está se tornando claro, agora, é que a abordagem dos sistemas precisa ser expandida para incluir não só todos os fatores materiais externos mas também os vários fatores psicológicos interiores que influenciam o modo como reagimos às crises. Agora, com a crise ambiental à nossa frente, precisamos expandir nossa estrutura de referência e incluir a dimensão adicional do interesse próprio.

O interesse próprio e a paz de espírito

Quero deixar claro que não estou querendo denegrir o interesse próprio. Ele é absolutamente essencial para nossa sobrevivência. O interesse próprio garante que cuidemos de nossos seres biológicos, encontremos alimento adequado, água e abrigo, e evitemos as situações ameaçadoras à vida. Essa forma de interesse próprio é algo comum a todas as vidas; é a verdadeira linha de base contra a qual mensuramos todas as nossas ações. Nas palavras do Dalai Lama, "A esperança de todas as pessoas, em última análise, é simplesmente de ter paz de espírito".

Paz de espírito pode ser nosso objetivo principal, mas é claro também que a grande maioria de nós não está vivendo nesse estado. Às vezes, acontecimentos inesperados interferem em nossos planos mais bem estruturados. Se o carro não pegar numa manhã de inverno e chegarmos gelados e atrasados a uma reunião, dificilmente podemos esperar que nos sintamos no topo do mundo. Outras vezes, calculamos mal o que vai nos fazer sentir melhor. Uma colherada de sorvete pode estimular nossas papilas gustativas o suficiente para nos fazer sentir bem; uma banheira cheia de sorvete, por outro lado, pode não ser tão bem-vinda ao estômago e acabamos nos sentindo pior do que antes.

Podemos ver nossas expectativas serem desafiadas. Se acredito que todas as pessoas deveriam ser honestas e o mais íntegras possível, então posso muito bem me ver frustrado quando deparo com a realidade. Ou podemos nos preocupar com o fato de estarmos bem ou não no futuro. As pessoas vão nos tratar honestamente? Vai chover? O mercado de ações vai quebrar novamente? E enquanto nosso espírito estiver associado a preocupações e inquietações, ele não estará em paz.

Em quase todos os casos, a razão pela qual não encontramos a paz que procuramos é que a estamos procurando em lugar errado. Somos como Nasrudhin, o "sábio louco" dos contos Sufi, que perdeu sua chave em algum lugar em sua casa. Mas ele a está procurando fora, na rua, "porque", diz ele, "há mais luz lá fora". Nós também procuramos a chave da satisfação ao redor do mundo porque é o mundo que conhecemos melhor. Sabemos como mudar esse mundo, como acumular posses, como fazer com que as pessoas e as coisas se comportem como queremos. Sabemos muito menos sobre nossos espíritos e sobre como encontrar satisfação dentro de nós mesmos.

Vícios materiais

A crença errônea de que nosso bem-estar interior depende de como são as coisas à nossa volta é a causa de nosso comportamento de visão curta, centrado no "eu". Essa é a razão pela qual consumimos muito mais do que precisamos — mais do que precisamos fisicamente. A maior parte do que consumimos está embutida na crença de que vai nos fazer mais felizes. Se tivéssemos apenas o suficiente, dizemos a nós mesmos, seríamos felizes.

Esse pensamento é a causa da cobiça humana. É a razão pela qual queremos nos sentir controlando nosso mundo: queremos saber se o mundo de amanhã vai satisfazer nossos desejos. É por essa razão que as pessoas agarram-se ao poder, e é por isso que resistimos em mudar: não queremos fazer nada que vá diminuir nosso *status* financeiro, nossa sensação de controle, nossos sentimentos de poder. Tememos as verdadeiras mudanças que vão nos salvar porque tememos que possamos perder algumas das coisas ou experiências que julgamos serem tão importantes.

Uma Crise de Consciência

A real crise com a qual estamos deparando não é uma crise ambiental, populacional, econômica, social ou política. Em suas raízes, é uma crise de consciência. Uma crise é uma indicação de que o velho modo de agir não está mais funcionando, e é preciso uma nova abordagem. Isso vale para uma crise pessoal, uma crise familiar ou uma crise política. No caso do ambiente, o velho modo que não está mais funcionando é nossa consciência materialista centrada em si mesma. Pode ter funcionado bem no passado, quando precisávamos nos prover com as mercadorias básicas exigidas para nosso bem-estar individual, mas isso não funciona mais hoje, é claro.

O velho modo não funciona para a pessoa, como esclarece Wendell Berry em seu livro, *The Unsettling of America*:

> O americano é provavelmente o cidadão mais infeliz na história do mundo... Ele suspeita que sua vida amorosa não é tão satisfatória como a das outras pessoas. Ele queria ter nascido mais cedo ou mais tarde. Não sabe por que seus filhos são como são. Não entende o que eles dizem. Ele não se preocupa muito

e não sabe por que não se preocupa. Ele não sabe o que sua mulher quer ou que ele quer. Alguns anúncios e fotos em revistas o fazem suspeitar que ele basicamente não tem atrativos. Ele sente que todas as suas posses estão sob ameaça de roubo. Ele não sabe o que faria se perdesse seu emprego, se a economia quebrasse, se as empresas de serviços de utilidade pública falissem, se a polícia entrasse em greve, se os caminhoneiros entrassem em greve, se sua mulher o deixasse, se seus filhos fugissem, se descobrissem nele uma doença incurável. E para essas ansiedades, claro, ele consulta especialistas diplomados que, por sua vez, consultam especialistas diplomados a respeito de suas ansiedades.

Isso não funciona para as nações em desenvolvimento. Nossa ganância material leva a um nítido fluxo de recursos e riqueza do Terceiro para o Primeiro Mundo. Os povos indígenas, que anteriormente viviam uma vida feliz e em equilíbrio com seu ambiente, vêem suas terras serem tomadas por empreendimentos especulativos multinacionais e, para sobreviver, são forçados a ir às cidades, onde a falta de bens se traduz em pobreza e falta de moradia.

Isso realmente não funciona para o planeta como um todo. Nossa busca implacável por satisfação exterior nos leva a consumir recursos, como se amanhã eles não fossem existir mais. Nosso desejo de eficácia econômica resulta em jogar restos de produtos nos oceanos, na atmosfera e no solo, sobrecarregando as capacidades naturais de reciclagem do biossistema. Sem a disposição para suportar alguns desconfortos e inconveniências de curto prazo, continuamos a produzir e liberar na atmosfera substâncias que ameaçam destruir a camada de ozônio e, com ela, toda a vida na Terra.

Certamente, isso não vai funcionar no futuro. Se este planeta já está achando difícil sustentar um bilhão de seres humanos ambiciosos, que amam o dinheiro, que procuram o *status* e são famintos pelo poder, como podemos esperar que ele sustente *cinco* bilhões de pessoas que, implacavelmente, estão procurando a satisfação pelo que eles têm ou fazem? De mais a mais, relembrando que a população ainda está crescendo, como podemos esperar que nosso planeta sustente uma população de dez ou doze bilhões de seres humanos que procuram níveis cada vez maiores de satisfação material?

Nosso atual modo de consciência é insustentável. Ele leva a necessidades de curto prazo que são intrinsecamente incompatíveis com as necessidades de longo prazo das gerações futuras. Essa é a razão básica pela qual são insustentáveis as práticas atuais de negócios, as economias e as sociedades. Se temos de desenvolver, verdadeiramente, políticas sustentáveis, devemos mudar não somente nosso comportamento, mas o modo de consciência que as embasa.

O Desafio Real

É possível nos libertar desse antiquado modo de consciência? Acho que sim. Não estamos pedindo de nós mesmos algo extraordinário, somente uma aceleração do processo normal de maturação. Quando pensamos nos antepassados de uma sociedade, pensamos na sabedoria originada de muitos anos de experiência. Com essa sabedoria vem a percepção de que as coisas que temos ou fazemos no mundo não têm a mesma importância que tinham antes. O desejo de empenhar-se pela satisfação material deu lugar a uma aceitação das coisas como elas são.

O desafio de nossos tempos é encontrar maneiras de acelerar esse processo natural de maturação, de tal forma que possamos começar a recorrer a essa sabedoria quando começarmos nossa idade adulta, e não quando chegarmos ao fim da vida. Tal sabedoria foi o objetivo de todas as grandes tradições espirituais. Cada uma a seu próprio modo tentou ajudar-nos a ir além de nossos vínculos materiais para encontrar, dentro de nós mesmos, a paz de espírito que procuramos eternamente, e para alimentar a sabedoria que cada um de nós carrega no coração, de modo a poder irradiar por meio de nossas palavras e ações.

Um novo projeto apollo

Mesmo que muitos de nós já possam estar se empenhando para se libertar dos vínculos materiais e encontrar a paz interior, também é verdade que as abordagens habituais para se empreender essa tarefa levam muito tempo ou podem absolutamente não funcionar. Durante os últimos dois mil anos, demos grandes passos em nossa compreensão e domínio do mundo exterior. Mas nossa compreensão e domínio de nossa própria mente quase não progrediram. Quando se trata de questionar o desenvolvimento da sabedoria, sabemos pouco mais hoje do que sabiam os gregos e os hindus antigos.

Talvez precisemos do equivalente psicológico do projeto Apollo. O Presidente John F. Kennedy estabeleceu o desafio de chegar à Lua em dez anos. Os recursos estavam lá, o conhecimento estava sendo adquirido, a tecnologia tinha de ser desenvolvida. A dedicação à missão trouxe realização, e, nove anos depois, o primeiro ser humano estava colocando os pés na Lua.

A nova fronteira que precisamos urgentemente dominar, agora, não é o espaço exterior, mas o interior. Novamente os recursos estão aí — considere, simplesmente, os trilhões de dólares gastos todo ano, defendendo-nos contra a cobiça e a inveja dos outros. O conhecimento está sendo adquirido. As sementes desse conhecimento devem ser encontradas nas grandes doutrinas espirituais, em muitas filosofias, em várias psicoterapias e nos campos da psicologia humanística e transpessoal que estão emergindo. É necessária uma pesquisa dedicada e um esforço de desenvolvimento para explorar como podemos liberar mais facilmente nossa mente desse pensamento materialista e nos mover para um novo modo de funcionamento.

Não acho que a tarefa seja tão difícil assim. A única razão pela qual a maioria de nós ainda está aprisionada no velho modo de consciência é que estamos tão aprisionados em nosso condicionamento materialista que não nos empenhamos na tarefa. Se nos empenhássemos, provavelmente poderíamos atingir nosso objetivo muito rapidamente. Na virada do milênio, poderíamos ver nossa sociedade mudando de seu modo de consciência habitualmente egocêntrico para um outro mais maduro e sustentável.

As conseqüências de uma mudança como essa iriam ultrapassar a capacidade de desenvolver verdadeiramente sistemas sociais, econômicos e políticos sustentáveis. Os seres humanos, finalmente, começariam a descobrir a paz de espírito pela qual vinham procurando há tanto tempo. Com esse incremento no bem-estar interior, iria haver não só uma diminuição em nossas necessidades materiais e na capacidade de abrir mão das coisas que hoje acreditamos serem importantes, mas também uma melhora em nossos relacionamentos pessoais, melhor saúde e uma vida muito mais satisfatória.

A cura de nós mesmos

Para concluir, quero deixar clara uma coisa. Não estou sugerindo que deveríamos nos concentrar somente em nosso desenvolvimento interior. Precisamos fazer tudo o que pudermos para prevenir danos futuros para a camada de ozônio, precisamos parar de destruir as florestas pluviais, restringir o efeito estufa, reduzir a poluição, e assim por diante. Mas também precisamos ter em mente que esses são apenas sintomas de um problema básico mais profundo.

Para voltar à analogia do médico, suponha que sua pele tenha sofrido uma erupção e você esteja tendo dores de cabeça e se sentindo cansado. Você pode querer que o médico lhe dê algo para aliviar esses sintomas. Mas se ele só fizesse isso, você provavelmente não iria ficar totalmente satisfeito. Um bom médico também vai querer diagnosticar e tratar a causa de seu problema. Você pegou um vírus, comeu algum alimento contaminado ou esteve sob *stress* excessivo?

O mesmo vale para nosso mal-estar mundial. Claro, nós deveríamos tratar os vários sintomas que tanto nos estão ameaçando. Mas também precisamos olhar mais profundamente, diagnosticar e tratar as causas originais dessa nossa situação difícil. Somente assim teremos uma chance real de criar uma sociedade verdadeiramente sustentável.

David C. Korten é fundador e presidente do People Centered Development Forum, em Nova York, e autor de When Corporations Rule the World e Getting to the 21st Century. Tem mais de 35 anos de experiência em instituições de desenvolvimento internacional, acadêmico e de negócios e em organizações de ação do cidadão. Korten fez seu doutorado na Stanford University e ensinou na Harvard Graduate School of Business. Recentemente retornou do sudeste asiático, onde morou durante quatorze anos.

Capítulo 13

Repensando o Desenvolvimento e o Significado do Progresso

David C. Korten

Agora estamos na quinta década dos esforços oficiais empreendidos por países do Norte geográfico para financiarem o desenvolvimento dos países do Sul geográfico, num esforço global para eliminar a pobreza do mundo. A premissa básica dominante dessa ajuda foi que essa ajuda é a chave para estimular o crescimento econômico que, por sua vez, é a chave para eliminar a pobreza — bem como quase todos os problemas da humanidade. Quando a população se tornou uma preocupação mundial, os especialistas avisaram que o crescimento econômico era a chave para reduzir as taxas de natalidade — e pediram mais ajuda. Mais recentemente, quando o ambiente emergiu como uma preocupação mundial, novamente os especialistas se apresentaram com a velha e familiar prescrição. Em todos os casos, tem-se garatido ao mundo que mais entrada de dinheiro estrangeiro é a solução para qualquer que tenha sido o problema identificado.

Os proponentes da assistência ao desenvolvimento apontam, com satisfação, para a melhoria da saúde e dos padrões educacionais e dos níveis de renda alcançados pela maior parte das nações assistidas durante as quatro décadas, de 1950 a 1990, como realizações importantes da ajuda estrangeira. Na verdade, entre 1950 e 1990, a produção econômica total do mundo aumentou 500% de seu nível de 1950. Muitos países do Sul compartilharam essa notável realização histórica, em parte por causa da ajuda estrangeira.

No entanto, essa é somente uma parte do quadro. Quais os benefícios que o crescimento prometeu? Com certeza, se as teorias forem válidas, uma expansão média da economia global nas quatro décadas passadas equivalente ao crescimento em produção econômica atingida desde o início da história humana até 1950 deveria ter ido longe no sentido de solucionar os muitos problemas para os quais tem sido promovido o crescimento como a cura.

Isso não aconteceu. Durante as mesmas quatro décadas, de 1950 a 1990, dobraram a população mundial e o número de pessoas que vivem em absoluta pobreza. Embora o aumento das taxas populacionais venha diminuindo, continuamos a adicionar mais pessoas a cada ano do que em qualquer ano anterior na história humana. O que é ainda mais perturbador é que 1,2 bilhão de pessoas, agora, em 1993, carecem do ganho necessário simplesmente para prover a dieta mínima exigida para as funções humanas — mais do que o dobro das pessoas nessas condições em 1950.

É claro que muitas pessoas prosperaram como conseqüência de um crescimento econômico, mas os resultados foram extremamente desiguais. A boa fortuna de um número relativamente pequeno, mas altamente visível, de beneficiários dobrou o intervalo entre ricos e pobres durante o mesmo período. De acordo com as estimativas do Programa de Desenvolvimento das Nações Unidas, os 20% mais ricos da população mundial agora gozam de 82,7% dos rendimentos totais mundiais, acima dos 73,9% em 1970. Os 20% mais pobres lutam para sobreviver em 1,4%, abaixo dos 2,3% em 1970.[1] Ao mesmo tempo, o problema do ecossistema se acelerou tão dramaticamente que se começou a questionar a viabilidade da espécie humana a longo prazo. Menos amplamente observado, mas de importância quase igual, é a evidência crescente das dificuldades do sistema social, como se revelou no uso crescente de drogas, no colapso familiar, no suicídio de adolescentes, nos movimentos de refugiados e na violência armada *intra*nacional.

---

1. Programa de Desenvolvimento das Nações Unidas, *Human Development Report 1992*. Nova York: Oxford University Press, 1992.

Premissas Inválidas

Não estou querendo sugerir que a assistência internacional tenha causado essas tendências, embora se possa considerá-la como as tendo exacerbado. O fato de essas tendências estarem agora bem estabelecidas tanto nas nações que recebem ajuda quanto nas que dão ajuda sugere que aí estão envolvidas questões muito mais profundas e mais fundamentais. Em outras palavras, não só a ajuda do Norte foi ineficaz na prevenção dessas conseqüências em países assistidos do Sul, mas as capacidades organizacionais, financeiras e técnicas do Norte deixaram de prevenir conseqüências semelhantes nos próprios países no Norte. A razão é bem básica. Tanto o sistema de ajuda internacional quanto a estrutura de política mais ampla que criou o desenvolvimento do sistema de ajuda são construídos sobre premissas inválidas.

Quando despojada das complexidades e qualificações, a premissa básica que definiu a maior parte da assistência internacional pode ser resumida como se segue: o crescimento econômico é a chave para minimizar a pobreza, reduzir o crescimento populacional, proteger o ambiente e fortalecer a ordem civil. O crescimento econômico é uma função do investimento, investimento este que as nações pobres são pobres demais para gerar por meio da poupança interna. Conseqüentemente, seu crescimento depende da transferência de poupança do exterior, na forma de ajuda estrangeira e/ou investimento estrangeiro. Quanto maior a quantidade de ajuda estrangeira e/ou investimento estrangeiro, mais rápido seu crescimento (desenvolvimento) e mais rapidamente a pobreza será eliminada, a população será estabilizada, o ambiente será preservado e a ordem civil será mantida. Infelizmente, conforme se documentou acima, as evidências históricas sugerem seriamente que as coisas não funcionam dessa maneira. Vamos examinar por quê.

A formação do capital nacional baseado em poupança interna constrói inerentemente disciplina, habilidades e capacidade doméstica de produzir bens de capital. Por outro lado, a ajuda e o investimento externos somente suprem um país com câmbio exterior não realizado, o que é útil somente para comprar bens e serviços do exterior ou para investir no exterior.[2]

Quanto mais um país se aproveita de câmbio exterior não realizado, mais ele se torna dependente de importações que excedem o que ele ganha

---

2. Muitos projetos de ajuda estrangeira suprem um país com o câmbio exterior para ser convertido, em parte, pelo governo beneficiário em moeda doméstica para ser usada pelo projeto nas compras domésticas. Isso não muda o fato básico de que o projeto supriu o país com câmbio exterior não realizado/não ganho, útil somente para compras no exterior.

com suas próprias exportações. Se usadas atentamente para formar a base do capital e a capacidade técnica do país, tais compras funcionam bem, em benefício, a longo prazo, do país beneficiário. No entanto, o resultado mais comum é que esses fluxos externos contribuem somente de forma marginal, ou nem contribuem, para a real capacidade produtiva nacional. Em vez disso, o país se acostuma a satisfazer uma variedade crescente de necessidades por meio das importações — desde bens de capital, combustível e produtos farmacêuticos até equipamentos militares, alimento, brinquedos, roupas e produtos eletrônicos de consumo — que ele não pode comprar com os ganhos advindos de suas próprias exportações.

Os problemas de longo prazo criados por essa situação são compostos pelo fato de que uma porção substancial de assistência internacional, incluindo, praticamente, toda assistência dada pelo Banco Mundial e pelos bancos de desenvolvimento multilaterais regionais, é dada na forma de empréstimos de câmbio exterior. Esses empréstimos são muito parecidos com os investimentos estrangeiros. O investidor espera, eventualmente, recuperar o principal mais os juros e lucros em câmbio exterior. Quanto maior e mais ampla for a entrada de investimento estrangeiro, não importa se na forma de empréstimos ou de ações, mais rápido se compõem essas solicitações de pagamento contra a moeda e os futuros ganhos de câmbio exterior. No final da década de 70 e início da década de 80, muitos países acumularam muito mais solicitações de pagamento do que podiam honrar, desencadeando, dessa forma, a crise da dívida mundial. As grandes agências de ajuda, sob a liderança do Fundo Monetário Internacional e do Banco Mundial, então, disseram aos países endividados que eles teriam de reestruturar suas economias, primeiramente orientando-as novamente à produção para exportação, para possibilitar o pagamento aos credores e, assim, tornando a economia local mais atrativa aos investidores estrangeiros, para converter o dinheiro emprestado no exterior para investimento em ações estrangeiras, e assim removê-lo das contas da dívida nacional. Como os países cumpriram essas condições, aumentando as porções de suas economias que passaram ao domínio exterior, aceleraram a extração de recursos naturais e a conversão de terras agrícolas em safras para exportação, suas economias nacionais foram progressivamente integradas na economia mundial à medida que as restrições aos fluxos comerciais e financeiros foram removidas.

Em muitos casos, o crescimento prolongado acompanhou essas reformas, em parte porque se seguiram fluxos crescentes de investimento e do novo financiamento da dívida. No entanto, a pobreza, os danos ao ambiente e a desintegração social aumentaram. Por quê?

Quando o Crescimento Deixa de Servir ao Interesse Humano

O crescimento econômico serve ao interesse humano num mundo ecologicamente finito somente quando certas condições fundamentais são cumpridas, incluindo as que se seguem:

- Quando as demandas humanas por serviços ambientais estão equilibradas com o que o ecossistema pode suportar.
- A primeira prioridade na alocação de recursos disponíveis é a de garantir a todas as pessoas uma oportunidade de satisfazer suas necessidades básicas.
- É mantida a responsabilidade das instituições do governo e do mercado pelo interesse da comunidade.

A assistência internacional deu pouca atenção para garantir que qualquer dessas condições fosse cumprida. Não surpreende que essas mesmas condições recebam pouca atenção na política pública, de modo geral — inclusive dentro da maior parte dos países que fornecem ajuda. Conseqüentemente:

- A demanda humana por serviços ambientais continua a crescer sem levar em consideração os limites naturais.
- O crescimento econômico beneficiou primeiramente aquelas pessoas que tinham o poder econômico e político para captar os ganhos.
- Os líderes no Norte e no Sul se tornaram cativos de instituições que trabalham considerando muito pouco o grande interesse humano.

Para abreviar, o crescimento econômico que conhecemos gerou a demanda cada vez mais crescente por insumos físicos do ambiente, que são processados pelo sistema econômico e despejados no ecossistema. Os indícios sugerem que o crescimento econômico das quatro últimas décadas expandiu a demanda pelos serviços do ecossistema (tanto a entrada de recursos naturais quanto a remoção dos resíduos), além do que o ecossistema pode suportar. Vemos um número crescente de indicadores, incluindo um declínio em terras consagradas à produção de grãos, declínio em lucros com a pesca, o esvaziamento da camada de ozônio, a mudança climática, os danos às florestas e a busca cada vez mais desesperada por depósitos de resíduos tóxicos. De uma perspectiva ecológica, a sociedade humana vive agora num mundo completo.

Um crescimento maior em demanda por serviços do ecossistema tem duas conseqüências fundamentais: aumenta o *stress* do ecossistema e a competição por esses serviços — uma competição que o rico ganha, quase invariavelmente. Da perspectiva do vencedor, é difícil ver qualquer problema que não possa ser resolvido com alguma sintonia fina do sistema, assim a necessidade de reforma real é rejeitada por aqueles que têm o poder de iniciá-la.

Ao mesmo tempo, cada vez mais atividades econômicas que antes eram funções da família, da comunidade e das instituições públicas foram transferidas para o mercado. Além disso, a desregulamentação e a globalização do mercado removeram amplamente as obrigações públicas sobre as forças do mercado e reduziram a capacidade de os governos nacionais administrarem as economias nacionais no interesse público. Elas também expandiram, substancialmente, as oportunidades de crescimento nos mercados e nos resultados das empresas transnacionais, em cujas mãos o poder econômico se concentrou progressivamente. À medida que o poder financeiro empresarial se expande além do alcance do Estado, ele é exercido somente com a mais limitada responsabilidade pública. Aqueles que exercem esse poder são generosamente recompensados por expandir continuamente o poder econômico de suas organizações. Se eles escolhessem moderar os interesses econômicos de curto prazo, considerando os interesses humanos ou públicos mais amplos, eles provavelmente seriam sumariamente demitidos.

À medida que o mercado se torna cada vez mais dominante em decisões de alocação de recursos, essas decisões se tornam analogamente mais responsáveis pelos interesses daqueles que têm dinheiro, porque é isso o que o mercado faz. Aqueles que não têm dinheiro são invisíveis para o mercado e nada lhes é destinado, exceto quando o mercado precisa de trabalho barato. A globalização cria um *pool* desse tipo de trabalho, força para baixo os custos do trabalho e aumenta as oportunidades de lucros a curto prazo. A longo prazo, o mercado se arruína à medida que os trabalhadores não conseguem mais comprar os produtos que produzem, mesmo que o preço total desses produtos possa cair por causa da competição e das crescentes pressões sobre as empresas para exteriorizar seus custos sociais e ambientais.

Está se tornando cada vez mais evidente que é totalmente impossível para o atual regime de crescimento econômico e mercados livres globalizados atingir simultaneamente os objetivos fundamentais de pleno emprego e proteção ambiental. Ao contrário, essa dinâmica natural do regime tende a funcionar contra esses dois ideais. Conseqüentemente, não é politicamente viável a longo prazo.

À medida que aqueles de nível médio e mais baixo da sociedade vêem suas expectativas pessoais declinar e seu ambiente natural e social se desintegrar, a alienação resultante cria tensões sociais cada vez mais intoleráveis. Por enquanto, os ricos são capazes de se isolar das conseqüências desfavoráveis e se convencer de que as coisas estão em ordem, de modo geral. Dia a dia, no entanto, avança a desintegração social e ecológica — para grande risco da civilização humana e até mesmo da espécie humana.

A assistência internacional não inventou a prioridade do crescimento ou a ideologia da desregulamentação do mercado e do livre comércio que recentemente veio a dominar as políticas de assistência. Ao contrário, as instituições e a prática da ajuda estrangeira foram tanto uma manifestação das premissas imperfeitas que dominaram, de modo geral, a política pública, quanto os instrumentos pelos quais avançaram as prioridades propagadas por essas premissas imperfeitas. Uma vez penetradas as imperfeições dessas premissas, torna-se claro que a pobreza mundial, a destruição ambiental, o crescimento populacional e a desordem civil não são um resultado de ajuda estrangeira insuficiente, e que aumentar as somas de tal ajuda não vai ajudar.

Repensando o Desenvolvimento

O primeiro passo para se repensar a ajuda estrangeira é repensar o desenvolvimento e o significado do progresso humano num planeta finito. Os elementos básicos de uma lista alternativa de tarefas humanas já foram delineados acima:

- Equilibrar as demandas humanas com a capacidade do ecossistema.

- Dar às necessidades básicas prioridade em alocação de recursos disponíveis do ecossistema.

- Aumentar a responsabilidade democrática das instituições econômicas e políticas.

Num mundo completo, a tarefa de desenvolvimento fundamental é realocar o rendimento físico para satisfazer eqüitativamente as necessidades de todas as pessoas numa base sustentável. Adicionar o adjetivo "sustentável" a "crescimento" não muda a realidade de que o único tipo de crescimento que sabemos criar está baseado na exploração acelerada dos recursos ecológicos — o que é inerentemente *in*sustentável. Precisamos aprender a fazer com que a economia mundial funcione de forma mais eficaz e imparcial para todas as pessoas *sem* aumento em rendimento físico agregado.

A primeira prioridade absoluta deve ser garantir a todas as pessoas a oportunidade de satisfazer suas necessidades básicas. Num mundo completo isso pode ser conseguido somente na medida em que 20% das pessoas do mundo que pertencem à classe superconsumista adotar estilos de vida sustentáveis do ponto de vista ecológico e responsáveis, do ponto de vista social, que deixem uma parte autêntica dos recursos ecológicos reais disponível para o uso dos outros 80%.

A mudança institucional é fundamental. Restituir a responsabilidade às nossas instituições depende de várias medidas. A teoria do mercado presume que os participantes são relativamente iguais em seu poder econômico, têm informação total e são suficientemente pequenos, de tal modo que nenhum deles é capaz de controlar ou influenciar os preços de mercado. Além disso, presume um governo forte e atuante capaz de manter a infra-estrutura essencial e estabelecer as regras segundo as quais os participantes do mercado competem.

Precisamos restabelecer as condições que a teoria do mercado presume, fragmentando as grandes unidades econômicas e distribuindo o domínio de bens produtivos para desconcentrar e equilibrar o poder econômico. As forças e os interesses do mercado devem estar equilibrados pelas forças e interesses da comunidade. Esse é um papel essencial dos governos fortes locais e nacionais responsáveis por cidadãos politicamente ativos e conscientes. Os mercados precisam ser localizados para reduzir a energia gasta desnecessariamente em frete de mercadorias ao redor do mundo, e a produção precisa ser reorientada, dos luxos dos ricos para as necessidades básicas de todos. Os fluxos internacionais de produtos e dinheiro precisam ser significativamente reduzidos, e o fluxo de idéias e tecnologias benéficas, aumentado. Muitas funções agora atribuídas ao mercado precisam ser distribuídas para a comunidade e a família. Não é uma lista de tarefas modesta. No entanto, é uma lista de tarefas essencial se tivermos de nos salvar da autodestruição coletiva.

O sistema atual, ao concentrar poder e distanciar as pessoas dos meios para satisfazer suas necessidades básicas, cria formas de privação que podem ser mitigadas somente por meio da caridade — seja na forma de programas beneficentes ou de ajuda estrangeira. Tal caridade afirma e reforça o sistema em vigor. A mudança da lista de tarefas delineada aqui se baseia na transformação dos sistemas vigentes para remover as condições que impedem que as pessoas sejam seres humanos eficientes, autoconfiantes e auto-realizadores. Tais mudanças não podem ocorrer por meio dos ajustes próprios automáticos do mercado. Elas devem ser conduzidas pelas energias voluntárias e valores de pessoas política e espiritualmente conscientes das forças que ameaçam seu futuro e dos potenciais alternativos existentes.

A Redefinição da Divisão Norte-Sul

As dinâmicas descritas acima estão se tornando rapidamente universalizadas em tal extensão que usar os termos *Norte-Sul* para dividir o mundo em países ricos e pobres é muito menos útil do que reconhecer que a divisão Norte-Sul mais significativa é uma divisão de classe globalizada. Os países ricos e pobres, semelhantemente, têm suas verdadeiras classes ricas que vêem seus interesses mais estreitamente ajustados entre si do que com os cidadãos menos afortunados de seu próprio país. De modo parecido, os países ricos e pobres têm populações crescentes de pobres e desempregados, e muitos deles estão lutando pela sobrevivência. Muitos pobres se vêem envolvidos numa competição cada vez mais intensa com o outro pelos empregos de produção disponíveis numa economia mundial que os considera como uma mercadoria em excesso.[3]

A ajuda estrangeira é baseada na premissa de que os países ricos ajudam os pobres. A realidade dessa ajuda, entretanto, é geralmente um processo por meio do qual os impostos são cobrados das reduzidas classes médias em países ricos e transferidos para as classes ricas em países pobres para o desenvolvimento de projetos que muito freqüentemente deslocam os pobres de suas casas e de seus meios de subsistência de tal maneira que as dotações dos recursos naturais podem ser realocadas para usos de maior valor — ou seja, usos que beneficiem pessoas que podem pagar. Em muitos casos, o câmbio exterior adicional, disponibilizado pela assistência internacional, permite que o país beneficiário aumente suas importações de equipamentos militares e produtos de consumo supérfluos[4]. Isso realmente não faz muito sentido se nossa suposta preocupação é ajudar o pobre.

---

3. Essas duas tendências são largamente documentadas por Robert B. Reich, *The Work of Nations*. Nova York: Knopf, 1991.

4. Frances F. Korten, in "The High Costs of Environmental Loans", *Asia Pacific Issues*, nº 7, set. 1993, examina o empréstimo ambiental nas Filipinas e revela como esse empréstimo é dirigido pelo desejo de prover câmbio exterior para o financiamento das importações.

A Restauração da Legitimidade das Instituições Econômicas

Remodelar o problema de desenvolvimento como tenho feito leva à percepção futura de que o imperativo da mudança da lista de tarefas se aplica igualmente aos países do Norte e do Sul geográfico. Além disso, salienta a necessidade central de realocar o poder e o controle financeiros sobre recursos ecológicos, não de países do Norte para o Sul, mas de classes sociais do Norte para o Sul, dentro e além das fronteiras nacionais. É fundamental para essa lista de tarefas repensar o papel e a administração da corporação transnacional.

Historicamente, as instituições que foram dotadas de poder político e econômico em sociedades democráticas ganharam sua legitimidade por serem devidamente eleitas pelo povo soberano e responsáveis por ele, conduzindo suas operações de acordo com um código apropriado de ética e moral, e produzindo conseqüências desejáveis para o todo. Dentro de uma estrutura mundial emergente, as corporações transnacionais que estão conquistando a posição dominante de poder falham nas três avaliações. Elas têm de fato o poder político que não é devidamente eleito pelo povo soberano ou responsável por ele, elas são dirigidas por lógica e valores econômicos que são guias inadequados para dirigir as necessidades sociais e ambientais com as quais as sociedades humanas estão deparando agora, e o sistema econômico mundial que elas dominam está levando a conseqüências de longo prazo cada vez mais indesejáveis para todo o mundo.

Há um exemplo forte para o argumento de que a legitimidade de nossas instituições pode ser restaurada somente por meio de uma reestruturação que sirva para descentralizar, distribuir e tornar o poder econômico mais responsável pelas pessoas e por suas necessidades. Com relação a isso, os acordos internacionais como o NAFTA e o GATT (Acordo Geral de Tarifas e Comércio) são de importância central. Apresentados como acordos comerciais projetados para estimular o crescimento econômico, esses dois acordos, como são formulados atualmente, promovem a reestruturação da economia global para aumentar a liberdade de ação de corporações transnacionais. Ambos vão concentrar poderes econômico e político cada vez maiores nessas instituições. Baseando-se solidamente nas premissas do paradigma do "crescimento por meio de mercados livres", não há, virtualmente, nenhuma perspectiva de que qualquer acordo vá ajudar a mover o mundo na direção de estilos de vida mais responsáveis do ponto de vista social e ecológico ou de uma alocação de recursos ecológicos mais responsável e eqüitativa.

Há uma necessidade óbvia e imediata de se reestruturarem as relações econômicas mundiais. No entanto, essa reestruturação precisa ser edificada sobre um conjunto completamente diferente de premissas daquelas que guiam a reestruturação que está em curso agora. Os desejados acordos devem servir para fortalecer os valores da comunidade e da família sobre os valores competitivos meramente individualistas. Também devem alocar recursos ecológicos disponíveis de modo a prover todas as pessoas de oportunidades adequadas de subsistência para satisfazer as necessidades básicas e de maiores oportunidades de satisfação social, intelectual e espiritual.

Aqui, então, está um teste real de responsabilidade empresarial — a nova orientação da base financeira. É possível, para os líderes empresariais, recuar dos interesses das empresas individuais pelas quais eles são responsáveis e dar uma olhada no sistema econômico mundial, de uma perspectiva de longo prazo do todo? Eles podem participar como verdadeiros cidadãos mundiais ao recriar o sistema global para trabalhar em benefício do todo, mesmo se isso requerer poder e crescimento empresarial limitados? Esse é o desafio para os negócios à medida que nos aproximamos do século XXI.

Willis Harman é presidente emérito do Institute of Noetic Sciences, em Sausalito, Califórnia, e é co-fundador e membro da World Business Academy. É autor e co-autor de muitos livros e artigos. Uma edição revista de seu livro Global Mind Change: The Promise of the Last Years of the Twentieth Century foi publicada em 1997.

Capítulo 14

Sustentabilidade: Vamos Levá-la a Sério

Willis Harman

Hoje em dia há muita conversa sobre "pensar no sistema como um todo". Pela minha experiência, pouco disso chega ao ponto de ser sério a respeito de suas implicações.

Uma dessas implicações é que uma pessoa precisa pensar sobre os "problemas" mundiais — a degradação ambiental, a mudança climática, a destruição da camada de ozônio, a fome e a pobreza crônicas, e assim por diante — como sintomas de um problema sistêmico subjacente um pouco mais fundamental. Na visão do sistema como um todo, é com esse problema básico que se precisa lidar; caso contrário, as "soluções" para os problemas aparentes vão simplesmente continuar a levar a outros problemas.

Programas de doze passos para se lidar com vícios são bem vendidos e têm a fama de serem eficazes. Eles começam com o reconhecimento de que o problema sistêmico tornou as pessoas destituídas de poder, de tal modo que a vida delas continuará sem poder ser administrada, a menos que se tenha de recorrer aos recursos interiores que foram ignorados. Algo semelhante pareceria se aplicar em nível coletivo. Nós exibimos os sinais de vício — controle, consumo, crescimento, energia barata e outros atributos de nosso modo de vida moderno. Na verdade, nós negligenciamos o acesso aos recursos interiores que poderiam, nas palavras do segundo dos doze passos, "restaurar nosso bom senso".

O resumo dos pontos que vem a seguir, relacionado com a sustentabilidade, pela concisão, pode, ao contrário, soar como dogmático. Não é importante que você seja persuadido por todos os pontos; o objetivo do resumo é servir como base para um diálogo construtivo.

Aspectos Insustentáveis do Sistema Global Atual

Quais são os aspectos do sistema global que são tidos como responsáveis por torná-lo insustentável a longo prazo? Eles são sucintamente apresentados nas sete características a seguir:

1. *Relacionamento insustentável com o ambiente natural*. Este é o aspecto mais lembrado quando se emprega o termo *desenvolvimento sustentável*. A natureza pode se adaptar à maior parte das agressões, mas quando elas se tornam muito graves, os sistemas ecológicos complexos que provêm hábitat e os sistemas complexos de apoio à vida do planeta ficam tão prejudicados que se questiona sua capacidade de apoiar as sociedades humanas a longo prazo.

2. *Estabilidade política em deterioração por causa da injustiça e desigualdade observadas*. Uma sociedade na qual há altos níveis de dívida, altas taxas de juros e altas taxas esperadas de retorno em investimento tem, automaticamente, uma tendência sistemática para a riqueza e para o poder de a riqueza se acumular numa fração relativamente pequena da população. Conseqüentemente, o anseio por maior eqüidade e democracia produz instabilidade política.

3. *Contrato social insatisfatório — pessoas que se relacionam coma sociedade principalmente por meio de empregos e não com empregos suficientemente bons*. A tendência, durante muitos séculos, foi a de pessoas e atividades humanas se moverem cada vez mais para um único sistema econômico primário em todo o mundo. Maneiras de se relacionar com a sociedade e ser parte dela são reduzidas a empregos naquela economia primária que, então, precisa ser dirigida para criar empregos suficientes nessa economia para atender à demanda. Essa pressão para dirigir a tendência dominante da economia cada vez mais rápido é, além disso, intensificada pela exigência de se aumentar continuamente a produtividade do trabalho, de modo que se exige cada vez mais produto econômico para gerar um certo número de empregos.

4. *Marginalização sistemática de culturas*. A cultura industrial ocidental força a competição entre as culturas "pré-industriais" e tende a formar uma monocultura por todo o mundo. Em termos ecológicos, as monoculturas são notoriamente frágeis e instáveis.

5. *Níveis perigosos de militarização.* A proliferação nuclear e a ampla disponibilidade de instrumentos sofisticados para o terrorismo e a sabotagem não são compatíveis com a sustentabilidade de longo prazo.

6. *A ética em completa ruína.* O capitalismo, o sistema dominante no mundo atual, não tem uma posição ética intrínseca. Parece que funcionou bem por vários séculos por causa de um leque de valores com bases religiosas, que se enfraqueceram seriamente nas últimas décadas — em parte pelo impacto da secularização da ciência materialista.

7. *Crises em significado.* De modo semelhante, nos países desenvolvidos e em desenvolvimento, os significados implícitos nas religiões tradicionais enfraquecidas não foram substituídos, principalmente porque a mensagem principal da ciência moderna foi a de que somos seres materiais, que evoluíram acidentalmente, num universo sem significado.

As Condições Necessárias para uma Sociedade Global Sustentável

Dessa forma, segue-se que para se ter uma sociedade global sustentável, algumas condições precisam ser cumpridas, das quais sete são primordiais:

1. *Uma cultura de "sustentabilidade".* Uma sociedade global sustentável precisaria ter uma cultura (ou uma diversidade de culturas) baseada numa visão de mundo holística, que implicasse valores ecológicos e um equilíbrio entre as características femininas e masculinas, bem como o valor de cada indivíduo, e que garantisse a todos um papel na sociedade, criando uma forte ética de intendência, e assim por diante.

2. *População limitada e produto econômico limitado.* O impacto da sociedade humana nos sistemas naturais tende a ser fortemente proporcional ao produto da população e ao produto econômico. Essa proporcionalidade é apenas ligeiramente modificada pela natureza dos processos industriais e econômicos usados.

3. *O uso diminuído da energia e a dependência máxima em fontes renováveis de energia.* O impacto da economia nos sistemas naturais tende a ser fortemente proporcional à quantidade de energia usada. Esse impacto diminui se a energia vem de uma forma renovável (solar, do vento, das marés, biomassa e outras). Uma vantagem adicional do uso máximo de fontes renováveis de energia é que a energia solar é mais uniformemente distribuída ao redor do globo do que as fontes fósseis ou nucleares. Desse modo, o uso máximo de fontes renováveis de energia é coerente com as preocupa-

ções de igualdade e com a regionalização descentralizada, o que é desejável por outras razões.

4. *Produção de alimentos sustentável e sistema de distribuição.* Com o sistema atual, o alimento que é posto na mesa incorpora aproximadamente dez vezes mais energia de combustível fóssil (associado com fertilizante, combustível do trator, transporte, embalagem, congelamento e descongelamento e outros) do que energia solar — evidentemente, um aspecto não sustentável a longo prazo.

5. *Uma estrutura de incentivo que se inclina na direção de comportamentos que levam à sustentabilidade.* As pessoas estão dispostas a viver de modo mais frugal e de uma forma mais racional, do ponto de vista ecológico, desde que as mesmas privações se apliquem a todos. Esse critério é mais facilmente cumprido por meio da estrutura de impostos, subsídios (por exemplo, para o uso de energia solar), leis e regulamentos e outros.

6. *Regionalização descentralizada.* Há muitas razões para essa condição; dentre as mais importantes, há duas que consistem em minimizar o transporte e contrapor tendências, nas sociedades maiores, no sentido da concentração de poder e riqueza. As grandes concentrações urbanas e a organização de regiões distantes para servir àquelas concentrações constituem a base de uma parte grande dos aspectos insustentáveis da sociedade moderna.

7. *Um papel importante para as associações voluntárias.* O ímpeto para o movimento na direção da sustentabilidade virá primeiramente não de instituições poderosas nos setores público e privado, mas do poder de pessoas que atuam por meio de associações voluntárias, tais como aquelas que representam os movimentos ecofeminista e o de frugalidade voluntária.

Crenças não Compatíveis com a Sustentabilidade

A mudança cultural necessária exige que se examinem novamente muitas crenças que chegamos a admitir, já que elas pareceram funcionar muito bem durante os últimos séculos, particularmente nas duas décadas que seguiram a 2ª Guerra Mundial. Entre elas estão:

1. *Os objetivos da sociedade moderna são o avanço tecnológico, o crescimento econômico e o progresso material.* Quando sabemos como proporcionar maior inovação tecnológica e produção econômica do que o planeta pode tolerar, o objetivo de se conseguir mais não faz mais sentido como antes. O objetivo adequado da sociedade de hoje está mais próximo de algo como crescimento e desenvolvimento humanos, aprendizado humano e a busca de um relacionamento apropriado com o resto da natureza.

2. *Crescimento econômico contínuo é simplesmente necessário para criar empregos suficientes para todos.* Um emprego na economia primária não é a única maneira saudável pela qual uma pessoa pode contribuir para a sociedade e conseguir em troca afirmação. Os empregos criados às cegas por meio do produto econômico cada vez maior são o resultado de uma visão demasiadamente estreita.

3. *Valores econômicos e lógica econômica são os melhores guias para as decisões sociais.* Não há razão, absolutamente, para esperar que eles resultem em boas decisões sociais; o fato de terem parecido sê-lo, durante um período limitado da História, se deveu a circunstâncias especiais que não valem mais.

4. *Altos níveis de endividamento, altas taxas de juros e altas taxas estimadas de retorno em investimento são aspectos aceitáveis de uma economia que funciona bem.* Como se observou acima, eles tendem a resultar no aumento sempre crescente da riqueza e do poder para os abastados, à custa de todo o resto — e conseqüentemente em injustiça evidente e instabilidade política.

5. *É perfeitamente razoável que as fontes primárias de receita do governo deveriam ser impostas sobre lucros, vendas e valor agregado.* Esses são essencialmente impostos sobre o montante da atividade econômica, e eles inevitavelmente levam a políticas de escolha do governo para promover a atividade econômica. À medida que os objetivos da sociedade mudarem, esses impostos vão provar ser os tipos errados de incentivos.

6. *O melhor quadro da realidade que temos, pelo qual guiar as questões humanas, é a predominante visão de mundo científica reducionista, positivista.* Já comentamos acima sobre a crise em significado e sobre os valores para os quais a atual forma de ciência contribuiu de modo tão eficaz.

As Condições Necessárias para a Sustentabilidade Regional

São necessárias as demonstrações práticas para testar alguns dos conceitos comuns relacionados com o desenvolvimento sustentável. Todo o globo, ou mesmo um único grande país, é grande demais para uma demonstração dessa natureza. Por outro lado, uma cidade não tem a diversidade necessária. Provavelmente a melhor região para teste é algo do tamanho de um município, com áreas rurais e um ou mais centros urbanos pequenos. As condições necessárias para a sustentabilidade regional parecem ser aproximadamente o que vem a seguir:

1. *Uma "cultura de sustentabilidade"*, conforme definida acima.

2. *Uma economia de livre iniciativa com um alto grau de isolamento* dos sistemas econômico-políticos nacionais e mundiais.

3. *Práticas agrícolas sustentáveis a longo prazo*; uma produção de alimentos sustentável e um sistema de distribuição.

4. *Diminuição do uso de energia e dependência máxima de fontes renováveis de energia.*

5. *Uma "moeda alternativa"* (tal como um sistema de troca baseado em computador) que, em parte, propicie o isolamento da economia primária.

6. *"Assistência às iniciativas locais"* para propiciar conhecimento útil, habilidades e acesso a fontes potenciais de financiamento para aqueles que têm idéias, mas não têm experiência para iniciar novos empreendimentos comerciais especulativos.

Tais projetos de demonstração já estão em andamento, e algumas atividades atuais são potencialmente importantes para o futuro.

Brad Crabtree *faz consultoria em desenvolvimento sustentável com ênfase na promoção de abordagens integradas e sistemáticas para a política pública. Antigamente estabelecido em Washington, distrito de Colúmbia, é sócio do Redefining Progress, uma organização de política pública em San Francisco, e coordena um programa de política de desenvolvimento sustentável em Dakota do Norte. Brad trabalhou para Pew Charitable Trusts, U.S. Environmental Protection Agency e para organizações não-governamentais americanas e brasileiras.*

Capítulo 15

Uma Estrutura Viável de Intendência

Brad Crabtree

O fracasso em se reconciliar intendência ambiental e desenvolvimento econômico no mundo industrializado tem suas origens num abismo ideológico e intelectual, que existe há muito tempo, entre os negócios e a indústria, por um lado, e o movimento ambiental, por outro. O primeiro tendeu a ver com as questões ambientais através das lentes dos lucros, da produtividade e do crescimento econômico, enquanto o segundo baseou suas preocupações em valores intrínsecos, sensibilidade estética e nos direitos das gerações futuras. Essa dicotomia de linguagem e perspectiva reprimiu a exploração construtiva de um alicerce comum e adotou um discurso público que opõe, firme e erroneamente, considerações econômicas e preocupação com nosso ambiente e nosso futuro. Ao mesmo tempo que pontos de vista começaram a mudar nos últimos anos, ainda escapa a alguns países um consenso amplo de como se garantir a prosperidade econômica e a integridade ecológica.

Os Lucros Menores do Paradigma Regulador

A estrutura que regula a proteção ambiental, o paradigma predominante no mundo industrializado e cada vez mais nos países em desenvolvimento reflete essa ausência de consenso social. Uma tendência crescente de preocupação ambiental nos anos 70 e 80 forçou os governos a aprovar várias leis ambientais e a pôr em circulação milhares de normas. A veemente resistência da indústria e a profunda desconfiança pública das intenções empresariais levaram à evolução de um sistema baseado no conflito e singularmente inadequado para as estratégias e políticas proativas. Embora infinitamente melhor do que não tomar nenhuma atitude, o *status quo* regulador deixa, em grande parte, de ser desejado econômica, ambiental e politicamente.

Habitualmente referido como "comando e controle", o sistema atual impõe custos econômicos aos negócios e aos consumidores, de modo geral, enquanto deixa de usar incentivos mais diretos e eficazes, tais como os recursos naturais e os impostos sobre a poluição para influenciar o empresário e o consumidor a tomarem uma decisão. As normas, freqüentemente, ditam procedimentos e tecnologias específicos, mesmo quando existem alternativas mais baratas e mais eficazes. Pior do que isso, o sistema atual é igualmente punitivo para todas as partes, desconsiderando o desempenho ambiental. Uma empresa que vai além dos padrões mínimos deve se conformar às mesmas normas reguladoras, cumprir os mesmos requisitos onerosos e pagar os mesmos impostos que um competidor que viola esses padrões. Quando a única recompensa do sistema para a boa cidadania empresarial é evitar uma multa, restam poucos incentivos que podem fazer melhor do que exige a lei.

O modelo comando-e-controle freqüentemente também tem pouco sentido ambiental. A mistura atual de estatutos lançados isoladamente e de normas representa uma reação a problemas específicos, e não uma visão integrada de como se administrar a terra, o ar, a água, a flora e a fauna de modo a respeitar suas complexas inter-relações. Os problemas são minimizados, freqüentemente com custos altos, mas, na verdade, raramente são resolvidos. Questões tangíveis para o público, como os resíduos sólidos e a poluição da água e do ar, têm a maior atenção, enquanto as ameaças sistemáticas aos sistemas mundiais de apoio à vida, tais como a mudança climática, a degradação do solo e a perda da biodiversidade, clamam por uma ação real.

Finalmente, o comando e o controle seguiram seu curso político. Exceto para os litigantes, a crescente inadequação do sistema não satisfaz mais nenhuma das partes envolvidas. As pessoas de negócios mostram grande irritação com as formalidades bizantinas e com os gastos freqüentemente desnecessários da microadministração reguladora. Os ambientalistas se queixam de que está se fechando rapidamente a janela da oportunidade para impedir degradação irreversível e sistemática da biosfera. Os funcionários do governo são castigados dos dois lados, por impor ou deixar de impor medidas reguladoras para as quais não existia, primeiramente, nenhum consenso real. E o público em geral se cansa da disputa constante gerada pelo sistema. Recorrer ao modo deficiente de impor outras normas se tornou agora uma autoderrota; normas adicionais só servem para minar a frágil base política da qual o próprio sistema regulador depende para funcionar.

Dessa forma, temos o clássico exemplo de um sistema em confronto com lucros reduzidos. A escala sem precedentes e o ritmo da mudança socioeconômica, tecnológica e demográfica ultrapassou a capacidade de os órgãos governamentais anteciparem as necessidades e prioridades futuras com normas, para não mencionar sua capacidade de impô-las. O duro aumento de normas prescritivas não pode forçar uma reação igual à complexidade esmagadora do mundo com o qual nos confrontamos no final do século XX: o aumento vertiginoso do crescimento econômico e dos fluxos de capital privado, a explosão da mudança tecnológica, o borbulhar das populações, o aumento do consumo *per capita* de recursos e da produção de poluição e lixo e a erosão das fronteiras nacionais e do poder do Estado.

Nesse contexto, as normas reativas impostas pelos governos cada vez mais enfraquecidos não substituem a liderança proativa e a inovação por aqueles que usam os recursos naturais, produzem poluição e geram lixo. Deveríamos criar coragem para que essa inadequação sistêmica possa lançar as sementes da reforma fundamental. A falha geral do sistema associada com o desencantamento palpável das pessoas de negócios, dos ambientalistas, dos funcionários do governo e do público em geral está criando o espaço político para lutar por uma estrutura radicalmente nova com o potencial de reunir um amplo compromisso social com a intendência.

A Administração da Transição: Exemplos Holandês e Neozelandês

A Holanda e a Nova Zelândia oferecem ao século XXI planos para uma estrutura como essa. Suas estratégias ambientais nacionais propiciam uma visão abrangente, um processo político baseado em consenso e, ao mesmo tempo, um instrumento de política integrado. Como tal, eles mostram a promessa de enfrentar e administrar a escala desanimadora, a complexidade e as políticas que a transição para padrões mais sustentáveis de produção e consumo vai necessariamente acarretar.

A Holanda se classifica como um dos países mais densamente povoados e economicamente desenvolvidos da Terra. Uma média de 407 pessoas compartilha cada quilômetro quadrado de território com 549 cabeças de boi e de porco. O país tem quase doze vezes mais veículos e quase nove vezes mais estradas por quilômetro quadrado do que a média das nações industrializadas. Sua agricultura também está entre as mais intensivas do mundo, demandando enormes insumos de fertilizantes, pesticidas, água e energia. Para piorar, a Holanda está situada na desembocadura do Reno e do Mosa e recebe não só a carga poluente de suas próprias indústria e agricultura, mas também da Bélgica, da Alemanha, da França, de Luxemburgo e da Suíça. Finalmente, dotada de uma posição geográfica estratégica, dos portos mais solicitados do mundo e do poderoso Reno para o transporte fluvial, a Holanda serve como passagem para o Norte europeu. Ao mesmo tempo que é um benefício para a economia holandesa, esse próspero setor de transporte apresenta altos custos ambientais.

Preocupados com as ameaças a longo prazo para o meio ambiente holandês, os funcionários do governo começaram, em 1985, a estudar os sistemas de administração de outros países. Há dez anos eles concluíram que uma abordagem predominantemente reguladora era insuficiente e começaram a estabelecer princípios para o que finalmente se tornou seu Plano Nacional de Política Ambiental, em 1991. Em 1988, o respeitado e neutro Instituto Nacional de Saúde Pública e Proteção Ambiental (RIVM) publicou um estudo intitulado *Preocupação com o Amanhã* que detalhava como, sem uma ação imediata, a Holanda deparava com um declínio irreversível em qualidade ambiental. Em seu discurso de Natal, naquele mesmo ano, a rainha Beatrix declarou que a própria vida estava em risco e conclamou a nação a reagir.

Numa mudança histórica de trajetória, o governo priorizou objetivos ambientais, em vez dos meios reguladores tradicionais, ao manter os produtores responsáveis por objetivos de longo prazo. Hoje, objetivos compreensivos guiam o governo, a indústria e o povo holandês num esforço nacional para criar uma economia sustentável em 25 anos ou uma geração humana. O resultado de um extenso processo de consulta e de formação de consenso com representantes dos negócios, da agricultura e da sociedade civil foi que o Plano Nacional de Política Ambiental conseguiu o apoio unânime no parlamento, desde os democratas-cristãos até os do partido verde.

Talvez o mais significativo foi que tanto o setor de negócios quanto o de trabalho defenderam com firmeza esse plano. As 80 mil empresas da forte Federação das Indústrias e outras associações do setor privado já assinaram mais de cem acordos voluntários ou pactos com o governo. Destinados a melhorar o desempenho ambiental de todas as indústrias e setores agrícolas, os pactos formalmente obrigam os produtores a cumprirem as metas futuras advindas dos objetivos nacionais gerais do Plano Nacional de Política Ambiental. Na maioria dos casos, o setor privado recebeu positivamente as metas audaciosas em retorno para previsibilidade de longo prazo para investir em novas tecnologias e sistemas e a flexibilidade de alcançar as metas da maneira que julgarem mais eficiente e eficaz.

Essa orientação de resultados flexíveis está funcionando. Liberados da camisa-de-força legal e processual da obediência reguladora, todas as indústrias estão agora adiantadas no atingimento dos objetivos de 25 anos do Plano Nacional de Política Ambiental. Por exemplo, a indústria da construção atingiu facilmente uma meta provisória de 60% de reutilização de lixo de construção e demolição e continua no caminho para atingir 90% de recuperação no ano 2000. Mais de 25 setores industriais garantiram 25% de aumento em eficiência energética no ano 2000, e as reduções de 1985-1995 em descargas industriais no rio Reno e no Mar do Norte podem, na verdade, exceder os 50 a 70% inicialmente propostos. As estimativas do governo holandês para o ano 2000 prevêem 40 a 60% de reduções dos níveis de 1990 para uma ampla gama de poluentes — além dos ganhos já auferidos durante o final dos anos 80.

Se a Holanda sugere um modelo de uma pequena parte do globo, densamente populosa e altamente industrializada, então, a Nova Zelândia fala pelos países mais esparsamente povoados e pelas regiões altamente dependentes de recursos naturais. O país testemunhou extraordinárias transformações ecológicas no curso das migrações maori, 800 a 1.000 anos atrás, e o povoamento europeu em larga escala no século XIX. Com seu esplêndido isolamento de 100 milhões de anos quebrado pela intervenção humana, muitas aves incapazes de voar e outras espécies de animais e plantas neozelandeses desapareceram para sempre. Grande parte da proteção de sua floresta original foi transformada em plantações de árvores e em fazendas de pastagem. Vivamente confiante em sua base de recursos para agricultura e pecuária, silvicultura, horticultura, pesca, mineração e turismo, a Nova Zelândia achou que sua verdadeira subsistência econômica estava em risco pelo uso insustentável da terra e pela extração de recursos naturais.

Como parte da dramática reforma política e econômica, nos anos 80, o governo Trabalhista da Nova Zelândia iniciou talvez o processo mais extensivo de consulta já estabelecido entre produtores e cidadãos para descobrir uma nova estrutura de política ambiental. O governo Nacional, mais tarde, procurou aniquilar a iniciativa, mas recuou sob o protesto de seus próprios constituintes que tinham participado do diálogo nacional. Numa reversão bem-vinda, foi o governo conservador Nacional que realmente fortaleceu e garantiu a aprovação da Lei de Administração de Recursos, em 1991.

Um grande exemplo de reforma legal, institucional e política, a Lei de Administração de Recursos substitui 57 leis separadas ambientais, de administração de recursos e planejamento urbano. Também reduziu drasticamente a confusão burocrática e se sobrepôs ao consolidar oitocentos órgãos e repartições governamentais em 93. Além disso, a lei provavelmente se classifica como o experimento mais audacioso do mundo em descentralização da prática e execução de política ambiental. A Lei de Administração de Recursos exige que os conselhos distritais desenvolvam planos de administração de acordo com objetivos e princípios mais amplos delineados nos relatórios de política regional e nacional e na própria lei. Seja como for, os conselhos distritais gozam de autonomia para formular suas próprias políticas e tomar decisões administrativas cotidianas e de cumprimento da lei.

Apesar da história da Nova Zelândia dos tristes conflitos de recursos em florestas, terra, água e pesca, a implementação da Lei de Administração de Recursos e das leis afins mostra indicações precoces de sucesso. A transformação das antigas florestas foi interrompida em favor da administração mais sábia de florestas e plantações secundárias. Foram tomadas sérias medidas para reduzir a erosão e a degradação do solo. O Sistema de Administração de Quota para a pesca comercial se apresenta como uma lição em meio ao colapso mundial da pesca. Ele garante rendimento sustentado pela limitação da pesca total permitida e alocação de quotas legalmente transferíveis das partes interessadas. Finalmente, enquanto a Comunidade Européia mantém virtualmente como sagrados os subsídios agrícolas e o Congresso americano apenas começou a contemplar o corte de programas agrícolas, a Nova Zelândia já eliminou quase todos eles. Esse passo corajoso trouxe reduções imediatas no uso de insumos químicos e fertilizantes na pastagem e na lavoura de terras marginais e altamente passíveis de erosão.

Os Elementos Básicos da Nova Estrutura

As iniciativas ambientais nacionais fundamentais da Holanda e da Nova Zelândia vão bem além de uma abordagem de confronto, de direção única da administração ambiental e de confiança obsoleta nas normas e imposição governamentais. Ao mesmo tempo que seus programas diferem em muitos aspectos, eles compartilham alguns elementos básicos, críticos para seu sucesso. Juntos eles propiciam uma estrutura que outros países podem adaptar e aplicar em seu próprio contexto nacional.

A consulta pública e insumos

Os governos já não têm mais a capacidade de impor soluções duradouras aos depositários e cidadãos. As normas legislativas e reguladoras, embora atrativas a curto prazo, freqüentemente encalham nos bancos de areia das questões judiciais, da não-obediência e das disputas políticas. As iniciativas bem-sucedidas, no futuro, vão compartilhar um princípio-chave dos holandeses e neozelandeses: as partes afetadas desempenham um papel significativo no estabelecimento de objetivos, na definição de prioridades e na habilidade política. A formação do consenso é um processo árduo e lento, mas mais tempo e recursos gastos no início podem significar maiores economias e soluções reais no futuro.

A reforma abrangente

É politicamente mais fácil e menos prejudicial aniquilar um objetivo específico do que todo um conjunto de reforma abrangente. Os interesses setoriais acham difícil concentrar seus recursos e se opor a um processo político integrado como o Plano Nacional de Política Ambiental ou a Lei de Administração de Recursos. Bem poucos setores se colocam para tirar proveito de alguns aspectos da reforma abrangente, minando a vontade e a capacidade dos grupos de interesses junto a legisladores de unificar e arruinar o processo como um todo. E os custos políticos da oposição podem ser altos, como descobriram a agricultura holandesa e a indústria imobiliária neozelandesa.

A administração orientada para resultados

Uma pessoa não pode chegar a um destino desconhecido. A maior parte dos países não tem um conjunto abrangente de objetivos amplos para governar o estabelecimento de prioridades e políticas nacionais, regionais e locais. Os objetivos de conservação, de redução de radiação e de lixo, como aqueles da Holanda ou como "as bases ecológicas" da Nova Zelândia, satisfazem três itens. Primeiro, oferecem uma definição funcional empírica de intendência que os políticos e produtores, de modo semelhante, podem colocar em prática. Segundo, facilitam a distribuição proporcional de responsabilidade pelo cumprimento das metas em todos os setores e entre todas as empresas dentro dos setores. Finalmente, propiciam referências concretas por meio das quais o público pode julgar o desempenho do governo e dos negócios. As referências predispõem o sistema, adequadamente, a favor das políticas sistemáticas que atingem resultados reais e não resultados superficiais e enganosos.

A administração de longo prazo

O reino do possível — política, econômica e culturalmente — se expande quando recuamos e avançamos nossa estrutura de referência no tempo. É por essa razão que os holandeses têm objetivos de qualidade ambiental de 25 anos e os neozelandeses inseriram um espaço de tempo de quinze anos em seus relatórios e planos políticos. Nossas circunstâncias atuais têm origens que datam de décadas a séculos, e reverter tendências demográficas, socioeconômicas e ambientais prejudiciais vai requerer um tempo considerável. A disposição das pessoas de abarcar a mudança está relacionada em parte com o tempo disponível para se espaçar o ajuste. O estabelecimento de objetivo para uma geração ou mais diminui a pressão política, financeira e até mesmo psicológica imediata, tornando os programas e as políticas menos vulneráveis a ciclos de eleição de curto prazo e aos relatórios trimestrais das empresas.

A racionalização e a integração

Um governo mais "enxuto" e menos fragmentado pode render maiores ganhos ambientais. A Holanda e a Nova Zelândia consolidaram e dinamizaram as funções governamentais desiguais e começaram a tarefa de harmonização das políticas ambiental, fiscal, do uso da terra, agrícola, social e outras. Por exemplo, o holandês fundiu responsabilidades institucionais pela moradia, planejamento espacial e meio ambiente num ministério. Da mesma forma, os neozelandeses abandonaram a ficção da administração de recursos feita individualmente dentro de jurisdições políticas arbitrárias e criou quatorze órgãos separados, cada um encarregado da administração integrada de todos os recursos naturais dentro de um determinado divisor de águas.

Descentralização

Um mantra acalentado é: "Pense globalmente e atue localmente", e chegou o tempo de cultuar essa ética na verdadeira estrutura de administração ambiental. Os governos centrais da Holanda e da Nova Zelândia reduziram ordens e burocracia desnecessária ao mesmo tempo que delegaram mais autoridade aos governos provinciais e municipais para encontrarem suas próprias soluções. As preocupações com o fato de que os níveis mais baixos dos governos sucumbissem à pressão dos grupos organizados de interesses junto aos legisladores e dos interesses paroquiais provaram ser infundadas na Holanda e na Nova Zelândia. Além disso, a boa vontade pública e os resultados ambientais obtidos pela tomada de decisão descentralizada compensaram amplamente os problemas que surgiram da falta de perícia ou experiência técnica local.

Eficiência e flexibilidade

É sempre constrangedor cumprir mais com menos. E já que a maioria dos governos, atualmente, opera no vermelho e compete para atrair empregos e investimentos numa economia global com cada vez menos barreiras para o movimento de capital e produção, eles são particularmente reticentes quanto à colocação de encargos financeiros adicionais nas empresas — temendo que elas procurem lugares mais atrativos para fazerem negócios. Uma ampla gama de estudos confirmou o que os holandeses e os neozelandeses já sabem: um sistema que confere maior flexibilidade aos produtores e usa os incentivos econômicos, aproveita, em vez de restringir, as forças de mercado, a inovação privada e o investimento, e rende maiores ganhos ambientais a custos menores tanto ao governo quanto aos negócios. Um sistema como esse permite que as empresas mudem seus recursos financeiros substanciais para longe dos pormenores da obediência às normas — burocracias, papelório e emolumentos legais — e em direção à melhoria ambiental contínua em conservação de recursos, prevenção à poluição e minimização do lixo.

Ciência bem fundada

Na medida do possível, a ciência não deveria ser transformada em joguete de políticos. Isso requer a existência de um corpo científico rigoroso e independente, como o RIVM, na Holanda, bem como um mecanismo com o qual se possa modificar as políticas de acordo com os descobrimentos científicos, à medida que forem emergindo. Tanto a Holanda quanto a Nova Zelândia construíram esses mecanismos em pactos e acordos políticos. Com o espírito de objetividade, isso tem dois efeitos diferentes que tendem a se anular mutuamente. Os problemas e as ameaças ambientais são reavaliados periodicamente e podem ser adotadas medidas rígidas ou mais brandas.

Responsabilidade

O público merece políticas de segurança real. O papel primário do governo precisa mudar da imposição reguladora para o planejamento estratégico de longo alcance, integração política, acordos de negociação, monitoração e informes públicos de resultados. Contudo, as autoridades não deveriam abandonar as garantias que impedem que os poluidores e espoliadores se tornem pessoas com livre acesso num sistema mais flexível, descentralizado. Os holandeses mantiveram no lugar, de maneira prudente, os padrões reguladores e as capacidades nacionais de cumprimento da lei, e as empresas continuam sujeitas à obediência da lei civil, com os termos dos pactos voluntários. Da mesma forma, os neozelandeses preservaram a opção, segundo a Lei de Administração de Recursos, de fixar e impor padrões nacionais em distritos locais, se isso se fizer necessário.

O Desafio

Por sorte, essa nova estrutura começou a aprisionar a imaginação dos funcionários do governo, dos executivos industriais e dos ambientalistas em todo o mundo industrializado. A frustração e a inadequação da administração da crise reguladora estão impulsionando a busca de soluções sistemáticas. Singapura tem seu próprio bem-sucedido plano ambiental abrangente. A Comunidade Européia deu passos promissores na direção da abordagem holandesa, e advogados e políticos, nos Estados Unidos, também estão olhando com maior atenção para a Holanda e a Nova Zelândia. Nos Estados Unidos, a gestão da governadora de New Jersey, Christine Todd Whitman, iniciou entusiasticamente o desenvolvimento de uma estratégia ambiental estadual inspirada no Plano Nacional de Política Ambiental holandês.

Evidentemente, a abordagem delineada acima não é a panacéia para a mudança e a sustentabilidade dos sistemas. Por exemplo, a Holanda e a

Nova Zelândia apenas começaram a mudar a tributação dos "bons"— tais como emprego, receita e investimento — para os "maus"— usos de recursos e energia, poluição e lixo. Além disso, nenhum país ainda propôs chegar a reduções de 60 a 80% em emissões de dióxido de carbono que o Intergovernmental Panel on Climate Change, um órgão científico das Nações Unidas, julga necessário no mundo industrializado para estabilizar os climas.

Ainda assim, apesar de pequeno, o progresso real é sempre superior para esvaziar os chavões. Os holandeses fixaram um objetivo de redução, até o ano 2000, de 3% na emissão de CO_2 dos níveis de 1989. Diferentemente de seus principais parceiros comerciais, eles levam esse objetivo a sério. Seu fracasso esperado em cumprir a meta está impelindo-os para a implementação de um imposto abrangente no teor de carbono de todos os combustíveis. Um imposto sobre o carbono exemplifica o tipo de incentivo de mercado objetivado que pode dirigir mudanças sistemáticas em formas de produção e consumo, sem as ineficiências onerosas e as disputas reguladoras.

Finalmente, apenas uma estrutura melhor não pode substituir o tipo de integridade nacional e vontade política que tornam possíveis as escolhas difíceis. Os holandeses e os neozelandeses merecem crédito. No entanto, o caráter nacional não é estático ao longo do tempo. Exatamente como o caráter nacional influencia o processo e a estrutura que uma sociedade escolhe para tomar decisão pública, o contrário é igualmente verdadeiro. Cultivar os insumos dos depositários e dos cidadãos, estabelecer objetivos abrangentes para mensurar o sucesso e o fracasso, dinamizando e integrando as instituições e políticas governamentais e conferindo às autoridades regionais e locais e aos produtores a capacidade de exercitar seu próprio julgamento e criatividade pode ter um efeito restaurador na cultura cívica e política.

Seria uma imitação grotesca se os dois pólos do debate ambiental tradicional deixassem noções idealizadas de condição de perfeição no que diz respeito à estrutura que marca uma melhoria promissora nas muitas deficiências ambientais, econômicas e políticas do paradigma regulador. A Holanda e a Nova Zelândia demonstraram, de modo convincente, que sua abordagem reconcilia muitas preocupações do mundo dos negócios e do movimento ambiental. Nesses países, o diálogo substituiu largamente o debate, e os extremistas de todos os tipos agora gozam de menor influência. A responsabilidade da liderança mundial continua nas mãos dos países mais ricos e mais privilegiados. É chegado o momento de as pessoas de negócios e os ambientalistas dos países industrializados seguirem o exemplo da Holanda e da Nova Zelândia.

PARTE 5

A Descoberta da Dimensão Espiritual dos Negócios

As pessoas de negócios estão descobrindo novas maneiras de fazer negócios que refletem a visão de mundo em transformação. Pensadores incisivos estão propondo novas maneiras de olhar para nossos problemas, novas maneiras de ver as soluções. Essas maneiras de ver convidam a uma reavaliação das premissas inerentes às culturas modernas.

A mudança cultural que está ocorrendo parece ser a reespiritualização da sociedade e dos negócios. Não é um mero ressurgimento do romantismo nem uma mania da Nova Era, mas uma profunda redescoberta de uma dimensão espiritual que foi temporariamente obscurecida pelos sucessos espetaculares da ciência, focada num modelo de previsão e controle.

A ciência moderna tem sido espetacularmente bem-sucedida naquilo a que foi designada — predizer, controlar e possibilitar a manipulação do ambiente físico por meio da tecnologia baseada na ciência. Por essa perspectiva, realmente pode parecer imprudente desafiar a visão de mundo com que ela nos presenteia. De fato, o desafio não é à própria ciência ocidental, mas sim à idéia de que a visão de mundo dela é uma base adequada pela qual guiar vidas individuais ou sociedades humanas.

O método científico ocidental abrangeu tais imposições como restrição aos dados pertinentes àqueles que são "públicos" ou "objetivos"; busca do inviolável, "leis científicas" quantificáveis, a condição de reprodução de descobertas por meio de experimentos controlados, dentre outras coisas. Essa epistemologia tem sido bem-sucedida, de forma estarrecedora, como base para a criação de tecnologias manipulativas.

Mas há muito tempo sabemos que havia algo errado com a visão de mundo apresentada por aquele tipo de ciência. Não há lugar para o que há de mais importante na vida humana — intuição, criatividade, senso estético, senso espiritual, uma convicção de que a vida tem um significado essencial. De fato, não há lugar para o que é mais familiar para nós — nossa própria percepção consciente; nossa experiência interior, subjetiva e nossa intenção ou vontade conscientes. Exclui a *consciência* ou, em vez disso, tenta justificá-la de uma forma reducionista.

A situação resultante dificilmente pode ser considerada satisfatória. A "causalidade descendente", causalidade proveniente da consciência, é principalmente inaceitável como um conceito científico, apesar de ser um dos fatos mais impressionantes em nossa experiência prática. A percepção de uma natureza espiritual ou mística tem o poder de mudar a vida das pessoas, ainda que tenda a ser justificada ou disposta de outra forma quando se propõe uma investigação científica séria. A atenção que os pesquisadores médicos dão ao papel da consciência em remissão espontânea de doenças que ameaçam a vida é curiosamente pequena, considerando-se como a prática médica pode ser significativamente afetada pela compreensão de seu pensamento. O mais importante, o conceito básico essencial para a democracia — de que os indivíduos livres, capazes de escolher e providos de um senso válido de valores — é negado na visão de mundo científica.

Tradicionalmente, não nos ensinaram em classe que a ciência ocidental está baseada em certas premissas ontológicas e epistemológicas e que essas premissas podem, muito apropriadamente, ser motivo de reavaliação. Contudo, como foi dito anteriormente, ficou claro, ao longo das últimas décadas, que surgiu uma subcultura significativamente diferente, que enfatiza os valores ecológicos e espirituais e respeita uma perspectiva holística, feminina. Está baseada numa visão de mundo que difere da visão de mundo científica moderna e da visão religiosa tradicional.

Essa "nova visão de mundo" emergente parece abranger pelo menos os três importantes aspectos que se seguem:

1. *Ênfase aumentada na* **ligação de tudo com tudo** — não somente as "coisas" do mundo externo, mas também nossa experiência interior, subjetiva, a intuição profunda, bem como os sentimentos e as emoções. Esse elemento tende a ser cada vez mais central na saúde ecológica, feminista, holística, na "nova espiritualidade" e em outros movimentos sociais.

2. *Uma mudança na localização da* **autoridade**, *de fora para dentro*. Seja em religião, política ou em ciência, vemos crescer o desencantamento com as autoridades externas e o aumento da confiança na sabedoria e autoridade intuitivas, interiores. Talvez essa mudança seja mais evidente na ênfase na intuição e na premissa da divindade interior em psicologia transpessoal e outras formas de nova espiritualidade.

3. *Uma mudança na percepção da* **causa**, *de fora para dentro*. O fraco significado da afirmação: "Criamos nossa própria realidade" é que a forma como percebemos o mundo à nossa volta (e a nós mesmos) é influenciada

pelo conteúdo de nossas mentes inconsciente e pré-consciente. Seu significado mais forte (e a afirmação de que não há coincidências e que por trás de acontecimentos aparentemente acidentais podem residir significados e padrões escondidos) é que, na verdade, somos co-criadores desse mundo e que a causa definitiva deve ser buscada não no físico, mas na mente ou na consciência.

Se essa mudança vem a ser o fato de que o nível mais profundo da transição atual envolve uma mudança na visão de mundo fundamental, isso vai resultar em que todas as outras facetas sejam vistas de um prisma diferente. É muito cedo para dizer que é esse o caso, mas alguns dos desenvolvimentos dentro das organizações de negócios certamente apontam nessa direção.

Nesta seção, Diana Whitney discute a espiritualidade como um princípio ao redor do qual as organizações se formam. Ela agrupa as considerações comuns de espiritualidade que se relacionam com desenvolvimento dos negócios e da organização em quatro itens: Espírito enquanto Energia, Espírito enquanto Significado, Espírito enquanto Sagrado e Espírito enquanto Epistemologia. A vida de hoje clama por aceitação da tecnologia e da espiritualidade; a questão não é se a espiritualidade é pertinente, mas de que maneiras ela o é.

Barbara Shipka reconta algumas de suas experiências como membro de uma missão de socorro na Somália e descobre uma surpreendente semelhança entre as empresas e os campos de refugiados: pobreza — pobreza espiritual, nas primeiras, e pobreza física nos outros. Ela oferece um modelo de socorro e desenvolvimento espirituais em empresas, reconhecendo que os efeitos da pobreza espiritual são mais sutis do que aqueles da pobreza física, mas são igualmente reais e debilitantes.

S. K. Chakraborty explora a ligação entre espiritualidade e liderança, enfatizando a capacidade do líder de auto-referência, que depende de como seu sentido de si mesmo foi despertado e preparado. A base da "liderança da sabedoria" é a capacidade de identificar o "eu" com o Eu maior que está estabelecido em *rita*, ou a de traduzir a ordem do cosmos para a ordem da sociedade. (*Rita* se traduz livremente como "verdade, ordem, justiça e bondade", como um pilar sobre o qual se coloca o universo.) A missão-chave da sabedoria do líder é desenvolver o poder de abranger *rita* em sua consciência. Um "eu" faminto, cobiçoso, egoísta não pode ser a base de um modelo sustentável de vida. O primeiro nível de atenção e busca precisa ser dirigido para todo o plano cósmico e transcendental das coisas.

Peter Russell fala sobre os desafios de nossos tempos e de nossos valores em transformação. Nossa cultura atual está incitando cada vez mais pessoas a redescobrirem a sabedoria eterna. A ciência de hoje não lida bem com a consciência e a intencionalidade, mas à medida que chegamos a entender que essas forças são primárias, nossa ciência e nossa visão de mundo vão mudar radicalmente. Os incentivos que criam nosso mundo atual vão mudar, afastando o motor de nossa sociedade materialista. À medida que o nível de consciência aumentar, os executivos de negócios vão estar mais preocupados com sua própria consciência pessoal e com o modo como isso afeta seu trabalho. Um ponto crítico para mudar é o sistema econômico e o que aconteceu com o dinheiro — mas o sistema monetário não é a causa; é um sintoma do problema mais fundamental de consciência.

Ligar nossas necessidades e anseios espirituais mais profundos com o modo como fazemos negócios tem implicações estimulantes e de grande alcance. À medida que as pessoas crescem em suas próprias consciência e percepção do cosmos (ou do divino, dependendo do sistema de crença da pessoa), elas expressam cada vez mais essas necessidades e anseios em seus locais de trabalho e em decisões sobre o correto meio de vida. Os capítulos nesta seção proporcionam uma base de compreensão de como essa expressão vai ajudar a estruturar a nova visão de mundo.

Diana Whitney é oradora internacional e consultora cujo trabalho focaliza a comunicação na organização, cultura e mudança estratégica. É fundadora do Taos Institute, em Taos, Novo México, onde conduz workshops em desafios pós-modernos ao desenvolvimento da organização e outros assuntos correlatos. É aluna e praticante da sabedoria e modos da filosofia e cerimônias Lakota, Taoísmo e meditação.

Capítulo 16

A Espiritualidade como um Princípio da Organização

Diana Whitney

A espiritualidade entrou no discurso organizacional pela porta de trás e agora está sentada na sala de visita, esperando um adequado "seja bem-vinda".

Estamos vivendo num tempo em que os benefícios e as limitações da visão de mundo moderna se evidenciam para nós sem grande esforço. Vemos os milagres feitos pela ciência e também vemos que danos ela nos possibilitou criar. Grandes passos em tecnologias de informação e comunicação, transporte e cuidados com a saúde vieram embalados com grande destruição ambiental e perda rápida de estilos de vida indígenas ao redor do mundo.[1] O foco moderno em objetividade e a separação da ciência e da espiritualidade, consideradas em sua plenitude, deixa as pessoas separadas umas das outras, separadas da natureza e separadas do divino. Como pessoas, não podemos mais ignorar a poesia e confiar na análise, ignorar a natureza e confiar na esterilidade do laboratório ou ignorar as múltiplas vozes que ouvimos à noite e confiar somente nas regras, leis ou políticas escritas por algumas pessoas desconhecidas para guiarem as suas vidas, não a nossa.

---

1. Jerry Mander, *In the Absence of the Sacred*. San Francisco: Sierra Club Books, 1991.

A ciência moderna em sua florada lançou sementes para o pós-moderno, e com ele vem uma busca por relacionamentos, sentido e integração espirituais.

As considerações comuns de espiritualidade que estão relacionadas com negócios, trabalho e desenvolvimento da organização podem ser livremente agrupadas em quatro itens primários: Espírito enquanto Energia, Espírito enquanto Significado, Espírito enquanto Sagrado e Espírito enquanto Epistemologia.

Espírito Enquanto Energia

Quando saímos das garrafas de vidro de nosso ego,
E quando fugimos como esquilos, volteando nas gaiolas de nossa personalidade
E adentramos novamente as florestas,
Vamos tremer de frio e medo
Mas as coisas vão acontecer para nós
De tal maneira que não conhecemos a nós mesmos.
Calma, a verdadeira vida vai entrar precipitadamente,
E a paixão vai deixar nosso corpo retesado de poder,
Vamos cunhar nossos pés com o novo poder
E as velhas coisas vão se arruinar,
Vamos rir, e as instituições vão perder vida como papel queimado.

— D. H. Lawrence[2]

Para muitas pessoas, a noção de espírito no local de trabalho está relacionada à energia ou à "impressão" do lugar. A abordagem delas é a de *Espírito enquanto Energia*. As organizações empresariais, de alta tecnologia, são descritas como espiritualizadas, enquanto grandes hierarquias empresarias são consideradas lentas e desprovidas de espírito. Nesse sentido, espírito se refere a um senso de vivacidade e vibração, à capacidade das pessoas de cunharem seus pés com o novo poder. Como sugere o poema de D. H. Lawrence, quando cunharmos nossos pés com o novo poder, vamos rir e as instituições vão perder vida como papel queimado. Os consultores que falam dessa perspectiva aconselham os administradores a seguir o caminho da menor resistência,[3] fazer o que eles amam, e o dinheiro virá,[4] e a admi-

---

2. Angelo Ravagli and C. M. Weekly, *The Complete Poems of D. H. Lawrence*. Nova York: Penguin Books, 1964, 1971.
3. Robert Fritz, *The Path of Least Resistance*, Salem, MA: DMA, Inc., 1984.
4. Marsha Sinetar, *Do What You Love: The Money Will Follow*. Nova York: Dell, 1988.

nistrarem com o coração como recurso para a excelência pessoal e organizacional.

O alto desempenho organizacional e a capacidade de mudança organizacional devem derivar do espírito. Como comenta Harrison Owen: "Qualquer que possa ser a base do alto desempenho e da excelência, eles parecem estar relacionados com a qualidade do Espírito... do Espírito humano, nosso Espírito, o Espírito de nossas organizações".[5] Muito do trabalho anterior em transformação organizacional considerava espírito como energia. Ackerman treinou administradores em estado de fluxo a "trabalharem no fluxo de energia no sistema, trabalharem pela harmonia, alterarem as estruturas para liberarem energia".[6] Uma conferencista explicitou as organizações na linguagem da medicina chinesa. Ela sugeriu que nós administramos os fluxos de energia para a saúde da organização, muitas vezes da mesma maneira que um médico da medicina chinesa trabalha para abrir o fluxo de energia e remover a estagnação, promovendo, desse modo, a saúde numa pessoa. As técnicas de Aikidô se tornaram meios e métodos metafóricos de se lidar energeticamente com o conflito.[7] Tanto o objetivo quanto o processo da transformação organizacional eram libertar o espírito, formar organizações com visão, objetivos e valores e remover os bloqueios de energia do alto desempenho organizacional.

Espírito Enquanto Significado

Viver contente com poucos recursos,
Procurar a elegância, em vez da luxúria,
E o requinte, em vez da moda,
Ser digno, e não respeitável, e abundante, não rico,
Estudar arduamente, pensar tranqüilamente, agir francamente,
Ouvir as estrelas e pássaros, os bebês e os sábios com o coração aberto,
Fazer tudo corajosamente,
Aguardar as ocasiões,
Nunca se apressar —
Resumindo, deixar o espiritual, o espontâneo e o inconsciente

---

5. Harrison Owen, *Spirit Transformation and Development in Organizations*. Potomac, MD: Abbott, 1987.
6. Linda S. Ackerman, "The Flow State: A New View of Organizations and Managing". In *Transforming Work*, John Adams (org). Alexandria, VA: Miles River, 1984.
7. Thomas Crum, *The Magic of Conflict*. Nova York: Simon e Schuster, 1987.

Crescerem por meio do comum.
Essa é minha sinfonia.

— WILLIAM ELLERY CHANNING[8]

Uma outra abordagem entre os eruditos e profissionais de organização considera *Espírito enquanto Significado*. A visão compartilhada e os valores comuns devem criar o significado da organização e prover o ímpeto para a mudança organizacional. Os líderes em todos os níveis da organização são guiados para inspirar (preencher com espírito) e não motivar. A liderança visionária, como demonstrado pelas predileções de Lee Iacocca, Ben Cohen e Anita Roddick deve fazer a diferença entre a mudança bem-sucedida e a mal-sucedida da organização. "Ter visão", ou informalmente projetar a organização para o futuro, e criar um uníssono entre os membros organizacionais sobre o futuro desejado são diligências de organização essenciais.

Espírito e significado devem residir nas histórias contadas sobre a organização. Como a história de uma sociedade ou a da criação de uma tribo, as histórias da organização servem para criar e recriar o que é significativo para os membros da organização. O ato de contar histórias, a mistificação e a celebração da jornada do herói são ensinados aos administradores como ferramentas para desconstruir e reconstruir o sentido de significado da organização. A cultura da organização pode ser considerada a grande história da empresa, a história que mantém tudo unido. A criação consciente da cultura da organização abrange o delinear cuidadoso da maneira como as coisas são feitas, por quem e com quem. É um processo de tornar significativos padrões selecionados de vida profissional diária e outros, insignificantes.

O que é primordial para a abordagem Espírito enquanto Significado é o reconhecimento de que os trabalhadores nos países industrializados, especialmente nos Estados Unidos, estão querendo mais do trabalho do que um salário.[9] Está em curso a procura pela alma nos negócios,[10] trabalho habilidoso[11] e o correto modo de vida. Como sugere o poema de William Ellery Channing, viver contente com poucos recursos, financeiramente, não significa viver sem um senso de elegância, dignidade ou abundância. Deixar o espiritual crescer por meio do comum é um caminho para a vida significativa.

---

8. Gary Lawless. In *Earth Prayers*, E. Roberts e E. Amidon (orgs.). San Francisco: HarperCollins, 1991.
9. DanielYankelovich, *New Rules*. Nova York: Random House, 1981.
10. Lee G. Bolman e Terrence E. Deal, *Leading with Soul*. San Francisco: Jossey-Bass, 1995.
11. Richard Richards, *Artful Work*. San Francisco: Berrett-Koehler, 1995.

As antigas abordagens de Espírito enquanto Significado focavam em pessoas que achavam seu trabalho vazio e procuravam significado na prática espiritual. À medida que cada vez mais pessoas abarcavam o estilo de vida transformacional pelo compromisso com a prática espiritual de algum tipo, a abordagem se ampliou. Agora, as pessoas não só querem que sua própria vida seja plena de significado e propósito, mas elas também esperam o mesmo das organizações. Pessoas conscientes querem trabalhar por organizações que cuidem do planeta e que contribuam conscientemente para ele. As pessoas querem que suas organizações dêem contribuições positivas às suas comunidades e ao mundo, e elas querem trabalhar para avivá-las. O investimento de poder se tornou uma senha para o Espírito enquanto Significado. As pessoas querem estar envolvidas criativamente no trabalho e querem que suas vozes sejam significativas para aqueles com quem elas trabalham. Elas querem oportunidades para se expressar e saber que são ouvidas e que estão contribuindo para o bem social. Querem estar liberadas para aprender e crescer ao mesmo tempo que fazem uma contribuição significativa. A troca de trabalho por dólares não é mais satisfatória. O trabalho se tornou um estilo de vida, e as pessoas querem uma vida boa. Elas querem levar ao trabalho seu "eu" inteiro — mente, corpo e espírito. O trabalho significativo compromete toda a pessoa. É um diálogo ilimitado por papéis e impregnado de criatividade, uma disposição para colaborar com os outros e um estabelecimento de crenças, valores e relacionamentos no contexto de nossa comunidade mundial atual.

Espírito Enquanto Sagrado

O homem cuja mente é completada para a perfeição
Sabe muito bem que
A verdade não é cortada ao meio
E as coisas não existem separadas da mente.
Na grande Assembléia de Lótus todos estão presentes
Sem divisões.
Relva, árvores, o solo em que elas crescem
Tudo tem os mesmos tipos de átomos.
Alguns mal se movimentam
Enquanto outros se apressam ao longo do caminho,
Mas todos chegaram em tempo de
Alcançar a Perfeita Ilha de Nirvana.

Quem pode realmente manter
Aquelas coisas inanimadas carentes de budismo?

— Chan-Jan[12]

O reino do *Espírito enquanto Sagrado* é uma abordagem bem diferente daquelas do Espírito enquanto Energia ou do Espírito enquanto Significado. Nessa área há uma compreensão implícita de que toda a vida é permeada por uma presença espiritual divina, um potencial espiritual que espera a descoberta e o surgimento. As crenças taoísta, budista e dos indígenas americanos são tomadas para exemplificar a compreensão de que o espírito divino é uma qualidade de todos os seres. Os humanos, as plantas, os animais e as rochas são todos de espírito. Dessa perspectiva, o espírito não é algo separado da mente, do corpo ou da ação, mas, na verdade, uma qualidade integral de ser. Pressupor o espírito separado do corpo ou da mente é perder o ponto — algo que a ciência moderna nos ajuda a fazer muito bem.

As abordagens do Espírito enquanto Sagrado no local de trabalho nos fariam procurar as Doras Penas do mundo. Dora Pena, uma oleira do *pueblo* de Santo Ildefonso, no Novo México, cujos potes estão em muitas coleções de museu ao redor do mundo, inclusive na coleção de arte da Casa Branca, trabalha numa estreita relação com o espírito. Dora descreve o modo como trabalha como uma oração continuada. Antes ela recolhe o barro e a areia das colinas próximas à sua casa, ora e faz uma oferenda aos espíritos do barro e da areia. À medida que mistura água com o barro, ela ora ao espírito da água; enquanto move em círculos e gira o barro num pote, ela ora para convidar o espírito do pote a estar presente.

Conheço poucas pessoas, além de meus amigos indígenas americanos, que vivem e trabalham em relação com o espírito como uma parte integral de toda a vida. Entre eles, os exemplos são muitos — Thomas One Wolf que ora ao Criador antes de caçar, para que ele possa ser presenteado com a vida de um cervo. Grandpa Pete Concha que me lembra de visitá-lo antes de viajar ao Extremo Oriente a negócios, assim ele pode me benzer e pedir ao Espírito para me manter segura e me trazer segura para casa. As mulheres do *pueblo* que dançam com gratidão, enquanto espírito do trigo, antes de os campos serem plantados e depois de concluída a colheita. As pessoas e os negócios mais organizados em torno da noção de Espírito enquanto Sagrado são os diversos ecologistas e ambientalistas que estão ao redor do mundo. Eles são, nos dias de hoje, a voz do espírito em todas as formas de vida.

---

12. Fung Ya-lan, *A History of Chinese Philosophy*, vol. 2, Princeton, NJ: Princeton University Press, 1953.

São a voz da biodiversidade enquanto uma confiança sagrada. São a voz de nossa dependência humana da natureza.

O valor de integridade está nas listas da maior parte das empresas. Como tal, é uma senha para honestidade, autenticidade e a atitude de dizer a verdade dentro da organização. As discussões a respeito da aplicação da integridade na vida organizacional raramente evocam o significado do integrado ou do todo. As organizações ainda estão padecendo com a ficção moderna de fragmentação, funcionalismo e divisão de trabalho. O Espírito enquanto Sagrado reconhece a conexão de toda a vida e toda a energia como aquelas ações da parte que afetam o todo. "Na filosofia chinesa se diz que o mais leve movimento da mão move moléculas até o fim do universo."[13] À medida que a comunicação e o transporte modernos nos possibilitam vivenciar o mundo como um ser, vemos a realidade de nossa conexão. Quando vemos o efeito das ações locais na vida mundial, nos perguntamos se talvez já não estivéssemos ligados desde o princípio e não sabíamos disso. As práticas espirituais das pessoas em todo o mundo presumem essa conexão, que as possibilita viver e desempenhar rituais e cerimônias que colaboram positivamente para o todo do ser. Disseram-me que as danças de cerimônias feitas pelo povo de Tewa ajudam o nascer do Sol todos os dias. A crença de que seres humanos e planetas estão relacionados é essencial para sua vida e cerimônias. Essas são uma ecologia sagrada de vida baseada num senso de inteireza e inter-relação.

Para muitos líderes de negócios ocidentais, a noção de inteireza é uma das realidades de globalização a ser ainda construída. A globalização surgiu nas conversas de meus clientes primeiro como um título à procura de uma utilização, e depois como uma ação estratégica potencial. Os clientes com títulos, tais como o de vice-presidente de *marketing* global, vice-presidente global de recursos humanos e diretor de globalização estratégica estão perguntando: O que é globalização? O que as outras empresas estão fazendo com isso? Como podemos tirar proveito da globalização? A globalização é simplesmente uma outra excentricidade do ramo dos negócios ou é real? Todas essas perguntas desvirtuam uma compreensão da inteireza do mundo e a relação essencial de toda a vida, bem como a oportunidade existente de cooperar com parentes, colegas e parceiros de negócios em todo o mundo, para infundir a noção de globalização com significado e espírito que vão sustentar a vida das gerações que estão por vir.

Com esse senso de inteireza e conexão vem uma profunda reverência por relacionamentos. Espírito enquanto Sagrado coloca os relacionamentos

---

13. C. K. Anthony, *A Guide to the I Ching*. Stow, MA: Anthony, 1988.

no centro da organização social. Os Sioux de Lakota estabelecem o objetivo de ação bem como um senso de localização social que vem de seus parentes. Um Lakota é credenciado não pela escolarização e graus atingidos ou por anos de experiência, mas pelos relacionamentos. Os relacionamentos que importam — aqueles que dão forma à vida e à organização social — podem ser relacionamentos consangüíneos, Hunka ou relacionamentos escolhidos, bem como relacionamentos com seres espirituais e relacionamentos que se dão por meio da visão. A identidade de cada pessoa está relacionada com a comunidade. A comunidade e a vida continuada das pessoas desempenham seus papéis por meio de relacionamentos.

Infelizmente, um dos desafios que está se colocando às organizações, hoje, é a grande quantidade de marcas que existem desde o tempo em que os relacionamentos não eram respeitados e as pessoas não eram tratadas como sagradas. A abordagem do Espírito enquanto Sagrado requer uma perspectiva relacional radical, uma que não só respeite toda a vida e os relacionamentos, mas que também respeite as múltiplas vozes e modos de se conhecerem as pessoas do mundo.

Espírito Enquanto Epistemologia

> Quando os animais vierem até nós,
> Pedindo ajuda,
> Vamos saber o que eles estão dizendo?
>
> Quando as plantas falarem conosco
> Em sua bela e delicada linguagem,
> Seremos capazes de responder a elas?
>
> Quando o próprio planeta
> Cantar para nós em nossos sonhos,
> Seremos capazes de nos levantar e agir?
>
> — Gary Lawless[14]

Talvez a maior divisão criada pela ciência moderna entre os indígenas e o mundo ocidental seja a divisão epistemológica. Enquanto a ciência ocidental desenvolveu metodologias e estudou o mundo para controlar as forças da natureza, os indígenas estudaram o mundo para cooperar com as forças da natureza.[15] Essa diferença me inspirou terror quando percebi as diferen-

---

14. Gary Lawless, *First Sight of Land*. Nobleboro, ME: Blackberry Books, 1990.
15. Pamela Colorado, "Bridging Native and Western Science". In *Convergence*, vol. 21, nº 2/3, 1988, pp. 49-67.

ças essenciais não somente nos modos de conhecimento, mas também no conhecimento adquirido.

Para muitas pessoas para quem o espírito é essencial para a vida, há outras realidades que não os mundos visíveis de tecnologia, de natureza viva e de seres humanos. Dentro dessas realidades residem seres espirituais que, ocasionalmente, fazem com que eles mesmos e suas visões sejam conhecidos. Os exemplos incluem os Devas da natureza que guiam os cuidados com os jardins em Findhorn, Escócia, os parentes espirituais que falam com as pessoas de Lakota em cerimônias de suor na cabana, e os muitos espíritos que são canalizados por paranormais em todo o mundo. Em todos os casos, a presença de espíritos depende dos relacionamentos entre eles, com alguma pessoa ou grupo de pessoas. Os espíritos são convidados a vir e se comunicar por meio do ritual e da cerimônia. Por exemplo, as pinturas na areia Navajo podem ser vistas como representações simbólicas de cura, mas, para as pessoas de Dine, "O ato de fazer as pinturas em areia é a criação da presença dos seres. Os seres não são separados daquilo com o que se parece a areia. Uma vez que a pintura em areia está lá, eles estão lá".[16]

Os negócios e as organizações ao redor do mundo chamam pessoas sagradas para benzerem edifícios, tentativas de empreendimentos e as pessoas cujo trabalho é servir à comunidade. Mas uma vez feito o benzimento, seja ele feito por um padre Shinto, um rabino ou um curandeiro, quais líderes de negócios e organizacionais empregam o espírito, diariamente, para tomar decisão, para formação de equipe ou para manutenção do equilíbrio dentro da comunidade local, relacionado com o bem-estar geral? Todos os consultores, com muita freqüência, servindo como ministros metafóricos do bem-estar organizacional, proporcionam assistência baseada no paradigma científico de controle sobre a natureza. O desafio da abordagem do *Espírito enquanto Epistemologia* é abrir-se às vozes do espírito e aprender as lições definitivas em cooperação: como co-construir as comunidades e as organizações mundiais em equilíbrio e harmonia com o espírito.

A diversidade epistemológica cria a agenda pós-moderna. Nesses casos, a vida requer uma aceitação da tecnologia e uma aceitação da espiritualidade. Requer um fim da ciência enquanto significado primário de influência e uma abertura dos caminhos de influência aos diversos meios de conhecimento. Requer uma perspectiva relacional radical e, ao mesmo tempo, uma expansão de papéis e responsabilidades relacionais. Convidar o Espírito en-

---

16. Jürgen Kremer, "Perspectives on Indigenous Healing". In *Noetic Sciences Review*, nº 33, 1995.

quanto Epistemologia é dar boas vindas e crédito aos meios de conhecimento.e criação de conhecimento baseado em relacionamentos espirituais.

Reflexões

A espiritualidade, como ela se relaciona com o trabalho, os negócios e o desenvolvimento da organização, é uma abordagem multifacetada. A pergunta não é se é pertinente na compreensão social e na criação de organizações globais, mas de que maneira o é. As pessoas ao redor do mundo estão dando voz às crenças e práticas espirituais, enquanto suas organizações estão sofrendo as conseqüências de anos de alienação espiritual. À medida que as pessoas vivem mais conscientes da vida espiritual, os velhos modos de se relacionar e as velhas formas de organizar-se não podem perdurar. Os meios espirituais de trabalho e organização que existem habitualmente ao redor do mundo detêm o potencial para as realidades organizacionais que misturam o melhor da ciência e tecnologia com o melhor do misticismo e amor. Vamos ter fé na magia do diálogo, nas realidades relacionais e na cocriação, e vamos nos expandir além dos reinos de interação humana para abranger todas as nossas relações. *Mitakuye oyas'in*.

 *Barbara Shipka* atua no quadro de diretores da World Business Academy. Sua atuação em consultoria, WillowHeart, foca primeiramente pessoas que dão apoio em organizações e que devem ser consideradas, e a influência do pensamento e o relacionamento correto, ao mesmo tempo que a formação de uma orientação global e o trabalho com a complexidade, mudança e transição. Por três anos, em meados dos anos 80, ela suspendeu seu trabalho de consultora empresarial para trabalhar na Somália, no Sudão e na Etiópia, sob os auspícios de High Commission for Refugees das Nações Unidas e dos governos desses países. É autora de Leadership in a Challenging World: A Sacred Journey.

Capítulo 17

Como Mitigar a Pobreza Espiritual em Nossas Empresas

Barbara Shipka

SOMÁLIA — Embora fosse bem cedo, o dia já estava quente. O sol estava brilhando no caminho que alveja tudo. Tudo, quer dizer, exceto as cores criadas pelas roupas e turbantes das mulheres que se reuniam para pegar água da fonte. Até onde eu conseguia enxergar, havia cabanas em forma de iglu, milhares e milhares delas, feitas de materiais do deserto e do plástico e estopa em que eram acondicionados os alimentos que chegavam.

O comandante do acampamento me convidou para entrar numa cabana que servia como escritório e pediu-me para sentar. Meus colaboradores e dignitários somalis ficaram agachados. À medida que meus olhos se adaptavam à escuridão, comecei a olhar ao redor. Havia aproximadamente quinze pessoas e um único banco, onde eu estava sentada. O chão era de terra batida. Enquanto verificava tudo à minha volta, comecei a perceber que o banco tinha sido trazido de algum lugar, especialmente para mim. Estava consciente de que aquelas pessoas estavam administrando um campo de refugiados com uma população flutuante que, na época, era de aproximadamente 40 mil pessoas. E ali eu estava no escritório do comandante do acampamento — sem mesas, papéis, arquivos, telefones, secretárias, canetas ou lápis, manuais de normas, relógios, nada!

Agora, mais do que nunca, eu me perguntava o que estava fazendo ali. Sentia-me humilhada até os ossos. Que presunção da minha parte! O que eu poderia trazer para aquela reunião? Não falava nem oromo nem somali. Não entendia as culturas, sem falar do choque das culturas! O que eu entendia sobre administração e consultoria empresarial e o que eu considerava útil em casa, é claro que não ia ser útil naquela situação. Além do medo e da ansiedade que eu tinha vivenciado durante minhas primeiras semanas na Somália, e a sensação de isolamento que sentia sem minha rede de empresas, minha reputação, meus livros e minhas adjacências familiares em quem confiar, estava à beira do desespero. Tudo parecia muito vasto, opressivo e desanimador. Por que a preocupação?

Quando olho para trás, sei que dei uma contribuição valiosa. Mas o mais importante é que meu período na África trouxe para mim uma contribuição imensurável e impagável. Minha experiência pessoal de não ter nada a que recorrer, exceto ao que estava dentro de mim e a minha oportunidade de testemunhar as outras pessoas recorrendo a si mesmas, da mesma forma, reforçou minha sensação de que a sabedoria e outros recursos necessários estão dentro de cada um de nós, esperando ser evocados. Essa sabedoria interior pode nos conduzir por entre circunstâncias aparentemente impossíveis. Os aprendizados que consegui trabalhando nas regiões da África atacadas pela fome e pela guerra se tornaram a base de grande parte de meu trabalho em empresas.

Semelhanças Surpreendentes entre Empresas e Campos de Refugiados

Tendo-me tornado extremamente consciente das diferenças óbvias entre os empreendimentos empresariais e os campos de refugiados, fiquei assombrada ao perceber as semelhanças surpreendentes entre elas. Minhas experiências no mundo do socorro e desenvolvimento internacionais se tornaram uma analogia útil para mim, ao ver que eu ainda estou trabalhando com a pobreza, e que ainda estou estimulando a mim e aos outros a recorrermos à sabedoria profunda que existe em nós e a contarmos com ela.

Nos campos de refugiados, a pobreza física está em seu grau máximo. A maior parte de nós viu imagens na televisão — que são tão difíceis de ver — de crianças moribundas, com barriga inchada, com braços e pernas macérrimos e olhos suplicantes. As pessoas chegam aos campos sem nada e são completamente dependentes de outras para viver. Por essa razão é que elas vêm. Esse é o único modo que elas conhecem para continuar vivas. É a pobreza no nível físico.

Em muitas empresas, a pobreza também existe. É a "pobreza espiritual" em seu grau máximo. Para um grande número de pessoas, o local de trabalho ocupa a maior parte de suas horas de vigília e, para muitos, é o lugar mais importante da vida. É onde elas procuram sentido e objetivo.

No cenário empresarial, tendemos a acreditar que devemos depurar nosso "eu" pessoal mais profundo — nossa vida interior, o desenvolvimento de nossa alma — na porta do local de trabalho, publicamente, pelo menos. Essa premissa nos impede de levar algumas partes mais poderosas e criativas do nosso "eu" para o trabalho. Nas empresas, medo, ansiedade, uma sensação de isolamento, apatia e desespero são o resultado da pobreza espiritual, e seus efeitos em nós são semelhantes aos da doença, da inanição e da morte em campos de refugiados.

Para nós, é fácil ver o impacto da pobreza física se optarmos por olhar para ela. Ela destrói o rosto e o corpo de pessoas que a vivenciam. A pobreza espiritual não é necessariamente tão fácil de ver ou perceber. Vivemos com ela diariamente em nossas empresas e ficamos entorpecidos com ela. Não falamos sobre o que vemos e sentimos. Quando percebemos o que está nos faltando, vêm à tona sentimentos mais profundos do que medo e ansiedade — sentimentos de pesar e terror. "O que eu perdi ao não observar meus sentimentos no trabalho durante todos esses anos?" e "E se não pudermos voltar a ter contato com eles?" ou "E se eu assumir um risco e for punido?"

Autenticidade

Muito tem sido dito nos dias de hoje sobre o poder do relacionamento no local de trabalho. As frases usadas são "formação de equipes", "parcerias" e "alianças", dentro e além dos limites das organizações. A crença existente é a de que esse poder de relacionamento é um recurso inexplorado para os negócios, um recurso que pode propiciar uma vantagem competitiva. É verdade, mas não é o relacionamento em si que é a possibilidade-chave. O relacionamento é o resultado, resultado da autenticidade, e a autenticidade é o resultado da perfuração da fonte espiritual, da sabedoria existente nela. Por esse motivo, a vantagem competitiva atual está em condições conscientemente dirigidas que resultam na pobreza espiritual dentro de cada indivíduo.

O que fazer, então? Na verdade, já estamos fazendo muito — desde os grupos de qualidade até o envolvimento do empregado, desde a valorização da diversidade até a formação da comunidade, desde a participação até o investimento de poder. Chame-as do que você quiser, todas essas iniciativas solicitam e exigem pessoas que dêem mais de si mesmas ao trabalho — que tirem mais de si mesmas, que sejam mais autênticas. Ao tomarmos essas iniciativas, proporcionamos os meios para agir contra a pobreza espiritual dentro do contexto dos negócios.

Um Modelo de Socorro e Desenvolvimento Espirituais

O modelo de socorro e desenvolvimento no mundo em geral proporciona um mapa rodoviário para socorro e desenvolvimento espirituais em organizações. Há vários aspectos do processo de provimento de socorro, seja físico ou espiritual. Primeiro, precisamos reconhecer a emergência — não importa quanto possa ser penoso — e prover socorro para minimizar danos futuros. Também precisamos reconhecer os obstáculos do processo de socorro. O socorro trata os sintomas, mas não as causas sistêmicas. Cria dependência e contra-dependência e estabelece expectativas que não podem ser cumpridas com o tempo. O socorro é um passo essencial e crítico num processo, mas é insuficiente e incompleto em si e por si. Para superar os obstáculos, são necessários os processos mais completos de desenvolvimento. O socorro é a preparação para um processo mais completo de desenvolvimento. Deixe-me explicar.

Reconhecimento da emergência e provimento de socorro

Levou o dia todo a viagem pelo deserto do Sudão para a área dos campos de refugiados. Tinha visto carcaças e mais carcaças de bois, camelos e bodes ao longo da estrada, aparecendo inesperadamente em sua trajetória. O funcionário do governo me disse que as fotos de satélite estavam sendo feitas dos movimentos das pessoas. Ele disse: "Centenas e milhares deles estão vindo em nossa direção. Temos de estar prontos para recebê-los. Centenas de pessoas estão chegando todo dia. Toda a nossa provisão de alimento e água precisa ser transportada em caminhões, as noites do deserto são frias e não temos cobertores suficientes, e os médicos e as enfermeiras estão trabalhando sem parar..."

Escutei as palavras, mas só mais tarde, naquela noite, quando eu estava nos arredores da cidade é que eu entendi. Em toda parte havia pessoas caminhando. Era como se algo especial estivesse para acontecer. Mas eu sabia o que era, sabia que essa caminhada significava que as pessoas tinham perdido suas casas, que estavam famintas, que muitas estavam doentes e algumas estavam morrendo. De volta para o campo, entendi ainda melhor tudo aquilo. Vi pessoas esperando em todos os lugares, com esperança de entrar pelo portão quando se abrisse de manhã.

Dadas essas circunstâncias, o princípio de triagem baseia as ações das pessoas. A triagem pode ser caracterizada como "Salve quantas vidas puder. Algumas pessoas vão morrer. Assim seja. Fixe e trate aquelas que você acha que têm melhores chances de viver. Faça apenas o que tiver de fazer para ter o trabalho feito. Vamos nos reorganizar quando essa emergência tiver acabado".

Durante um estágio de emergência em organizações empresariais, todas as partes do sistema vivenciam um enorme *stress*. A experiência de triagem resulta em trabalho mais árduo das pessoas, por mais horas, com menos recursos disponíveis e mais perfeição esperada do que antes. As pessoas estão cientes de que seus próprios empregos e sua sobrevivência estão em perigo. Grupos têm objetivos que os estendem para além do que parece ser a realidade. Os negócios estão lutando pela lucratividade, lutando para continuar nos negócios.

As crenças, as normas e as expectativas das organizações fizeram com que muitas pessoas se privassem do alimento espiritual. Na realidade, é essencial para a nossa sobrevivência alimentar-nos espiritualmente no trabalho. As conseqüências de se tornar espiritualmente pobre são esmagadoras. Medo, ansiedade, isolamento, apatia e desespero requerem quantidades significativas de energia criadora. Quando existem essas condições, as pessoas freqüentemente têm medo de serem expostas como inadequadas — e elas realmente o são. Elas são malnutridas em consequência da pobreza espiritual.

Reconhecimento dos obstáculos do processo de socorro

O socorro trata os sintomas mas não as causas sistêmicas. Fiquei à parte e assisti a como as pessoas esperavam para pegar suas rações semanais de arroz, óleo e leite em pó. Os trabalhadores e os refugiados que trabalhavam com elas gritavam uns com os outros, garantindo que todos os postos estavam cobertos, sabendo que uma vez começada a rotina do processo de distribuição, pela manhã, eles não parariam até que todos os que estavam lá para receber alimento saíssem com tal alimento. Em comparação com as condições de meses anteriores, essas pessoas agora tinham uma fonte de alimento e água, tinham abrigo e tinham algum apoio médico. Na maioria deles, testemunhei uma melhora significativa na saúde — uma volta da força de viver, mas não necessariamente bem-estar ou vitalidade. Suas necessidades básicas estavam sendo satisfeitas, mas o futuro era incerto.

O socorro é temporário, não tem poder permanente. Eu achava meu trabalho na África cheio de significado, mas também estava ciente de que prover os serviços diretos de socorro não estava mudando nada no grande quadro. Estávamos salvando vidas de pessoas — mas somente enquanto o alimento continuasse chegando.

Para fazer uma comparação empresarial, fui chamada numa situação de emergência para trabalhar com um grupo no qual havia muito conflito e as pessoas queriam que seus administradores fossem demitidos. A paciência de todos estava extremamente reduzida, até a do vice-presidente. Ele via a possibilidade de cortar todo o grupo da organização e contratar os serviços de fora. Por meio de uma intervenção na formação de equipe, fomos capazes de restabelecer, para o grupo, a esperança suficiente de que eles poderiam continuar com o trabalho deles. Mas a intervenção foi feita com o propósito de socorro — não de desenvolvimento. O socorro serviu somente como um prelúdio para o futuro desenvolvimento. À medida que descemos até os conflitos pessoais, as questões que vieram à tona não eram de natureza pessoal, mas organizacional. Eles tinham de ver com a forma como era organizado o trabalho, com duplicações e intervalos, como os empregados nesse grupo estavam sendo avaliados de forma diferente por aqueles que estavam em outros grupos e como a organização como um todo, sem saber, os frustrava quando conseguiam terminar seus trabalhos. Todas essas questões eram oportunidades de desenvolvimento a longo prazo.

Por baixo dos sintomas de questões de relacionamento a que o socorro se destina, sempre haverá oportunidades de desenvolvimento. Se os sintomas imediatos podem ser tratados e aliviados e o contexto pode ser expandido o suficiente para identificar causas subjacentes, um grupo que pode ter pensado que sua vida tinha acabado pode chegar à excelência a longo prazo.

O socorro cria dependência e antidependência. Cheguei a Beirute, no Líbano, no verão de 1970, exatamente no auge dos seqüestros pelos terroristas palestinos. Na época, eu simplesmente não conseguia compreender o que levava pessoas da minha idade a sacrificarem sua vida e a vida de outras, explodindo aviões. Um amigo palestino me disse: "Por favor, entenda, as pessoas que têm 20 anos agora passaram a vida nesses campos. Elas não têm idéia de um futuro melhor para elas. Elas ouvem seus pais falarem da vida que eles tinham antes. Essas histórias falam de vidas que eram modestas — uma casa, um burro, algumas cabras, talvez um pomar, nada mais. Mas era suficiente para prover significado e dignidade para suas vidas".

O socorro cria dependência. As pessoas pobres se tornam dependentes dos outros para sua subsistência. Há um ponto — quando a morte é a alternativa — em que essa dependência é importante. Ela dá suporte às pessoas por intermédio da fraqueza que resultou da pobreza. Permite que as pessoas vislumbrem uma luz através de sua desesperança e desespero. Mas se a dependência parece ser permanente, a desesperança e o desespero retornam — agora acompanhados de pouco respeito por si mesmo, perda de sentido da vida e raiva da fonte do socorro.

Tive uma experiência penosa com esse obstáculo. Enquanto trabalhava numa organização muito ativa, inovadora, pediram-me para ajudar equipes de funções cruzadas a se tornarem mais eficientes. As pessoas na organização gostaram dos resultados. Fiquei cada vez mais envolvida na organização. Percebi o obstáculo da dependência e periodicamente tentava me libertar. Disseram-me: "Você não pode simplesmente se demitir. É importante que você não nos deixe. Há ainda muita coisa para você fazer. Vamos saber quando chegar a hora certa". Eu continuava, e continuava. Então, quando estava realmente engajada na cultura da organização, algo começou a mudar — lentamente, no início, e depois cada vez mais rápido. Algumas pessoas se tornaram iradas. Fui excluída de situações nas quais eu estava incluída antes. Eles estavam tentando me liberar, e naquele momento eu não queria ir. Lembro-me da sensação de buraco no estômago. O que inicialmente tinha sido dependência, da parte deles, tinha se tornado contradependência. Eu estava dependente deles.

As questões de dependência e antidependência em organizações são enormes. Temos muito de aprender sobre o que é útil e o que não é, sobre quando a dependência é útil e quando não, sobre o investimento de poder, controle, responsabilidade e comprometimento. Por esse motivo, é importante distinguir a dependência inicial gerada pelo socorro que permite a possibilidade de ocorrer o desenvolvimento futuro a partir das dependências que tiram das pessoas suas oportunidades de se investirem de poder e de serem auto-suficientes.

O socorro estabelece expectativas que não podem ser mantidas o tempo todo. Numa visita a Asmara, passei uma manhã com um monge da Igreja Católica da Etiópia, que estava administrando a distribuição de alimento na região. Em seu escritório havia um quadro-negro, e nele havia um gráfico. No alto, na horizontal, estavam os meses do ano e na vertical, na lateral, estavam os nomes dos vilarejos da região. Nas caixas havia números. Pedi-lhe que me explicasse tudo aquilo. Ele disse que aquilo refletia a quantidade de alimento que estava sendo distribuído. Era fevereiro. Verifiquei que de abril para frente, várias das caixas que antes tinham números como 10, 20 e 40 mil agora estavam marcadas com um X. Novamente pedi que me explicasse. Ele me disse que, a partir de abril, os helicópteros que tinham sido emprestados para o esforço iriam ser devolvidos aos poloneses. Eles tinham outras necessidades para os helicópteros. E os vilarejos marcados com X eram vilarejos basicamente inacessíveis, a não ser por ar, por causa da guerra que estava ocorrendo.

Fiquei estarrecida e profundamente triste. "O que vai acontecer?", perguntei. "Aquelas pessoas não têm mais alimento e nem a capacidade de conseguir alimento como tinham antes. Não é verdade?"

"É", respondeu, suspirando. "A atenção do mundo se voltou para outras questões, as pessoas acham que a seca e a fome acabaram."

Essa história corresponde ao que acontece em organizações quando os recursos se tornam escassos. Os esforços que provêem o alimento espiritual, tais como as habilidades de treinamento que podem ajudar as pessoas a ser mais eficientes e os instrumentos que ajudam as pessoas a ser mais eficientes, são freqüentemente reduzidos ou eliminados totalmente. "O número de funcionários" é reduzido, e os empregos, que eram razoáveis, tornam-se raros.

Quando desenvolvemos expectativas, é muito difícil adaptar-nos às ações que reduzem o que chegamos a esperar. "Ótimo — isso requer meramente uma atitude de ajuste", você pode dizer. Mas há mais que isso. O que está sendo reduzido é alimento para o espírito. Alimento para o espírito é o que nos permite dar o melhor de nós mesmos e ter orgulho do que fazemos. As pessoas no vilarejo etíope logo iam descobrir de não ia mais chegar alimento para elas. Elas iriam morrer ou teriam de deixar o lugar que amavam. O mesmo fenômeno ocorre em empresas. Quando o alimento para o espírito é cortado, muitas pessoas morrem no emprego ou deixam a comunidade empresarial que elas amam.

O desenvolvimento de novas capacidades durante a emergência

Freqüentemente há uma auto-recriminação coletiva à imperfeição aparente numa operação de socorro, tal como a redundância e o desperdício que resultam das condições de emergência. Soa como: "Não posso acreditar que essa organização possa ser tão desorganizada assim. Precisamos de melhores sistemas!" Não é realista pensar que, no auge de uma emergência, os sistemas podem ser colocados no lugar que poderia direcionar adequadamente as muitas variáveis que vêm à tona. Por definição, uma situação de emergência, inicialmente, fica fora de controle.

É importante saber que quando começa a aparecer a auto-recriminação, é o momento mais apropriado para perceber que a emergência passou e que o socorro tem sido proporcionado. Esse é o momento do desenvolvimento de longo prazo, é hora de ver quais sistemas, planos e rituais vão ajudar mais os negócios a operarem com excelência no novo mundo resultante das mudanças que ocorreram durante a emergência.

Além disso, há um pesar coletivo diante da perda de um certo espírito e sentimento de comunidade que estava presente durante a emergência, vindo à tona por causa da crise. Ouvimos isso como: "as coisas não são como costumavam ser. O espírito de equipe, o modo como juntamos forças, foi embora. Ninguém se preocupa com mais nada". A expectativa não-realista é que o tipo de comunidade que é criada por meio de uma crise vai continuar além da emergência. Como escreve Scott Peck em *The Different Drum*, a comunidade pode ser criada em outras ocasiões que não as de crises. Mas fazer isso requer escolha consciente e trabalho árduo deliberado.

Conclusão

Os efeitos da pobreza espiritual são mais sutis do que os efeitos da pobreza física, mas são igualmente reais e debilitantes. As perdas resultantes do desperdício de nosso espírito, embora não tão aparentes fisicamente quanto o desperdício de nosso corpo, são maiores do que podemos imaginar. Desse modo, embora o socorro seja essencial e crítico, não é suficiente para contra-atacar os efeitos da pobreza — nem a pobreza física dos refugiados nem a pobreza espiritual do empregado de uma empresa. A intenção do socorro é prover ao refugiado e ao empregado da empresa uma capacidade renovada. Essa capacidade permitirá a ambos dar o passo para o próximo estágio — o do desenvolvimento.

Os resultados desejados do desenvolvimento internacional são a auto-suficiência das pessoas e das comunidades e a sustentabilidade do sistema do planeta. Os resultados paralelos no contexto dos negócios são pessoas investidas de poder, equipes que administram a si mesmas, e a lucratividade do sistema dos negócios aumentada. As iniciativas — seja formando uma organização de aprendizado, valorizando a diversidade ou empreendendo planejamento organizacional colaborativo — que sustentam o desenvolvimento do espírito humano refletem as oportunidades organizacionais de as pessoas levarem mais de si para o local de trabalho.

Seja socorro, seja desenvolvimento o que se requer, é importante lembrar que não é o relacionamento em si que é a possibilidade-chave. O relacionamento é o resultado — o resultado da autenticidade. Autenticidade é o resultado da descoberta da fonte espiritual, da sabedoria interior. Conseqüentemente, a vantagem competitiva atual vem de condições dirigidas conscientemente que resultam em pobreza espiritual dentro de cada pessoa.

A necessidade de socorro precisa ser atendida antes que o desenvolvimento possa ser verdadeiramente bem-sucedido. Prover socorro a partir do medo, ansiedade, isolamento, apatia e desespero em organizações é um meio de nos preparar para o desenvolvimento mais completo.

Quando somos mais autênticos, somos capazes de criar novas soluções e oportunidades, de nos ligar mais completa e profundamente uns com os outros, de assumir maior responsabilidade pelo bem-estar de nossos negócios e de nos tornar mais conscientes do mundo em que vivemos.

S. K. Chakraborty é professor no Indian Institute of Management, em Calcutá, e responsável pelo Management Center for Human Values daquele instituto. Também é editor do Journal of Human Values. *Este capítulo é adaptado de um artigo que apareceu originariamente no* Journal of Human Values, *vol. 1, nº 2, 1995.*

Capítulo 18

A Liderança da Sabedoria: Como Liderar a Partir do "Eu Maior"

S. K. Chakraborty

Ouve-se dizer freqüentemente que a liderança efetiva depende, pelo menos em parte, da "capacidade de auto-referência" dos líderes. Mas raramente se considera que a "capacidade de auto-referência" depende, por sua vez, do que o líder entendeu pela palavra "si mesmo" e como ele foi despertado e preparado. A psicologia empresarial e organizacional para liderança ainda tem de lutar com o mais básico de todos os temas.

Tal falha pode ser atribuída à exclusão dos estudos de liderança do completo (não complexo) modelo de homem que coloca o âmago do espírito do "Eu maior" no centro. O modelo de homem ou conceito de "eu" adotado por tal cultura, falando de modo geral, foi um modelo fragmentado — ancorado primariamente em psicologia experimental e sociologia empírica fragmentadas em desenvolvimento de liderança. (Aqui a sociologia transcendental se refere amplamente àquela perspectiva holística que trata a sociedade humana em seu cenário cósmico/universal. O resultado disso é: os líderes com alta competência em habilidades e baixo compromisso com valores; as convicções que se rendem a cálculos, a liderança estratégica que vence a liderança da sabedoria. Aonde vamos chegar a partir daí?

De Volta ao Estado de Pureza

Não sou a favor da mentalidade linear, experimental, de que quanto mais novo, melhor. Essa pode ser uma verdade para as ciências físicas e para a tecnologia, mas, no reino das ciências da mente e da alma experimentais subjetivas, exatamente o contrário é que parece ser verdadeiro: quanto mais velho, melhor. Os picos escalados nos períodos anteriores também são os mais altos. É nessa direção que os processos de auto-referência deveriam ser dirigidos. Eles sustentam diante de nós a visão do "Eu maior" como oposta àquela do "si mesmo". Aqui está uma estrofe representativa de um antigo texto indiano, o Yajurveda, conforme transmitido por Bose:

> Aquilo que é a fonte do alto conhecimento, e é
> o intelecto e o poder de memória;
> Aquilo que é a chama imortal dentro dos seres vivos,
> sem o qual nenhuma ação é desempenhada, qualquer que seja ela,
> *Possa meu espírito querer o que é bom* [ênfase adicionada].[1]

Os pontos de relevância crítica para o desenvolvimento da liderança da sabedoria que emergem dessa estrofe são:
   1. As faculdades individuais como o intelecto e a memória não são autônomas — derivam da Consciência ou da Inteligência Universais. O mensurável, o palpável, provém do imensurável, do impalpável.
   2. A estrutura humana envolve um centro indestrutível de luz e conhecimento puros — a chama firme é um símbolo espiritual dessa verdade. Esse é o Eu maior interior, o reverso da Inteligência Transcendental/Universal.
   3. A mente geralmente se mantém desligada desse fluxo de luz e sabedoria, ainda que ela continue fazendo ações externas. Mas o "eu", então, deixa a liderança do Eu maior. Ou, falando de outra maneira, já que a mente é poluída com impulsos errôneos ou superficiais, mesmo que o Eu maior esteja atrás dela, sua luz é transmitida por um meio imperfeito e distorcido. Assim, todas as ações praticadas pelo "eu" tendem mais para a criação do que para a prevenção do problema.
   4. Para se prevenir contra essa alienação fatal do "eu" comum que vem do Eu maior, o poema termina com uma oração — deixe-me ter a vontade de bondade, a vontade do Eu maior que é a bondade por si só.

---

1. A. C. Bose, *The Call of the Vedas*. Bombaim: Bharatiya Vidya Bhavan, 1970, pp. 247-48.

O poder nesse poema para o desenvolvimento da sabedoria é provavelmente evitar a abordagem dominante racional de liderança. Orar pela sabedoria, pela vontade de bondade? Mentes cheias de listas de conferência, de redes de empresas, de diagramas, jogos e muito mais devem provavelmente ter perdido a delicada arte da simples comunhão com o Transcendental. A maioria não consegue nem mesmo aceitar a realidade do Transcendental. Se for assim, qual é o estado mais pobre de desenvolvimento mental — o védico antigo ou o contemporâneo administrativo?

O Conceito de *Rita* para a Liderança da Sabedoria

O conceito védico de Universo e do outro mundo se sustenta em dois pilares: Verdade e Ordem, ou *satya* e *rita*. *Rita* contém *satya*, mas, além disso, inclui "justiça" e "bondade". Num nível ético, *rita* defende valores acima da falta de valores; no nível cósmico, defende luz contra escuridão. Desse modo, um espírito abrangente e penetrante da "ordem" em existência total é a idéia fundamental de *rita*. Não quer dizer que somente o mundo físico na Natureza seja governado pela lei natural, enquanto o mundo ético-moral é um caos governado pela ausência de leis. Toda a força da lei natural permeia o mundo moral dos seres humanos também.[2]

Eis aqui uma linha do Rigveda: "*ritam shansanta, riju dee-dhyana*".[3] Significa: "louvando a lei eterna e pensando corretamente". Essa tem sido a maneira pela qual os sábios têm chegado perto da satisfação. A procura do poder de "pensar corretamente" é precedida por "louvar a lei eterna". Uma atitude de reconhecimento humilde e apelo ardente à Lei Suprema é mais uma vez evidente aqui.

Vamos estudar uma estrofe completa do *Rigveda*, traduzido:

> Os fundamentos da lei eterna são bem assentados;
> Em sua forma amável há muitas belezas esplêndidas;
> Pela lei eterna elas nos dão alimento duradouro;
> Pela lei eterna os mundos adentraram a ordem universal.[4]

Termos como "bem assentados", "lei eterna", "duradouro" e "ordem universal" poderiam soar estranho aos ouvidos que recebem constantemente o rufo dos tambores do barulho do "caos", da "mudança exponencial",

---
2. Ibid., pp. 43-46.
3. Ibid., p. 251.
4. Ibid., pp. 252-53.

dos "valores relativos", e assim por diante. Mas a antiga mentalidade "emocional" não fugiu à responsabilidade de descobrir um conjunto de leis permanentes para governar o tecido social-psicológico-moral-ético da existência humana, como tinha feito para seu aspecto físico-material. Mais importante do que isso, aquela mente antiga deu prioridade ao primeiro, mas de modo algum substituiu o segundo. A confiança no "Eu maior" que repica na estrofe acima vem somente da "visão" da verdade.

Podemos, então, concluir por hipótese: *a conduta sábia e a existência duradoura são geralmente sinônimos*. Vemos que isso é verdade em vidas individuais, histórias familiares e na história das nações. Procedendo empiricamente, se observarmos uma civilização de longa duração, deveria ser possível inferir que ela tinha como raízes, por mais obscuras ou ininteligíveis que possam ser hoje, um âmago de grande sabedoria derivada de acessos experimentais ao *rita* e ao Eu maior. Não pode haver efeito sem causa. Os negócios/a indústria, isolados, vão fingir imunidade a essa lei?

Qual, então, na visão anterior, é base da liderança da sabedoria? É a capacidade de identificar o "eu" com o "Eu maior" que está estabelecida em *rita*. A que leva esse tipo de investimento de poder no Eu maior? Vai prover a liderança em todos os modos de vida para nos ajudar a avançar na direção do verdadeiro ideal de vida para toda sociedade: *traduzindo a ordem do cosmos (rita) para a ordem da sociedade*. Essa ordem cósmica ou *dharma* compreende o material, o moral e o espiritual. Sri Aurobindo exprime essa responsabilidade nestas palavras:

> A verdadeira lei de nosso desenvolvimento e o objeto de toda a nossa existência social só poderão ficar claros para nós quando tivermos descoberto, como a Ciência moderna, não só o que o homem foi na sua evolução física e vital passada, mas seu destino mental e espiritual futuro e seu lugar nos ciclos da Natureza.[5]

O antigo sábio da floresta devotou toda sua vida e energias primeiramente para perceber *rita*, a ordem de todo o cosmos, e então, somente traduzindo muito desse conhecimento em representação material, já que era ótimo para um equilíbrio saudável entre a vida interior e exterior do homem. Entretanto, a liderança nos tempos modernos começa funcionando na seqüência oposta. Assim, ela tateia e tenteia, arrastando a sociedade para novas situações mais desconcertantes do que antes. O destino espiritual futuro do homem de que fala Sri Aurobindo era um prognóstico infalí-

---

5. Sri Aurobindo, *The Human Cycle*. Pondicherry, India: Sri Aurobindo Ashram, 1992, p. 56.

vel feito pela mente do passado, não do presente. Assim, testemunhamos hoje a multidão crescente de "comerciantes" e o bando decrescente de "líderes". A liderança está se degenerando em exercício do comércio! Talvez seja esse o destino desta "época de comércio" ou *vaishya-yuga*!

E ainda, o sábio "primitivo" de *Rigveda* deu voz a este mantra para os negócios que ele viu (não especulou):

> Deixe um homem pensar bem na riqueza, e lutar para conquistá-la pelo *caminho da Lei* e pelo trabalho.
> E deixe-o se aconselhar com sua própria *sabedoria interior*, agarrar com *espírito* capacidade ainda maior [ênfase acrescentada][6]

Assim, claramente, o "líder da sabedoria" em negócios ou qualquer outro campo é suprido de um alicerce subjetivo, interior, disciplinado pelo sábio védico. A riqueza não está depreciada, mas está firmemente ancorada numa estrutura integral do mesmo princípio *rita* que não somente regula o cosmos infinito, mas também sustenta a sociedade humana.

A Compreensão de *Rita*: O Processo *Rishi*

Assim, a tarefa-chave que está à frente do líder da sabedoria é como desenvolver o poder para compreender *rita* em sua consciência.

Temos dois exemplos convincentes de liderança de sabedoria na história dos primórdios da Índia, demonstrada no mais alto nível enquanto administração de vastos impérios e diversas sociedades. São o Rei Janaka e o Imperador Ashoka. Janaka foi moldado pelo vedanta; Ashoka, pelo budismo. A diretriz em sua renovação e transformação era, na verdade, a autorreferência. O que eles fizeram, na prática? Periodicamente, eles tornavam a trilhar, nas profundezas da floresta, os retiros religiosos ou *sanghas* isolados. O silêncio e a solidão eram o auxílio principal em seu despertar para o Eu maior e, por meio disso, para a compreensão de *rita*. Além disso, eles tiveram a humildade de procurar orientação dos *rishis* ou *sramanas* que tinham "visto".

Qual é a justificativa psicológica para o silêncio e a solidão à procura de *satyam* e *ritam* por meio do Eu maior? A melhor resposta é dada nos termos das proposições a seguir:

---

6. Bose, *Call of the Vedas*, p. 244.

1. No curso da vida diária habitual, nossas camadas física, emocional e mental são submetidas a bombardeamento, agitação e contaminação contínuos.

2. Conseqüentemente, nossa consciência se torna fragmentada e exteriorizada.

3. O ego usual, depois de cumprir sua função característica de prover o núcleo para que uma determinada pessoa se desenvolva, ultrapassa seus limites. Isso obstrui o desdobramento da Autoconsciência unitiva.

4. O véu mais denso dessa consciência confusa, superficial, guiada pelo ego, impede que o Eu maior que existe por si mesmo continue brilhando e iluminando nossa mente e intelecto.

5. Com deficiências e distorções tão fundamentais nos instrumentos da mente e do intelecto, não é possível compreender o *rita* cósmico ou social.

A maneira prática de transcender esse labirinto de fragmentação centrífuga é permitir a si mesmo intervalos regulares para integração centrípeta em direção ao Eu maior original — um estado de consciência inerte, não condicionada. Esse movimento da consciência exteriorizada para a percepção interiorizada é o enigma da auto-renovação e da Auto-referência. Um processo como esse, que chamamos de processo *rishi*, tem sido a base de toda a liderança de sabedoria na Índia e possivelmente em todo lugar.

O mais alto e mais completo modelo de homem concebido e esculpido pela civilização hindu foi o de *rishi*. As personalidades-chave — isto é, os líderes — em todos os campos costumavam instintivamente ser fiéis ao imperativo cultural de acalentar a dimensão *rishi* em seu caráter. Isso era bastante evidente até meados do século XX na Índia. Etimologicamente, *rishi* contém três características:

- Viajante eterno (no reino do alto conhecimento)
- Penetrador no véu da escuridão (em outros)
- Vidente da totalidade

Esses, na verdade, são os pilares da liderança de sabedoria informada em *rita*, baseada no Eu maior.

Rabindranath Tagore interpreta *rajarshi*: representa uma síntese da consideração que a mente hindu tem por brâmane e xátria — quanto ao primeiro, por sua profundidade intelectual e progresso espiritual e, ao segundo, por sua magnanimidade ética e amor.[7] Janaka, que é a síntese arquetípica,

---

7. Rabindranath Tagore, *A Vision of India's History*. Calcutá: Vishwabharati, 1988, p. 108.

o *rajarshi* ideal, está entre os melhores exemplares de liderança de sabedoria, transmitindo o *rita* cósmico para o *rita* social.

O processo *rishi* inicia-se com a convicção inabalável de que a tríade "*rita*-Eu-sagrado" é um caminho acalentado para a auto-satisfação e a bondade para o mundo. No plano "ego-eu-secular", esses dois objetivos estão em conflito perpétuo. A liderança de sabedoria não pode florescer desse nível.

Voltando a Sri Aurobindo, conseguimos uma formulação mais sofisticada do processo *rishi*. Em sua estrutura psicológica formulada precisamente, usam-se os termos "ser psíquico" ou "entidade psíquica" (ou alma) em vez de Eu. Uma carta enviada a um de seus discípulos tem a seguinte sentença: "A coisa mais importante para você é desenvolver a chama psíquica no coração, e a aspiração pelo ser psíquico *se apresenta como o líder*" [ênfase adicionada].[8]

Qual será o resultado gradual desse processo? Nas palavras de Aurobindo: "Quando a alma (ser psíquico) está à frente, uma pessoa recebe *a correta orientação de dentro dela* quanto ao que tem de ser feito, evitado, o que é errado ou verdadeiro no pensamento, no sentimento, na ação" [ênfase acrescentada.][9]

O processo *rishi* lega um empenho prático para o sossego do cérebro, a purificação da mente, a concentração da vontade e a oração do sentimento. O líder da sabedoria, em sua procura por qualidade de liderança verdadeira, deve ceder a essa grande percepção de *rishi*: a razão ou o intelecto humanos fragmentados e finitos não podem apossar-se da inteligência como um todo, infinita. Um balde não pode conter o oceano! Conseqüentemente, pela prática regular da purificação, concentração, oração e vontade, a razão humana finita tem de aprender a retirar-se e dar lugar à inteligência infinita existente no "eu" para tocar e despertar sua contraparte individualizada — o Eu maior. Uma vez iniciado esse despertar, o "eu" — com seus instrumentos da razão, da lógica, das emoções — começa a manifestar poderes criativos construtivos de convicção intuitiva cada vez maior. O objetivo é a *visão* intuitiva de *rita* que une o cosmos com a sociedade.

---

8. Sri Aurobindo, *The Psychic Being*. Pondicherry, Índia: Sri Aurobindo Ashram, 1988, p. 108.

9. Ibid., p. 108.

Algumas Idéias do que se Escreveu Recentemente sobre Liderança

Stephen Covey defendeu maravilhosamente "as leis naturais e os princípios", "a lei do resultado", o caráter e a integridade, em vez de capacidades e táticas, os "princípios enquanto leis do universo" e outras idéias semelhantes.[10] Todos esses conceitos se ajustam com precisão ao conceito de *rita*, mencionado anteriormente, ou à lei cósmica. Conseqüentemente, é fácil concordar com ele quando afirma: "A lição da História é que até o momento em que as pessoas e as civilizações atuaram em harmonia com os princípios corretos, eles prosperaram". Também posso compartilhar seu entendimento de sabedoria como uma "perspectiva sábia da vida". Em meu vocabulário, é "consciência *rishi*".

Mas isso está relacionado com a autoconsciência, para a qual este capítulo tem uma orientação diferente da de Covey. Mas no final, a autoconsciência por eficácia aumentada é explicada em termos de se conhecerem as tendências, planos ou programas de uma pessoa e ainda ser capaz de escolher com liberdade e poder criativo acima deles. A abordagem de "dentro para fora" é definida como um processo pelo qual uma pessoa começa com a parte mais íntima do "eu", que abrange seus paradigmas, caráter, motivos, e assim por diante. Toda essa ênfase no "eu", apesar de muitas noções válidas feitas para convergir nele, me deixam apreensivo. A linguagem e o idioma seculares do mundo dos negócios parecem incapazes de lidar com o domínio sagrado do Eu maior. Não importa quanto é feito pela "autoconsciência", esse esforço não constitui uma elevação para a "consciência do Eu maior". Pode ser muito esperar pelas muitas qualidades essenciais de liderança organizacional que Covey desenvolve ao sustentar o "eu", embora cuidadosamente estruturado.

Quando começamos a procurar por liderança no mundo, além dos empreendimentos econômicos dentro das fronteiras nacionais, por causa de um sistema terrestre sustentável, não se pode evitar um choque com o Eu maior, salvo diante do perigo coletivo da raça humana. Uma perspectiva holística, centrada no cosmos, sobre a sociedade humana encravada no contexto universal precisa se tornar o ponto de partida de nosso exercício. Então, o despertar para o Eu maior que existe dentro do ser deve ser a verdadeira base da liderança de sabedoria para instituições feitas pelo homem

---

10. Stephen Covey, *Principle-Centered Leadership*. Londres: Simon and Schuster, 1992, pp. 17-18.

para alcançar e manter a harmonia com a lei cósmica/natural. O "eu" não pode compreender ou assimilar tal lei, não importa até que ponto uma pessoa se torna consciente, pois o "eu", em última análise, é dirigido por déficit. Essa é uma verdade crua que os *rishis* nunca cansaram de ensinar — embora possamos não gostar de ouvir isso a nosso respeito. Entretanto, uma consciência madura do "eu" como dirigido caracteristicamente por déficit deve ser um degrau para se chegar ao Eu maior. Sem uma reação de alguma forma acertada para esse desafio transformacional, a autoconsciência, por si só, pode dar pouco.

O próximo conjunto de idéias de que vamos falar é de Peter Senge. Ele defende fortemente o "pensamento dos sistemas" à medida que entramos na "era da interdependência", caracterizada pela complexidade esmagadora e um senso de desamparo. O pensamento dos sistemas, de acordo com Senge, é indispensável para as organizações de aprendizagem, nas quais a mente das pessoas vai ver o todo e perceber as estruturas arquetípicas recorrentes básicas. (É interessante lembrar que há algum tempo a expressão "organizações adaptativas" era muito popular). Isso ele chama de "ver o mundo de outra forma".[11] Ele também ressalta a "atrofia gradual da capacidade de focar soluções fundamentais e confiança crescente em soluções sintomáticas". Sua carta de expectativas da liderança que vai usar o pensamento de sistemas em organizações de aprendizagem compreende o planejamento da intendência e o ensino da "tensão criativa". Tem sido adotado o treinamento do subconsciente para lidar com a complexidade detalhada, associando-o com a esperança de que o aprendizado das organizações poderia ser um instrumento para a "evolução da inteligência". O autor cita a experiência dos astronautas, enfatizando que a Terra é um "todo indivisível".

O trabalho de Senge é profundo e detalhado. Apesar de escrito no contexto da administração industrial, demonstra uma capacidade convicta de confrontar princípios negligenciados ou aceitos como verdadeiros dentro de uma estrutura de referência muito mais ampla. Conseqüentemente, nossas observações sobre suas idéias serão feitas no sentido de criar uma extensão construtiva para o "supracognitivo".

1. Não é que somente a Terra é um todo. Todo o cosmos, no qual a Terra é apenas um ponto, visível e invisível, mensurável e imensurável, é um todo.

2. Essa inteireza cósmica não é compreensível no nível da inteligência cognitiva, consciente. Também não está ao alcance do subconsciente. É uma visão de uma consciência não condicionada, sem ego, que pode ser chamada de "supraconsciente".

---

11. Peter Senge, *The Fifth Discipline*. Nova York: Doubleday, 1990, pp. 68-69.

3. A emoção e a percepção têm sido a marca daqueles que perceberam o universo inteiro como um todo. É uma unidade emocional com o ritmo e a alegria secretos do universo que tem sido a meta deles.

4. A percepção dos sistemas é o objetivo real; a coexistência amorosa e harmoniosa com a natureza e a Terra é considerada o definitivo e verdadeiramente inteligente processo de vida. O pensamento dos sistemas parece ser muito racional para permitir tal vida inteligente. Temos apenas de ler os poetas da categoria de Tagore ou Wordsworth (ou de preferência, os Upanishads) para perceber o que significa a percepção dos sistemas e até que ponto são profundas suas implicações, comparadas àquelas do pensamento dos sistemas.

5. Mais importante do que chegar a soluções fundamentais é a tarefa de impedir a criação de problemas fundamentais. Eles surgem por que nós e nossos líderes somos todos regidos pela consciência fragmentada. É a ascensão à consciência dos sistemas, que é apenas mais uma expressão para supraconsciência, superconsciência, consciência transcendental ou consciência *rishi*, que pode reduzir/impedir problemas fundamentais.

6. Um outro efeito secundário constante da percepção dos sistemas tem sido a característica do sagrado. Essa supraconsciência sagrada é plástica e exaltada em sua adaptabilidade a forças mais nobres e elevadas e em sua expressão dessas mesmas forças. O subconsciente é rígido e mecânico, incapaz de extensões mais elevadas de vida verdadeiramente inteligente — incluindo a criação e a administração das organizações de aprendizagem.

7. Embora tenha sido ressaltado o treinamento do subconsciente, não foram oferecidos métodos práticos para implementá-lo. Mas quando abordamos a supraconsciência ou a consciência *rishi*, abundam métodos autênticos e já provados, por exemplo, a tranqüilização do intelecto e a dissolução dos limites do ego.

8. Parece haver uma pressa bem-intencionada em aplicar o pensamento dos sistemas externamente às organizações. Mas a consciência dos sistemas é um processo pessoal exigente para administradores e líderes. É uma espécie de ascese perpétua, sagrada ou de exercício de autodisciplina, mesmo para a pessoa comprometida com o mundo secular. A consciência dos sistemas tem de ser vivida pessoalmente — correndo paralela, se não precedendo, ao desenvolvimento de uma organização de aprendizagem — pelo líder.

9. "Ver o mundo de outra forma" não é realmente bem assim. Também não está completamente correto dizer que estamos entrando na "era da interdependência". O sentimento universal, holístico de toda a existência que há no coração de uma pessoa foi o trabalho de amor dos *rishis* da floresta, os profetas do deserto dos tempos antigos. O homem moderno pode

simplesmente ter começado a ter um ou dois vislumbres passageiros dessa antiga e totalmente brilhante visão de certeza a partir de fontes de segunda mão, como os experimentos de laboratório ou os vôos dos astronautas, gastando somas incalculáveis de dinheiro e recursos não-renováveis. Onde está a percepção direta de uma alma sincera, simples? De modo semelhante, a interdependência na estrutura profunda do universo tem sido uma eterna verdade. Sempre estivemos encravados nela, mas negando-a com arrogância — como uma formiga indiferente que atravessa uma enorme tela na parede, ignorando totalmente sua vasta extensão.

Conclusão: O Impulso Tão Necessário

Falando em nome de uma das civilizações mais duradouras, vou fazer uma pergunta-chave: A percepção do todo indivisível é uma função da mente que raciocina e pensa ou da mente espiritual-intuitiva? As insinuações da inteireza unitiva em toda a criação surgem dos trabalhos do intelecto divisor e ardente ou da espontaneidade de uma consciência tranqüila e sintetizante? Acredito que a sabedoria, que pode servir de apoio confiável e estável para toda mudança e curso, não pode ser atingida por um temperamento mercurial, inquieto, exteriorizado. Nossos tempos estão acelerando esse temperamento. O princípio e o objetivo da consciência *rishi* é que seja recobrado primeiro por nossos líderes e depois pelas pessoas que detêm a resposta da salvação. A razão e o intelecto terão seus papéis instrumentais, mas o ímpeto e o impulso originais vão fluir das intuições iluminadas de pura consciência *rishi*.

Seria útil tratar as organizações somente como uma concretização de segunda camada. O primeiro nível de atenção e busca deve ser direcionado para o todo do esquema cósmico e transcendental das coisas, com nossa Terra como um elemento no todo infinito. É indispensável seguir essa trajetória, o processo *rishi* (pode haver muitas variantes desse processo essencial). Depois que essa fronteira se tornar acessível para nossos líderes, a transformação das organizações e instituições pode começar integral e intuitivamente, pois o Eu maior, então, estará conduzindo o "eu" do líder para a confluência do "todo fora" e do "todo dentro".

Depois dos títulos em física teórica, psicologia experimental e ciência da computação, na Cambridge University, Inglaterra, **Peter Russell** *viajou para a Índia, onde estudou filosofia oriental. Depois de seu retorno, começou a pesquisar a psicologia da meditação. Foi um dos primeiros a introduzir o autodesenvolvimento no mundo dos negócios. Ele divide seu tempo entre Sausalito, Califórnia, e uma cabana isolada, na Inglaterra. Seu livro mais recente é* The Global Brain Awakens: Our Next Evolutionary Leap. *É membro da World Business Academy. Este capítulo foi primeiramente publicado como entrevista.*

Capítulo 19

Uma Mudança na Consciência: Implicações para os Negócios

Peter Russell

Sem qualquer exagero, acho que estamos atravessando o momento mais crítico, excitante e desafiador da história humana. Em parte, isso se dá por causa de nosso entendimento potencial do mundo. Em nossos tempos, estamos nos aproximando do entendimento científico a tal ponto que as gerações anteriores só podiam sonhar com isso. Tecnologicamente, alcançamos o ponto em que podemos realizar quase tudo que imaginamos. Tudo está acontecendo cada vez mais rápido.

Essa velocidade cada vez maior se deve, primeiro, ao fato de haver um anel de retorno positivo em evolução e desenvolvimento; novos desenvolvimentos facilitam desenvolvimentos futuros. Cada nova porção de *software* constrói sobre o que foi realizado previamente. Em segundo lugar, se deve ao fato de estarmos *tentando* fazer com que as coisas aconteçam cada vez mais rapidamente. Essa é uma atitude predominante em nossa cultura, baseada em eficiência. Nosso objetivo é fazer mais num período de tempo mais curto. Deliberadamente nós construímos coisas para fazer coisas mais rapidamente. Estamos nos aproximando infinitamente da mudança rápida nos próximos dez a cem anos. É difícil imaginar onde estaremos, mesmo em alguns anos.

Isso pode significar que estamos nos aproximando da extinção, que não podemos lidar com a mudança. Por outro lado, pode significar uma mudança de ênfase para a mudança interior. O desenvolvimento interior pode se dar muito rapidamente. O que vejo como possibilidade é que a exploração da mente humana, o desenvolvimento de nosso mundo interior, a compreensão de nós mesmos pode ser a próxima fase. Se as condições forem favoráveis, essa mudança poderia se dar muito rapidamente.

Uma parte do desafio de nossos tempos é que os valores que estão dirigindo nossa tecnologia e nossa vida agora não são especialmente saudáveis — na verdade, são autodestrutivos. Um desses valores, por exemplo, é o crescimento econômico material.

Os valores em transformação podem não parar a aceleração tecnológica, mas poderiam mudar a *direção* da aceleração. O sistema de valor que nos dirige e que está se espalhando por todo o mundo muito rapidamente é um sistema de valor que pode ter sido totalmente adequado no passado — talvez até bem recentemente, há meio século, quando nossa sobrevivência dependia de nossa capacidade de nos alimentar, encontrar água potável, nos manter sãos, sobreviver aos invernos. E esse sistema de valor dizia que precisávamos modificar nosso ambiente físico para um outro em que pudéssemos sobreviver. Fizemos isso.

E ainda não estamos felizes; ainda estamos sentindo uma falta de satisfação. A razão é que temos uma espécie de fome interior que não é satisfeita em nossa sociedade. Mas o sistema de crença diz que se ainda não está se sentindo satisfeito e você tem todas essas coisas, então, obviamente, você não tem o suficiente. Você precisa fazer alguma coisa, mudar seu meio, mudar seu relacionamento com as coisas, ter alguma nova experiência. Caímos nessa armadilha que diz que devemos ter mais conforto externo, prazer, oportunidade — apesar de não importar quanto temos, nunca é o suficiente e temos de ter mais.

Tive uma crise pessoal — ou, mais precisamente, um ajuste de meu pensamento — há alguns anos. Tinha acabado de escrever *A White Hole in Time* e estava fazendo conferências, *shows* de rádio, toda a parte promocional habitual, e me vi dizendo que tínhamos de nos livrar de toda essa parte material, mudar nossos estilos de vida, e assim por diante (algo em que eu acredito), mas então eu estava me perguntando como isso era possível. Depois de tudo, quero dizer que aqui estou eu, alguém que muito conscienciosamente tem seguido seu próprio caminho espiritual ao longo dos últimos 25 ou trinta anos, mas estou longe de ser uma pessoa totalmente liberada. Acho que fiz algum progresso. Gosto de pensar que sou uma pessoa mais madura, mais equilibrada do que era, mas ainda tenho muitos medos, muitas coisas para trabalhar. E acho que de todas as pessoas que estão lá fora, 80% não estão absolutamente preocupadas com o desenvolvimento espiritual. Então, sinto uma profunda melancolia dentro de mim que diz: "É, é uma boa idéia, mas vai acontecer?"

Aí pensei, bem, suponha que alguém com a sabedoria de um Buda tivesse que aparecer na "Nightline" com Ted Koppel hoje à noite; então iríamos assistir ao programa e todos teríamos "compreendido" e nos tornado iluminados esta noite. Até que ponto isso teria mudado realmente as coisas? Devemos mudar interiormente, mas e o extraordinário impulso do que já foi posto em movimento? O ambiente, as desigualdades entre o Norte o Sul, ricos e pobres — essas coisas levam tempo para se ajustarem novamente. E comecei a me perguntar se há tempo para fugir do que já colocamos em movimento. A imagem que tive foi a de um boneco de teste de colisão num carro — o carro começou a amassar contra a parede, e o boneco de teste está dizendo para si mesmo: "Isso não parece muito bom. Eu deveria sair daqui". Às vezes sinto que nossa sociedade está sendo levada para a parede há muito tempo, e isso está acontecendo em nossa vida em câmera lenta. Temos simplesmente de olhar à nossa volta para ver a degradação constante do ambiente, a decadência de nossos centros urbanos, a precariedade de todo o sistema econômico; tudo parece estar cada vez mais frágil.

Naquela época eu estava trabalhando para a Royal Dutch Shell, que mantém um importante cenário de esforço, parecendo estar trinta anos à frente num ciclo de três anos. Estava fazendo algum trabalho para eles num de seus cenários e percebi que esse cenário de "movimento para a parede" é aquele para o qual ninguém quer olhar, inclusive eu, apesar de que a proposta inteira de planejamento do cenário não seja prever o futuro, mas assegurar que suas bases estejam cobertas. E assim comecei a pensar sobre as implicações pessoais. Vamos considerar a hipótese de que a simulação de colisão é levada contra a parede, e não há nada que eu possa fazer a respeito disso — que estamos passando pelo desmoronamento da civilização ocidental. Qual é a ação adequada para mim agora? Como seria o mundo se isso estivesse acontecendo? Seria um mundo em que haveria uma destruição maciça, muito mais sofrimento no nível pessoal, não seria o fim da humanidade, mas o fim da sociedade moderna como a conhecemos. As pessoas iriam precisar de muito mais cuidados exteriores e interiores; iria haver muito mais sofrimento, e necessidade de mitigação do sofrimento. Seríamos forçados a nos libertar de muitos de nossos vínculos.

E o que eu percebi foi que tudo volta ao mesmo ponto. No cenário A, se todos nós atingimos juntos nosso ato espiritual, podemos salvar nossa sociedade. No cenário B, é tarde demais. Mas do que precisamos? Precisamos exatamente do mesmo trabalho interior. É como aprender a nos tornar pessoas mais amorosas, mais piedosas; libertar-nos de nossos vínculos; aprender a estar em paz conosco mesmos, manter maior serenidade interior, apesar do que está acontecendo à nossa volta. E isso foi um grande impulso para mim, perceber que há uma certa "eqüifinalidade" para com as coisas. Para qualquer lado que eu olhasse, havia o mesmo trabalho interior profundo para mim mesmo e para as outras pessoas. Essa percepção teve o efeito de permitir me liberar até certo ponto. O cenário A ou o cenário B, não importava — era necessário o mesmo trabalho interior profundo. E eu penso que é para isso que estamos aqui. Somos a primeira espécie que surgiu com o potencial de perceber Deus, se é que posso falar em termos espirituais. Se essa cultura em que estamos encerrados vai se extinguir ou florescer é uma questão secundária. Podemos até ser um beco sem saída evolutivo, mas mesmo assim somos a primeira espécie capaz de perceber Deus. E é aí que sou otimista, pelo que podemos alcançar como seres humanos. E quanto mais pudermos alcançar, isso só poderá ter ramificações positivas para o mundo.

Sou menos do que eu era há cinco anos, na atitude de "salvar o mundo". Isso vem a ser simplesmente um apego à mudança quando tudo está caminhando. A propósito, o mundo não está chegando ao fim. A vida na Terra é muito resistente. Não vamos destruir a vida na Terra. Não acho que a humanidade esteja caminhando para um fim. A civilização ocidental pode chegar a um fim, mas por que não? Não acho que você poderia atestar que a civilização ocidental é realmente boa para o planeta e para a maioria das pessoas. De acordo com Arnold Toynbee, tivemos 26 ou 27 civilizações que se ergueram e sucumbiram até agora; por que essa deveria ser diferente?

Um Outro Olhar para a Ciência Moderna

Está bem claro que a ciência de hoje não lida muito bem com a intencionalidade ou a consciência. Os biólogos moleculares e os neurocientistas estão em busca de teorias quantitativas para explicar a vida. A consciência foi deixada fora da ciência por várias razões, válidas na época. É muito mais difícil especificar, mensurar a consciência do que os dados sobre o mundo físico. Na verdade, você não pode mensurar a mente. A ciência está buscando verdades "objetivas", e os cientistas queriam eliminar as variantes que surgem por causa do estado mental do observador ou do que quer que seja. Isso é ótimo, contanto que você perceba que isso é o que você está fazendo. A maior parte da ciência diz respeito ao entendimento do mundo exterior. Não tem o propósito de incluir a consciência. Quando a abordagem científica tenta incluir a consciência, olha para a consciência como parte do reino espaço-tempo-matéria que a ciência está explorando.

Minha sensação é de que essa é uma abordagem mal orientada. Não acho que a consciência venha do reino espaço-tempo-matéria. Minha sensação é a de que é um aspecto primário, *absolutamente* primário do universo, da realidade — em alguns sentidos, ainda mais primário do que o espaço, o tempo e a matéria. E acho que a mudança real de paradigma que a ciência está sendo chamada a fazer — ela pode fazer ou não, não sei — não é tentar explicar a consciência dentro de suas estruturas comuns, mas na verdade virar tudo pelo avesso e olhar para a consciência como um aspecto primário da existência. Algo como uma "nova revolução copernicana". No momento, os esforços dos cientistas para "explicar" a consciência parecem-se com os astrônomos pré-Copérnico tentando criar epiciclos ainda mais complexos para explicar o movimento dos planetas. "Talvez a consciência tenha alguma relação com os efeitos ligados em microtúbulos [no interior da célula]"; ou com qualquer outra coisa. Para mim, isso é epicíclico. Precisamos de uma nova revolução completa em nossa visão de mundo.

Acredito que todos os seres sensíveis são conscientes. Não vejo razão para pensar que um cachorro seja um autômato puramente biológico. Um cachorro vivencia claramente a dor, parece sonhar; ele tem um mundo interior. Por que deter-nos nos mamíferos? Não vejo razão para duvidar que uma aranha tenha sua própria experiência interior. Sem dúvida, é muito diferente da minha. Provavelmente tem sensações que eu desconheço. Eu poderia imaginar que até mesmo uma bactéria tem um certo grau de interioridade. Gostaria de fazer uma distinção entre consciência como a faculdade de interioridade — tendo um mundo interior de experiência — e o *conteúdo* da consciência. O conteúdo varia de indivíduo para indivíduo, e em diferentes níveis. Para a bactéria, o conteúdo pode ser mínimo se comparado com o nosso.

Alguém poderia pensar numa tela em branco como a representação da faculdade de interioridade ou consciência, e então pintamos nessa tela o conteúdo da consciência. A pintura que um ser humano faz nessa tela pode ser muito complexa; temos um mundo sensorial muito rico; além disso, temos entendimento e emoções e podemos fantasiar com relação ao futuro. Tudo isso é parte da pintura. A pintura que faz uma bactéria em sua tela, em comparação, pode ser como uma mancha bem tênue de tinta, praticamente invisível para nós. Acho que o que evoluiu ao longo do tempo não foi a faculdade da consciência — sinto que isso continua e é um aspecto fundamental da existência. O que evoluiu foi a riqueza e a complexidade da pintura. E assim, à medida que a vida evoluiu, a pintura se tornou cada vez mais rica. O que temos com os mamíferos é a pintura mais rica na faculdade da consciência que já existiu. Nós, como seres humanos, tendo adicionado a dimensão da linguagem à consciência, podemos compartilhar nossos aprendizados de uma maneira nova; podemos aprender coletivamente e construir um corpo compartilhado de conhecimento. Podemos compartilhar nossos sentimentos, nossas emoções, nosso mundo interior.

Nós também usamos a linguagem interiormente. Pensamos, conversamos conosco mesmos. É uma faca de dois gumes. A vantagem disso é que podemos usar símbolos para nossas próprias experiências. Posso pensar numa árvore que vi em minha infância, posso reviver essa experiência, posso deliberadamente sair do momento atual e voltar ao passado. Ou posso fantasiar a respeito de algo no futuro. Um cachorro pode ter memória associativa, mas ele tem de receber um estímulo externo. No entanto, podemos estimular memórias associativas em nós mesmos pelo fato de usarmos linguagem simbólica interiormente. Acho que isso é que deu aos humanos um grau muito maior de memória e também de livre escolha, porque podemos olhar para o futuro e avaliar as escolhas. O lado negativo disso é que nossa atenção é desviada do momento atual; a atenção fica presa, preocupando-se com o passado ou pensando no futuro.

Muitos mestres e filósofos espirituais tentaram expressar isso de uma maneira ou de outra e é por isso que muitas técnicas de meditação estão relacionadas com a tranqüilização da mente verbal, com a cessação do pensamento; voltando à mente natural como era antes de a enevoarmos com o pensamento verbal. O pensamento interior nos distingue da maior parte das outras criaturas do planeta. Por outro lado, pode ser uma das coisas primárias que está nos detendo no presente. Se olho para mim mesmo, acho que poderia passar sem 90% de meus pensamentos. Eles não servem para nenhum propósito útil. São apenas preocupação, ruminações ou coisas desse tipo. Provavelmente o uso ideal da consciência não seria ficar pensando o tempo todo, mas vivenciar totalmente o momento presente e então usar o pensamento como uma ferramenta que uso quando preciso.

Meu pressentimento é que o modelo da Grande Explosão vai ser substituído a tempo. Ele deixa sem resposta perguntas demasiadamente difíceis. Parece que o modelo da Grande Explosão é aquele que ajusta de forma completamente satisfatória muitos dados que agora temos a respeito do cosmos — coisas como a constante de Hubble, a expansão aparente do universo, a radiação de fundo — que aludem à Grande Explosão.

Mas é uma pintura bem diferente, acho, se a consciência continua, mesmo até o nível atômico — e além, como um aspecto fundamental do universo. O modelo comum é que a consciência emergiu do espaço, do tempo e da matéria. A conclusão do outro modo de pensar é que o espaço, o tempo e a matéria emergiram da consciência.

Algumas pessoas chegaram a essa conclusão, mesmo há milhares de anos. Você pode ver isso na filosofia védica da Índia: Atman é Brahman. A realidade é Purusha e Prakriti; o universo tem dois aspectos, a consciência e o material. Nós nos encantamos com o lado físico, materialista, porque esse lado tem tido sucesso em explicar as coisas. E não há nada de errado nisso. Acho que a maior parte das verdades que a ciência física propôs são provavelmente válidas. Não sou contra a ciência, absolutamente. Mas acho que a ciência tem de passar por uma outra grande revolução. Não estamos falando simplesmente de uma outra revolução na física ou uma revolução na biologia molecular ou em qualquer outra área da ciência. Estamos falando de uma revolução na verdadeira visão de mundo que fundamenta todas as ciências. Então, quer dizer que é uma revolução ainda mais fundamental que a revolução copernicana.

Exatamente como todas as instituições da sociedade ocidental mudaram depois da revolução copernicana, elas provavelmente têm de mudar novamente. Significa que os incentivos que nos intimidam e nos mantêm consumindo e desperdiçando e que são parte dessas instituições podem estar no processo de mudança total e fundamental. Mas somente se essa nova visão de mundo se expandir suficientemente de maneira ampla.

A Visão de Mundo em Transformação

Acho que têm de acontecer duas coisas aqui, ou talvez sejam dois estágios. Podemos começar a mudar nossos valores, mudar nossa visão de mundo. Isso terá ramificações em toda a sociedade. Estamos falando de uma mudança realmente fundamental em nossa visão de mundo, que vai mudar nossos valores, nossa visão do que é importante. Se eu realmente vejo a primazia da consciência em mim mesmo e a moral é como eu me sinto e não o que eu tenho no mundo, isso realmente tira toda a influência de nossa sociedade peculiar. Num certo sentido, esse é o segundo estágio — criar essa mudança.

Entretanto, há uma outra coisa que precisa acontecer primeiro, para se chegar àquele estágio realmente. É que as pessoas estão começando a avaliar que um elemento comum a quase todos os problemas que vemos nos rodearem é a sua relação com nossa percepção. No momento, as pessoas não estão vendo isso. Estamos combatendo um incêndio, por assim dizer. "Aqui há um problema; precisamos resolvê-lo. Ó, há um problema na floresta pluvial; precisamos negociar trocas com terrenos para a dívida no Terceiro Mundo". Ou, "Temos um problema na camada de ozônio; temos de interromper a produção de CFC". Estamos vendo os problemas — problemas no centro das cidades, problemas com nosso sistema escolar, problemas com o sistema de assistência à saúde, e os negócios e o governo se desenvolveram num modo orientado para o problema. As pessoas de negócios são muito boas na resolução de problemas. A maior parte das pessoas do governo passam o tempo se perguntando como todos os problemas chegam tão facilmente a elas todos os dias. Então, elas tentam solucionar os problemas, em vez de investigar as causas mais profundas. Isso é como um médico que trata um paciente, cuidando continuamente de cada sintoma. "Você se cortou? Ponha esse curativo. Você teve uma erupção cutânea? Aqui está, ponha esta pomada na pele. Você teve uma dor de estômago? Tome um pouco de leite de magnésia." Ora, um bom médico vai dizer: "Tudo bem, precisamos fazer o que pudermos para aliviar a dor, mas vamos ver também o que está causando todos esses sintomas. Por que todos esses sintomas estão em efervescência?" Realmente, não vejo muitas pessoas nesses círculos dos negócios ou do governo fazendo a pergunta básica: Por que é que esses problemas inter-relacionados estão acontecendo conosco?

Nós nos denominamos espécie inteligente. Temos de perceber que estamos destruindo nosso ambiente e se continuarmos assim, daqui a vinte ou trinta anos podemos não ter hábitat adequado para muitas criaturas. É insano continuar com políticas que persistem em criar tal destruição.

Há alguns anos eu tinha um cliente, uma empresa química com quem trabalhei por três ou quatro anos. A empresa rachou ao meio, de um lado a administração, de outro os trabalhadores, na questão do comportamento responsável quanto às preocupações ambientais, mas também no cumprimento das metas financeiras. De um lado, havia o presidente que dizia: "Queremos nos tornar a empresa mais 'verde' do mundo em cinco anos. Queremos adotar isso como nossa missão". Essa posição foi apoiada entusiasticamente por vários executivos e muitos outros de cargos inferiores na empresa. Do lado contrário estava o diretor financeiro e muitos outros na empresa que diziam: "Isso é ingênuo; no clima de hoje isso iria ser um suicídio empresarial. Temos de encarar as realidades da vida; não podemos fazer uma coisa estúpida como essa".

Foi aí que eu entrei, com um colega com quem eu trabalhava freqüentemente, para facilitar a reunião de estratégia deles. Havia aproximadamente quarenta pessoas na reunião. O que fizemos foi simplesmente fazer com que as pessoas manifestassem seus pontos de vista e começassem a ouvir uns aos outros. E aproximadamente na metade da manhã do segundo dia, acabamos com as folhas do *flipchart*, nas quais tínhamos a idéia de todos sobre essa questão, e com as quais cobrimos todas as paredes da sala. Conseguimos fazer com que todos compartilhassem seus pontos de vista. É muito útil colocar as crenças e pontos de vista de todos na parede, porque leva a duas coisas. Primeiro, todos se sentem ouvidos; eles tiveram a oportunidade de conseguir o que esperavam, e sabem que todos na sala podem ver isso. Em segundo lugar, todos começam a ver todo o quadro, e o nome de ninguém está ligado a crenças particulares. Você pode andar pela sala por uma hora e simplesmente ver que todas são crenças diferentes dessas quarenta pessoas.

Então dissemos: "O que vocês vêem aqui que é comum? Há uma base comum em tudo isso?" E após alguma investigação e discussão, verificou-se que ninguém na sala podia pôr a mão no peito e dizer que estava feliz trabalhando na indústria química. Por natureza, a indústria química é suja. Você está lidando com substâncias químicas que não são naturais; você está produzindo poluentes e substâncias que o ambiente não pode suportar. Ninguém podia pôr a mão no peito e dizer: "Esta é minha missão na vida, trabalhar na indústria química". E lembro quando um dos diretores sindicais ouviu o presidente dizer: "Isso é verdadeiro para mim também", ele disse: "Se é assim que você sente, estou inteiramente com você".

E a sala se uniu, e não eram mais os "verdes" contra os sobreviventes da empresa. De repente, todos estavam unidos. Eles compartilhavam alguma coisa. E ao saber que nenhum deles estava feliz trabalhando naquela indústria, a próxima questão estava clara: "Então, o que fazemos?" Eles começaram do zero e decidiram que havia seis áreas nas quais a empresa podia melhorar — os controles de irradiação para a fábrica, o transporte de substâncias perigosas, a segurança dos empregados — eles apresentaram seis áreas, formaram seis equipes e começaram a trabalhar nisso. E não era uma questão de "Vamos nos tornar a empresa 'mais verde' do mundo em cinco anos", mas um compromisso de "vamos fazer tudo que pudermos dentro das circunstâncias para nos tornar tão verdes quanto pudermos". E em um ano eles fizeram um progresso enorme.

Mas com tudo o que fizeram, eles ainda estavam agindo conforme o sistema. Eles se moveram significativamente enquanto empresa, mas não lidaram com as causas essenciais. Lidar com as causas essenciais é algo para pessoas, e cada vez mais vejo pessoas dentro de empresas que começam a olhar para si mesmas. Acho que definitivamente há um movimento em nossa sociedade no sentido de as pessoas começarem a aprender e a compreender-se de novas maneiras, e não acho que esse movimento seja restrito a um determinado setor ou faixa etária na sociedade. Está espalhado uniformemente em toda a sociedade e você vai vê-lo nos médicos, nos professores universitários, nas pessoas em empresas, nos trabalhadores, em níveis superiores.

Quando as pessoas me perguntam: "O que eu poderia fazer?", minha resposta é: "faça seu trabalho interior e olhe para sua esfera de influência. Cada um de nós tem uma esfera de influência, e cada um de nós é o centro dessa esfera; assim, a primeira pergunta é: "O que eu poderia fazer com relação à minha esfera de influência?" A única pessoa por quem eu sou *verdadeiramente* responsável sou eu mesmo. Então, o que eu posso fazer por mim mesmo para ajudar a me libertar de meus medos, minhas inibições, meu condicionamento, para descobrir a coragem de defender a verdade que sei que existe interiormente? E depois, olhar ao redor e dizer: Muito bem, qual é minha esfera de influência? Para algumas pessoas, essa esfera pode ser a família, os filhos que elas estão educando, os colegas com quem interagem no trabalho. Alguns de nós têm uma esfera de influência muito maior, pelo exercício da escrita ou da fala.

Tudo bem dizer que temos de ter um governo mais responsável ou que as indústrias químicas deveriam ser mais conscientes do ambiente, ou algo assim. Essas coisas podem ser perfeitamente verdadeiras, mas tendemos a gastar nosso tempo pensando no que *eles* deveriam fazer, quando *eles* não estão dentro de nossa esfera de influência. Uma pergunta muito mais útil seria: "O que a empresa para a qual eu trabalho pode fazer? E o que eu posso fazer para ajudar essa empresa? Às vezes o trabalho que eu faço é algo como investir de poder as pessoas que trabalham na organização, dando-lhes coragem para defender a verdade que têm dentro de si, e começar a descobrir maneiras de colocar essas verdades em prática dentro da organização. Acho que não há uma resposta simples, não há receita sobre o que fazer. Acho que não é uma questão de o que você pode fazer em seu próprio mundo de forma realista? Mas o principal somos nós mesmos. Ouço pessoas dizerem: "As pessoas precisam mudar". Mas a única pessoa que eu posso influenciar sou eu mesmo.

O Dilema Econômico

A parte do ambiente mais crítica, o dilema mais difícil de lidar é nosso sistema econômico e, dentro disso, o que aconteceu com o dinheiro. É fácil ver quanto do que está errado volta para as decisões monetárias que estão sendo tomadas em nome da linha de base financeira. Nós nos apaixonamos pelo dinheiro. O dinheiro representa nossa capacidade de controlar nosso ambiente, de comprar as coisas que achamos que vão nos fazer felizes, de comprar experiências, de influenciar outras pessoas. É nossa atitude em relação ao dinheiro que está sendo controlada por esse sistema de crença que diz que ser ou não um sucesso depende do que eu tenho ou faço, de quanto controle tenho sobre o mundo. Quanto mais controle eu tiver, mais segurança terei — e o dinheiro nos dá esse controle. Acho que é por isso que nos apaixonamos pelo dinheiro. Não é o dinheiro que é a raiz do mal, mas o *amor* pelo dinheiro. Não há nada de errado com o dinheiro — é um meio simbólico de câmbio. Mas por termos caído na armadilha da mentalidade materialista, ficamos apegados ao dinheiro em si. Acreditamos que quanto mais dinheiro tivermos, mais felizes seremos.

O que eu vejo que está acontecendo é que o dinheiro não é mais principalmente um meio de troca. As pessoas que têm dinheiro podem usá-lo para fazer mais dinheiro. Essa é a base do que chamamos agiotagem, especulação do dinheiro de empréstimo. Isso tem sido condenado em várias tradições religiosas e ainda tende a ser condenado no islamismo. Tende a tornar o rico mais rico e o pobre mais pobre, porque as pessoas que têm dinheiro e o emprestam a juros conseguem mais dinheiro, e as pessoas que não têm dinheiro, tomam emprestado e pagam juros. Acho que há um efeito muito mais sério em nossa sociedade e é o que na verdade dirige a necessidade de crescimento econômico, porque se há uma certa quantidade de dinheiro emprestado (em nossa sociedade, algo como 90% do dinheiro está emprestado), ao final, os juros têm de ser pagos e, a menos que a riqueza líquida de uma nação (ou do planeta) esteja de fato aumentando, você tem inflação, porque você tem a mesma quantidade de produtos indo ao encalço de mais e mais dinheiro. A oferta de dinheiro tem de continuar crescendo, e esse é um dos fatores principais que nos mantém atados ao crescimento econômico.

Da mesma forma, esse desejo de fazer com que o dinheiro gere mais dinheiro é o que está por trás de muitos negócios internacionais. Hoje, aproximadamente 95% do dinheiro que está passando pelos bancos no comércio internacional não se destina à compra e venda de produtos tangíveis como óleo ou café; destina-se à compra e venda de dinheiro, ao lucro com a taxa de câmbio. Agora estamos vendo isso com o mercado de derivativos, que leva o jogo para um nível mais alto de abstração — as pessoas estão comprando o *direito* de fazer com que o dinheiro gere mais dinheiro. E isso, penso eu, torna o sistema *extremamente* frágil e poderia muito bem arruinar toda a economia.

É interessante o que aconteceu na quebra do Barings Bank, no Japão, em 1995. Era um dos bancos mais antigos e de maior prestígio no mundo. A rainha da Inglaterra fez dele o seu banco; ele tinha cinco lordes em sua administração. Essa era a negociação de derivativos tornando-se incontrolável.

Fora esse, há um outro fator que eu acho interessante. Uma das razões pelas quais Nick Leeson foi apanhado é que ele estava apostando na melhora da economia japonesa, e, se isso tivesse acontecido, ele talvez não teria ficado em apuros e o banco teria sobrevivido. E tenho certeza de que o que ele fez, outras pessoas estão fazendo o tempo todo. O motivo pelo qual ele foi infeliz o suficiente para ser apanhado foi que no exato momento em que ele precisou que a economia japonesa subisse, ocorreu o terremoto de Kobe. Durante muito tempo fiquei fascinado pela inter-relação existente entre os terremotos e o sistema econômico. Por exemplo, o valor em seguros de San Francisco é mais do que o mercado global de seguros pode honrar. Se San Francisco cair, a indústria mundial de seguros estará com um problema muito grande. Lembro que estava vendo o noticiário quando ocorreu o terremoto de Kobe. Estava ouvindo atenciosamente, e no dia seguinte os comentaristas econômicos estavam dizendo que isso não deveria ser uma ruptura importante no mercado mundial de seguros porque a economia japonesa era relativamente forte no momento e o Japão supunha que podia absorver os custos internamente. Mas absorver os custos internamente significava, obviamente, um verdadeiro problema na economia japonesa, e dentro de horas o mercado de ações no Japão tinha caído porque as pessoas sabiam disso. Foi isso que eliminou Nick Leeson e o Barings Bank. Isso simplesmente mostra como o sistema econômico é vulnerável.

"Investimento" e jogo de azar tendem a ser a mesma coisa. Hoje, em sua maioria, as pessoas no mercado de ações são jogadoras; elas estão tentando fazer com que o dinheiro gere mais dinheiro. A pessoa comum na rua que é um "investidor"— que está pondo dinheiro numa empresa e querendo que o preço das ações suba e que os dividendos sejam altos — está fazendo exatamente o mesmo jogo que os grandes banqueiros, que estão pensando em bilhões. Esse apego ao dinheiro é endêmico em toda nossa sociedade. E daí vem o desejo de fazer mais dinheiro independentemente do fato de tê-lo.

Se eu fosse ditador do mundo, acho que iria declarar que todas as taxas de juros iriam ser fixadas em zero, e iria proibir toda negociação internacional de dinheiro e mercados de futuros. Provavelmente isso iria criar um verdadeiro caos e situações difíceis para muitas pessoas a curto prazo, mas acho que iria nos ajudar a sair dessa situação a longo prazo. Essa decisão iria fazer o dinheiro voltar a ser um simples meio de troca.

Acho que é uma coisa muito mais difícil de mudar. Não vejo ninguém nos círculos políticos falando disso. Não vejo muitos economistas falando sobre como estruturar um sistema que não tenha em si o elemento da agiotagem. Mesmo que eles estejam falando disso, seria necessário um apoio maciço do governo para fazê-lo. Não vejo como poderia ser realizado, porque nosso sistema atual evoluiu ao longo do tempo — pela cobiça humana.

Isso evoca novamente nossa consciência. Nosso modo de nos aproximar do dinheiro é um reflexo de nossa consciência. Acho que o sistema atual vai entrar em colapso ou desintegrar-se, de uma maneira ou de outra. E talvez já estejamos vendo as sementes do novo sistema em coisas como o SNEL [Sistema de Negociação e Emprego Local] — pessoas desenvolvendo sua própria moeda local, puramente como um meio de troca: eu conserto seu telhado por cinco "SNEL" e os gastos com uma *baby-sitter*. Os sistemas SNEL estão se disseminando pelo mundo todo agora. As grandes cidades estão começando a ter seus sistemas SNEL; há um bem grande em Londres. O desafio é manter esses sistemas fora da cilada da agiotagem.

Mas o sistema monetário não é realmente a causa de nossos problemas. É novamente apenas um sintoma do problema mais fundamental de consciência ou atitude.

Uma Nova Oportunidade

Sei que muito do que estou dizendo soa como pessimista. E pode ser realmente, visto no contexto do que pode acontecer à nossa cultura. Mas, como disse antes, tenho uma enorme esperança pelo que nós, enquanto pessoas, podemos atingir em nossa própria vida, e acho que este é o momento na História em que temos uma oportunidade, provavelmente como nunca antes, de alcançar ápices espirituais. Eles sempre estiveram lá. Fundamentalmente não somos diferentes das pessoas que viveram na época de Buda ou dez mil anos antes dele. Mas, por causa das liberdades físicas que temos e por causa dos desafios pelo mundo, estamos sendo impelidos a ver a necessidade de fazer a mudança interior. E com as tecnologias de comunicação que temos, podemos aprender com as pessoas ao redor do mundo, pelos livros, pela televisão e pela Internet, e isso para mim é o que torna este momento tão emocionante.

Acho que, num nível popular, dezenas de milhões de nós estamos avançando por nossos próprios esforços, todos aprendendo uns com os outros, e estou muito otimista a respeito do que nós como indivíduos e indivíduos em massa podemos alcançar. Mas não sei como isso vai acabar exatamente. Acho que o sentimento de pessimismo vem de nosso apego a essa cultura particular que nos deu tantos confortos e prazeres e luxo e oportunidades. Se, na verdade, temos um objetivo mais elevado a ser explorado, estando aqui, então este é o momento na História em que isso pode se tornar evidente num nível bem amplo. Nesse cenário, as potencialidades são ilimitadas.

PARTE 6

O Trabalho com a Sociedade Civil

As pessoas de negócios tipicamente acham muito mais fácil pensar em mudança organizacional do que em mudança global do sistema, mas fica cada vez mais claro que a questão com a qual estamos envolvidos não é simplesmente a de mudar uma corporação. Como os negócios vieram a ser a instituição dominante no planeta, sua responsabilidade se estende bem além de seu domínio original, e suas atividades são a preocupação de todos.

Falhamos largamente em compreender as implicações da predominância dos negócios — especificamente a poderosa rede de empresas transnacionais e as grandes instituições financeiras que chamamos de economia mundial. Há um século, o Presidente Rutherford B. Hayes observou, a respeito dos Estados Unidos: "Não é mais um governo do povo, pelo povo e para o povo. É um governo de empresas, pelas empresas e para as empresas". Hoje, somos forçados a fazer uma conclusão semelhante com relação ao governo do planeta — é predominantemente um governo pelos negócios e para os negócios. A legitimidade de tal poder está exposta a uma séria questão, a menos que os negócios se tornem responsáveis pelo povo, por *todos* os depositários, de modo que isso seja totalmente estranho à tradição consagrada pelo tempo de que "o negócio dos negócios são negócios". Uma das questões mais críticas de nossos dias é se os negócios vão se transformar a ponto de compartilhar verdadeiramente responsabilidade pelo todo, e assim tornar-se, como costumávamos dizer nos anos 60, parte da solução, não parte do problema.

Os artigos a seguir lidam com os aspectos individuais e coletivos do tornar-se responsável — primeiro, a disposição individual da pessoa de não simplesmente "agir de acordo com o que pensa", mas fazer isso *coletivamente*. Trabalhar coletivamente é um desafio para a típica pessoa de negócios, especialmente executivos bem-sucedidos que aprendem cedo a agir por sua própria conta. Carol Frenier observa que essa distinção — fazer coletivamente, não apenas individualmente — é essencial para assumir responsabilidade pelo nosso futuro. As pessoas de negócios estão sendo questionadas, como parte da verdadeira tarefa em si, a desenvolverem novos meios de produzir o mesmo nível de qualidade, mas coletivamente — quer dizer, incluir todos os depositários possíveis, apesar de suas capacidades desiguais de tomar decisão.

Hazel Henderson, no segundo capítulo, também deixa claro que temos de trabalhar em comum acordo. Ela acredita que está se mostrando cada vez mais provável que muito da força motriz primordial e a liderança para a transformação necessária virá amplamente do "setor terciário" de organizações não-governamentais (ONGs), de associações de voluntários e de organizações sem fins lucrativos. Cada vez mais, esses movimentos — o que Henderson chama de "sociedade civil global"— estão trabalhando com as Nações Unidas e com as organizações ligadas aos negócios que olham para o futuro. Ela observa que as organizações populares estão agora explorando meios para dominar o cassino global e reequilibrar as regras dos impostos.

Henderson salienta que a soberania nacional já foi solapada, como Wishard coloca no primeiro capítulo deste livro, e os novos "comuns eletrônicos" globais podem ser postos em ação somente se adotarmos regras "onde só se ganha". As sugestões de Henderson de como podem ser essas regras e como elas podem ser estabelecidas oferecem um resumo apropriado dos pensamentos contidos neste livro.

Carol Frenier é presidente do The Advantage Group, Inc., em Chelsea, Vermont, que vende mídia promocional para estações de rádio e televisão em todos os Estados Unidos. É autora de Business and the Feminine Principle: The Untapped Resource. Formada pela Brown University, lecionou História Americana em escola de ensino médio e recebeu seu título de mestre na Goddard College, antes de entrar no mundo dos negócios.

Capítulo 20

A Responsabilidade Assumida Coletivamente

Carol Frenier

Acho que o que chegamos a chamar de "não agir de acordo com o que pensamos" não está absolutamente relacionado com o fato de agir de acordo com o que pensamos. Estou convencida de que as pessoas que estão debatendo com as questões de um novo paradigma têm integridade. Estou impressionada com a extraordinária disposição das pessoas de dar muito de si mesmas em matéria de tempo, paixão, dinheiro e destreza para preparar nosso caminho para o futuro. Esse não é o comportamento dos hipócritas.

Ao contrário, acho que estamos agindo por uma crença de que a responsabilidade não é mais adequada para a tarefa. Por minha própria experiência, sei que quando penso em assumir responsabilidade pelo todo, freqüentemente estou pensando em mim mesma como um átomo individual. Trago para a mesa tudo o que adquiri e assumo uma quantidade de trabalho tão grande quanto posso integrar individualmente em minha vida — freqüentemente uma quantidade maior do que seria realista. O que pode parecer aos outros um desejo de "controlar" do lado de fora é, na verdade, assumir a responsabilidade tão a sério interiormente que me sinto obrigada a fazer tudo por mim mesma.

Quando olho à minha volta, vejo muitas pessoas fazendo o mesmo, até mais. Não importa o que possamos dizer, e se queremos acreditar no contrário, somos treinados para nos comportar dessa maneira. Do primeiro grau em diante, o valor é mensurado em comparações de indivíduos ou equipes: primeiro, o boletim escolar, depois, os placares do colégio, resultados em eventos atléticos, salários, números de vendas e *status*. Quando queremos produzir algo mais eficiente e de mais alta qualidade, damos tudo de nós mesmos para o esforço. Acreditamos que quando somamos, a soma de nossas realizações individuais ou de equipe nos movem quantitativamente para a frente.

O desafio que está diante de nós é que aquilo que estamos tentando produzir mudou. Não estamos tentando produzir o melhor computador jamais fabricado ou algo materialmente tangível. Estamos trabalhando para apoiar a espécie humana em seu movimento para um nível sem precedentes de cooperação e reciprocidade e um senso sagrado de nossa ligação. E sabemos que, embora possa ser inédita, a sobrevivência de nosso planeta requer esse desenvolvimento. Quando falo de cooperação, reciprocidade e do sagrado, estou falando mais do que simplesmente atribuir valor a esses conceitos. Estou falando de desenvolver práticas que transformem esses conceitos em qualidades que existem em nossa vida cotidiana.

Assim, o desafio atual — não simplesmente em algum futuro distante — é nos libertar de algo que sabemos que é seguro — que é nossa capacidade de produzir individualmente ou até mesmo como parte de uma equipe altamente qualificada. Estamos sendo chamados, como parte da verdadeira tarefa em si, a desenvolver novas maneiras de produzir o mesmo nível de qualidade, mas *coletivamente* — que significa abranger todos os possíveis depositários, apesar de desiguais em suas habilidades, na tomada de decisão.

Isso não está relacionado simplesmente com justiça ou igualdade. Está relacionado com uma crença difundida de que todos os aspectos do sistema têm algo a oferecer ao todo. *Precisamos abranger todos os pontos de vista, porque sem isso não teremos todo o quadro.* Nosso senso de responsabilidade individual, como a gravidade, não vai desaparecer. Ainda é um fenômeno localmente válido e essencial para nossa atuação no mundo. Mas, como a gravidade, que não consideramos mais como uma teoria compreensiva do universo, a produtividade individual que contribui para o conhecimento humano ou para nosso padrão de vida não é mais a visão mais abrangente de responsabilidade que podemos imaginar que estamos assumindo.

Esse é o caráter do estilhaçamento da identidade. Significa que a responsabilidade pode envolver o abandono da certeza que desenvolvemos a respeito de nossa própria capacidade de produzir resultados para nos abrir no sentido de experimentar estruturas não ensaiadas para gerar produtos que temos para abranger muitos outros até mesmo na caracterização, para não falar da finalização. Na verdade, nossas chances de fracasso parecem grandes. O que podemos dizer que fizemos, senão nosso trabalho individual ou em equipe?

Vou dar um exemplo histórico. Na formação do "experimento" americano, os Ancestrais Fundadores se reuniram para formar um novo governo. Eles tinham ideais extremamente elevados para o seu tempo, tais como independência e liberdade econômica. Eles poderiam ter projetado um sistema de governo, como tinham feito seus antecessores na Inglaterra, onde somente eles, e outros como eles, estavam em posições de poder para alcançar aqueles ideais. Posso acreditar que eles, enquanto indivíduos, eram nobres e altruístas o suficiente para implementar aqueles ideais de maneira justa para toda a população.

Mas eles não tomaram aquele rumo. Eles desenvolveram uma forma de governo que continha maior participação direta de um grupo maior de pessoas na tomada de decisão do que qualquer governo de seu tempo. Essas pessoas não tinham crédito aos olhos do mundo. É realmente difícil, no século XX, imaginar quanto foi pequena a garantia que eles deram de que seu experimento iria funcionar.

Uma parte desigual daqueles que criaram esse governo eram maçons. A organização maçônica era um veículo de uma revolução espiritual que contribuiu para o desenvolvimento da ciência e para uma visão fundamentalmente diferente do potencial humano baseado num novo respeito pela razão. Eles acreditavam que a razão era um dom espiritual inato, não algo adquirido pela educação ou posição social. Talvez significasse para eles algo afim com o que chamamos de *consciência*. Não me surpreende, conseqüentemente, que para os Ancestrais Fundadores, o novo governo tivesse de fazer muito mais do que transmitir as novas liberdades da minoria esclarecida para uma população maior, tivesse de incluir aquela população maior na verdadeira determinação daquelas novas liberdades e na manutenção delas.

A analogia é útil para nós nos negócios. Não somos um grupo democrático por natureza. A recompensa vai para o astuto e capaz, para aqueles que produzem o que é mais visível e fisicamente tangível. Mas não podemos dar mais idéias e práticas do novo paradigma às pessoas do que os Ancestrais Fundadores puderam dar às pessoas novas liberdades. Dois séculos de vida independente nas colônias americanas proporcionaram ao povo tanto uma facilidade para se revestir das novas liberdades e de suas responsabilidades correspondentes quanto uma insistência em seu direito de fazer assim.

Acho que estamos vivenciando uma facilidade semelhante para a revolução espiritual em nosso tempo. Aqueles dentre nós que se encontram em posições de liderança dentro de estruturas comuns podem, como os Ancestrais Fundadores, declarar o que acreditamos ser verdadeiro e projetar estruturas que dêem a todos o espaço para desenvolver conjuntamente as práticas do novo paradigma do futuro. Então, assumir a responsabilidade pelo todo me parece mais como *unir-se ao todo no ato de se responsabilizar por si mesmo*. Essa é uma tarefa muito mais árdua do que fazê-lo por mim mesma ou com as pessoas que são mais parecidas comigo.

Obviamente, não sabemos *como* nos unir ao todo no ato de nos responsabilizar por nós mesmos, mas somos chamados a começar. Em muitos dentre nós há uma sensação de terem sido "convidados" a participar de algo muito maior do que nós mesmos. Temos mais perguntas que respostas, e o veredicto ainda é sobre o que vamos produzir. Mas temos um lampejo de que alguma coisa indescritível que intuímos é muito real e valorosa. A maioria de nós é mais autêntica e mais integral nesse grupo do que em qualquer outro lugar. Não somos meramente a soma de nossa produtividade individual e sabemos disso.

Hazel Henderson é uma analista política de desenvolvimento internacional, faz prognósticos políticos e é membro da World Business Academy. Ela faz parte do Council of Appropriate Technology International, da diretoria do Worldwatch Institute e é consultora do Calvert Social Investment Fund, com o qual criou o "Calvert-Henderson Quality-of-Life Indicators: A Double Bottom Line for the USA", que surgiu no final de 1996. Também é delegada da Global Commission to Fund the United Nations. Este artigo é adaptado de seu livro mais recente, Building a Win-Win World.

Capítulo 21

A Escolha de um Mundo Onde só se Ganha

Hazel Henderson

Os muitos sinais de colapso do paradigma dominante da sociedade moderna estão cada vez mais evidentes. Não devem ser vistos necessariamente como más notícias; muitos vêem nisso um modo necessário de produção para o impulso de novos modos de vida em conjunto no planeta. Neste capítulo eu gostaria de descrever as principais razões para o sentimento de otimismo. Mas primeiro será necessário rever brevemente nossa situação atual.

As novas forças da globalização já solaparam a soberania nacional, não somente na administração macroeconômica doméstica da política fiscal e monetária, mas também na perda de opções de política social nas áreas da saúde, educação, redes de segurança, emprego, ambiente e até mesmo os valores e a cultura de seus cidadãos. Os novos "comuns eletrônicos" globais, que estão agora engolindo a soberania nacional, só podem funcionar se adotarmos regras "onde só se ganha".

A globalização da tecnologia, da produção, informação, fluxos financeiros e mercados de ações, empregos e trabalhadores migratórios, tráfico de armas e poluição tornou obsoletos os instrumentos econômicos pelos quais as nações tentaram administrar as questões nacionais domésticas. Todavia, o pensamento político e econômico ainda é dominado pelas premissas de que as economias são nacionais e podem ser administradas em benefício de cada cidadão; que os mercados competitivos podem alocar recursos entre armas, educação, transporte público e investimentos em pesquisa e desenvolvimento; que a distribuição relativa de lucro, riqueza, poder e informação entre as pessoas não precisa ser uma preocupação fundamental; que o capital da natureza (ar puro, água e o ambiente) ainda está essencialmente livre e é inexaurível; que os recursos escassos sempre podem ser substituídos; e que o planeta pode continuar absorvendo desperdícios humanos e industriais, que são responsáveis por meras "aparências" na análise econômica. Essas premissas não servem mais para nós.

Outras premissas, mais sutis, também confundem nosso pensamento:

- Que os seres humanos competem predominantemente para maximizar seus próprios interesses individuais (uma premissa que ignora que 50% do trabalho produtivo em todos os países industrializados, e mais ainda nos países em desenvolvimento, que não é pago — sustento da família, trabalho feito por altruísmo, cultivo de alimentos, construções e consertos caseiros, etc.);

- Que o "livre comércio" sempre é do interesse de alguém (porque parece baixar os preços aos consumidores, mas na verdade esses preços deixam de incluir custos sociais e ambientais completos);

- Que a expansão dos mercados e a privatização *democratizam* e que a maquinaria democrática é adequada para a participação total;

- Que a "política industrial" sempre é ruim (embora todos os países a tenham — nos Estados Unidos ela abrange a promoção ativa da exportação das maiores armas do mundo);

- Que o Produto Nacional Bruto pode continuar medindo "o progresso";

- Que o "investimento" no setor privado sempre é bom (seja na pesquisa para inovar uma nova marca de alimento para cachorro ou em fibras óticas, seja numa nova fábrica de brinquedos ou numa outra sociedade de crédito imobiliário);

- Que os gastos do setor público na manutenção da infra-estrutura (estradas, barragens, obras públicas, aeroportos, etc.) é um dreno na economia (uma confusão que surge porque as instalações públicas não são computadas nas contas nacionais como ativos);

- Que a melhoria continuada da eficiência e produtividade econômicas pela substituição dos insumos humanos de habilidades e trabalho por capital, energia e recursos vai automaticamente contribuir para aumentar a prosperidade (considerando que está trazendo, ao contrário, "crescimento econômico sem emprego", aumentando a pobreza e a ruptura social).

Essa última premissa, a de que a eficiência econômica e a produtividade do trabalho automaticamente trazem bons resultados, é especialmente perturbadora. O crescimento econômico sem emprego é o resultado do paradigma da industrialização e de seu foco na eficiência de produção e nas tecnologias que poupam trabalho, estreitamente consideradas. Esse foco guiou a inovação tecnológica e dirige as economias no sentido de uma intensidade de capital e mecanização maiores — mesmo que os políticos prometam emprego total. Menos trabalhadores com ferramentas mais sofisticadas geram mais produtos e serviços — enquanto os índices de pobreza, desemprego e as listas da Previdência Social aumentam.

A relutância para se examinar o *tipo* de produtividade indica o problema do paradigma. As fórmulas de produtividade total deveriam incluir produtividade de *administração*, produtividade de *capital*, produtividade de *investimento*, produtividade de *PeD*, produtividade de *energia*, produtividade *ambiental* e produtividade *social* (produção de vidas frutíferas e comunidades saudáveis).

O Movimento Civil Popular

Um "cassino global" fora de controle e a "armadilha da produtividade sem emprego" são somente duas dentre as muitas facetas das dificuldades de se lidar com o paradigma moderno. Hoje, as forças mais criativas, mais energéticas que estão tratando dos problemas planetários de pobreza, desigualdade social, poluição, exaustão de recursos, violência e guerra são movimentos civis populares. O globalismo popular está relacionado com o pensamento e a ação — global e localmente. A solução de seu problema é pragmática: soluções locais que considerem o planeta. A sociedade civil mundial, recentemente interligada na Internet e por milhões de boletins informativos, está cada vez mais dirigindo as agendas das nações e das corporações.

O aumento das organizações civis é um dos fenômenos mais admiráveis do século XX. As Nações Unidas se tornaram um local para novas preocupações nacionais e transnacionais. Organizações mais novas, tais como a National Organization for Women, Friends of the Earth, Greenpeace e Zero

Population Growth nos Estados Unidos, se uniram às ONGs mais antigas, tais como Planned Parenthood e a International Union for the Conservation of Nature, baseada na Suíça, para impulsionar as agendas dos governos nacionais.

As organizações civis emergiram em todo o mundo como atores e líderes importantes em áreas como a busca por ética e saúde globais, aumento da sobrevivência dos "códigos culturais de DNA". Eles representaram o pico civil nas questões vitais sempre que os líderes se mostraram pouco interessados. A participação da sociedade civil focou a atenção mundial nas questões globais vitais e nas noções anteriormente "radicais", incluindo as idéias de que o anticoncepcional mais eficaz é o investimento de poder econômico e político das mulheres, e que o melhor investimento que uma sociedade pode fazer para o desenvolvimento é o investimento em seu povo, particularmente na educação das meninas.

Duas questões-chave assinalam a maturidade do globalismo popular e a influência internacional crescente de suas organizações civis. Primeiro é a questão de legitimidade — levantada pelos executivos empresariais, pelos funcionários do governo, políticos e facções políticas em competição: "Quais e quantas pessoas esse grupo representa, e suas políticas são dirigidas democraticamente?" As organizações civis formulam essa pergunta válida ao abrir sua tomada de decisão, sua associação, suas práticas de levantamento de fundos e os processos políticos ao escrutínio público. Alguns grupos e líderes gozam de tal apoio popular que eles constituem uma ameaça reconhecida para a existência de estruturas de poder.

Um segundo sinal de maturidade é a proliferação de abordagens, táticas e objetivos. Hoje, o globalismo popular cresce mais forte à medida que as nações perdem a soberania nos mares turbulentos de fluxos diários de capital de trilhões de dólares. Os países menos capazes de administrar suas economias domésticas para manter o emprego e as redes sociais de segurança precisam adotar o espírito de iniciativa popular. Mesmo as corporações globais agora sabem que eles não podem tomar decisões executivas em reuniões fechadas de fábrica, por exemplo, exclusivamente em benefício de seus acionistas e debenturistas. Agora eles consultam mais amplamente grupos de depositários: empregados, fornecedores, clientes, grupos de ambientalistas e agora também globalistas populares.

Os globalistas populares foram gradualmente aceitos — e até bem-vindos — por seus projetos inovadores. Os grupos civis desprezados anteriormente não só são incitados a se envolverem mais com a manutenção da paz, a consolidação da paz e o desenvolvimento sustentável, mas também com a redução zelosa das vendas de armas, o desarmamento e a conversão para economias civis. O novo lema para os negócios globais e os líderes governamentais na perigosa década de 90 é "Conduza, siga ou saia do caminho". Essa militância aparente está relacionada com a sensação crescente de que os seres humanos, agora, só têm algumas décadas para prevenir o desastre social e ecológico. A longo prazo e num contexto mundial, todos os nossos interesses próprios individuais são *idênticos*.

A Redefinição da "Economia"

Ora, quais são algumas dessas coisas que precisam ser feitas e quais são algumas das mudanças inovadoras do paradigma já em curso?

Além de minhas prescrições para novos "indicadores de qualidade de vida" para complementarem o Produto Nacional Bruto, precisamos repensar a escassez, a abundância, as necessidades e a satisfação — o que leva, inevitavelmente, a redefinições indiscriminadas de dinheiro, riqueza, produtividade, eficiência e progresso. Embora seja um choque, um pré-requisito desse novo pensamento é a compreensão de que o dinheiro não é escasso e que sua escassez aparente é um importante mecanismo regulador social. Quando funciona bem, o dinheiro proporciona um sistema de circulação benéfico para uma troca humana mais ampla, que vai além da troca direta, cara a cara. Essa invenção social, que projeta os mercados como sistemas predominantes de alocação de recursos, foi primeiramente adotada no século XVII, na Inglaterra. Embora Adam Smith fosse seu grande proponente, ele reconheceu que os mercados só poderiam funcionar adequadamente se, em primeiro lugar, todos os jogadores estivessem no mercado com o mesmo poder e informação e, em segundo lugar, se nenhum dano fosse causado aos espectadores inocentes. Nas sociedades pré-industrial e tradicional, a maior parte dos terrenos e recursos naturais era mantida comunalmente e conhecida como "os comuns" — a aldeia verde, como era chamado o terreno comum de pastagem da Inglaterra. Do ponto de vista de um sistema, os mercados são sistemas abertos com recursos abundantes que podem ser usados individual e competitivamente, enquanto os comuns são sistemas fechados onde os recursos são usados indivisivelmente — por exemplo, os parques nacionais, o ar, os oceanos, as órbitas dos satélites e o espectro eletromagnético.

Com as modernas tecnologias de informação, as pessoas do mundo todo podiam estar ligadas em todos os níveis como produtores e consumidores pelas trocas de informação, as novas moedas do mundo. A informação, ao contrário dos produtos materiais, não é escassa.[1] Se você me dá uma informação, você ainda a tem, e nós dois ficamos mais ricos por tê-la compartilhado — uma situação onde só se ganha. Em vez disso, alguns autocratas da mídia agora controlam "o banco de imagem" da família humana em "mediocracias" que suplantaram as democracias.

Dessa forma, vemos o crescimento das economias de informação sem dinheiro (redes locais, regionais e mundiais para troca, contra-oferta, reciprocidade e ajuda mútua) onde quer que haja falhas da administração macroeconômica e os sistemas públicos de informação nas sociedades. Dinheiro e informação são equivalentes — se você tem um deles, você pode conseguir o outro. Hoje, o dinheiro freqüentemente segue a informação (e às vezes a desinformação). Os mercados se mostram menos do que eficientes, porque eles ignoram os custos sociais e ambientais e supõem que as pessoas vão maximizar seu estreito interesse próprio, em vez de serem dirigidas pelas múltiplas e complexas motivações.

Agora os governos podem distribuir o monopólio do dinheiro e conduzir trocas sofisticadas e acordos de contra-oferta diretamente (como fazem as empresas). De acordo com algumas estimativas, mais de 25% de todos os negócios mundiais já foram feitos dessa maneira. O dinheiro, por essência, é uma unidade de cálculo que entrou em vários razonetes para rastrear e registrar a produção dos serviços e as transações humanas, à medida que interagem entre si e com os recursos da natureza. Como os bancos centrais sabem, o dinheiro não está escasso e pode servir como uma provisão estável de valor se sua oferta for controlada para se adaptar à produção em expansão e às transações de troca e para rastreá-las. Quando os governos e os bancos centrais fornecem muito dinheiro e gastam ou investem demais (além das receitas fiscais) em projetos insustentáveis ou de curto prazo e em serviços públicos, o dinheiro perde seu poder de compra — configura-se a inflação. As sociedades modernas tiveram grande dificuldade em investir sabiamente ao criar ativos sociais futuros (qualquer que seja o objetivo: saúde, cidadãos instruídos, infra-estrutura produtiva ou manutenção dos recursos naturais e da qualidade ambiental).

Como as fronteiras nacionais estão atoladas pelo volume de capital eletrônico de curtíssimo prazo, as ferramentas macroeconômicas nacionais (isto é, as políticas fiscal e monetária) se tornam cada vez mais erráticas. A soberania nacional está quase se tornando um *slogan* nostálgico — agora declinando de todos os governos desde a desregulamentação disseminada dos

---

1. Veja Hazel Henderson, "Information — The World's New Currency Isn't Scarce". *World Business Academy Perspectives*, vol. 8, nº 2, 1994.

mercados de capital, nos anos 80, e o estabelecimento da Organização Mundial do Comércio (OMC), em 1995.

Por toda parte, as pessoas estão percebendo que o dinheiro e o crédito também são usados como instrumentos *políticos* para criar incentivos e substituir a regulamentação. Globalistas populares conscientes também sabem que o dinheiro não pode mais ser usado eficientemente como o principal instrumento para denominar indicadores mais amplos de qualidade de vida e progresso ou para proporcionar dados precisos para administrar as economias nacionais ou o sistema mundial de comércio. Dessa forma, as ONGs populares por todo o mundo agora estão desafiando as escoras políticas do sistema mundial financeiro, que abrange o Banco Mundial, o Fundo Monetário Internacional (FMI) e o Acordo Geral de Tarifas e Comércio (GATT). Esse sistema não foi examinado desde que o FMI foi fundado, em 1944, na famosa Conferência Financeira e Monetária das Nações Unidas, em Bretton Woods, New Hampshire.

A Redescoberta da Economia Sem Dinheiro

À medida que as crises e fracassos da administração macroeconômica se tornam mais evidentes em todo o mundo, as pessoas, no nível popular, estão redescobrindo a velha e mais confiável rede de segurança: a economia de informação pura, sem dinheiro. A informação é ainda mais básica que o dinheiro para as transações e negociações humanas. Mais da metade da produção mundial, do consumo, do câmbio, dos investimentos e da poupança é conduzida fora da economia monetária — mesmo nos países industrializados. Em muitos países em desenvolvimento, as economias oficiais denominadas dinheiro rastreadas pelas contas nacionais e pelo PNB representam menos de um terço de toda a atividade econômica dessas freqüentemente tradicionais economias e sociedades de subsistência.

Os sistemas urbanos monetários sempre floresceram com independência quando os governos centrais administraram mal as questões nacionais. Hoje, as pessoas comuns não estão alimentando esperanças vãs de que os administradores econômicos centrais possam ajudá-las. As comunidades locais vêem a confusão no topo e não estão esperando. Centenas de Sistemas de Negociação e Emprego Local (SNEL) estão em operação ao redor do mundo, criando, essencialmente, uma moeda alternativa pelo rastreamento computadorizado de produtos e serviços oferecidos e trocados, e, assim, criando oportunidades de trabalho onde, na ausência de tal moeda alternativa, iriam prevalecer a estagnação econômica e o penoso desemprego. Muitas formas de "créditos de serviço" ou "dólares-tempo" estão em uso em cidades ao redor do mundo.

Também tem havido muito interesse popular em dominar o "cassino global". Um imposto adequado no câmbio exterior, da ordem de 0,001% a 0,003%, poderia fazer muito para reduzir a negociação especulativa da moeda. Isso não iria prejudicar os negócios em produtos e serviços reais ou os investimentos de longo prazo, mas iria se avolumar rapidamente nas transações diárias de curto prazo dos especuladores. Esse pequeno imposto iria facilmente cobrir o custo de sua administração, mais uma porcentagem a ser retida pelos governos coletores, com um equilíbrio do reabastecimento da estabilização da moeda e dos fundos de desenvolvimento. Apesar da forte oposição dos negociadores, dos bancos centrais e dos ministros financeiros, a questão é mantida bem viva pela sociedade civil mundial.

Várias medidas têm sido empreendidas de diferentes formas para dominar o cassino mundial. O professor Ruben Mendez, da Yale University, propõe uma inovação social que pode funcionar em conjunto com um imposto de câmbio ou uma alternativa para ele. Mendez propõe um local para se fazer o câmbio exterior sem fins lucrativos e desempenhar as transações de câmbio sobre moeda estrangeira. Esse local seria estabelecido como de utilidade pública para oferecer competição ao pequeno grupo de bancos privados que centralizam o dinheiro e que agora exercem um monopólio virtual em negociação de câmbio exterior. Esse local poderia simplesmente oferecer preços mais baixos por transação, atrair muitos negócios e gerar receitas, por exemplo, para programas das Nações Unidas. Imagine-se caminhando por um aeroporto e procurando um lugar para trocar seu dinheiro e encontrar uma nova cabina onde uma porcentagem das taxas de câmbio não iria para um banco privado, mas para a UNICEF.

Os interesses populares também deram ênfase à contribuição dos sistemas de taxação comuns para problemas como a deterioração ambiental e o desemprego. Os países precisam reequilibrar suas regras fiscais para torná-las neutras entre o emprego e o investimento de capital, reconhecendo que os créditos fiscais excessivos do investimento de capital em automação (em produtos e serviços) são condutores-chave no enxugamento empresarial e no crescimento econômico sem emprego. Introduzir créditos fiscais para a criação de empregos, impostos sobre a poluição e impostos sobre o valor para substituir impostos sobre o valor agregado e impostos empresariais e sobre lucros poderia criar condições para a sustentabilidade ambiental e o pleno emprego. Enquanto os empregadores estiverem sobrecarregados com mais impostos e benefícios a empregados, suas decisões se inclinarão para menos empregados em tempo integral e para o desemprego.

Aqui está envolvido um princípio muito mais amplo do que possa aparentar. Há uma grande confusão entre os dois sinais individuais importantes das pessoas dirigidos para aqueles que tomam decisão no governo e nos negócios — *votos* e *preços*. Essas duas formas vitais de retorno estão deixando de passar informação suficientemente a tempo sobre os efeitos de políticas e reestruturações múltiplas para dirigir e corrigir as decisões adequadamente. Os votos a cada dois ou quatro anos são demorados demais e não podem aprimorar o retorno dos eleitores em muitas questões, ao mesmo tempo que os preços não podem guiar os mercados sem incorporar os mais completos custos sociais e ambientais dos produtos e serviços. As organizações globais populares são o novo caminho no qual "nós, o povo" estamos proporcionando o retorno necessário para a democracia ou os mercados funcionarem bem.

Entre as notícias mais importantes está a de que a comunidade financeira e de negócios está se tornando um colaborador amigável com a sociedade civil mundial que emergiu recentemente, reconhecendo que o único mundo no qual cada um de nós pode satisfazer seu interesse próprio é um mundo onde só se ganha. Maurice Strong conseguiu um envolvimento pioneiro da comunidade dos negócios ao convidar seu amigo Stephen Schmidheiny e o Conselho Mundial de Negócios para o Desenvolvimento Sustentável para produzir seu próprio relatório para o Eco-Rio 1992.[2]

Muitos outros exemplos recentes mostram essa nova tendência das pessoas dentro e fora dos negócios de se unir e empreender ações colaborativas. As pesquisas da "Money Matters" feitas em Copenhague, Boston, Kuala Lumpur, Cairo e São Paulo exploraram como direcionar melhor os fundos de pensão e outros ativos administrados — especialmente aqueles em fundos éticos, verdes, limpos, socialmente responsáveis — para o verdadeiro desenvolvimento local popular. Em junho de 1995, um grupo de líderes do setor privado teve uma reunião histórica com o Conselho Social e Econômico das Nações Unidas para uma troca de pontos de vista que levassem a revigorar esse importante organismo. Brian Bacon, da The World Business Academy ajudou a forjar uma cooperação histórica entre o mundo empresarial e a Organização Internacional do Trabalho (OIT), lançando parcerias de trabalho e negócios para o desenvolvimento social em Bombaim, Tóquio, Nairóbi, Bangkok, Dubai, Vietnã e Maurício. Em janeiro de 1996, líderes da World Business Academy e da Organização Internacional do Tra-

---

2. Stephen Schmidheiny, *Changing Course* (Relatório para o Conselho de Negócios para o Desenvolvimento Sustentável). Cambridge, MA: MIT Press, 1992 e *Financing Change*, Cambridge, MA: MIT Press, 1996.

balho, em Parceria para o Desenvolvimento Social, se reuniram em Hyderabad, Índia, para avaliar o progresso de recentes projetos cooperativos. Tais coalizões estão conduzindo as novas agendas e o movimento para um desenvolvimento ecologicamente sustentável, justo e centrado no povo, bem como um questionamento do crescimento do consumo material como o princípio do "progresso" medido do PNB/PIB.

Os novos valores e estilos de vida além do materialismo requerem inovações na economia, e eu, por conseqüência, sugiro a reclassificação da economia para "desmaterializá-la". A economia sempre supôs que o dinheiro e os recursos eram escassos; agora deveria focalizar o tempo e a atenção como os novos fatores escassos. As economias em ascensão estão baseadas na escassez real da atenção e do tempo humanos. Nas sociedades tecnológicas de hoje, todos estão com déficit de atenção. Não é uma desordem, mas um mecanismo natural em que as pessoas estão "entrando" e cuidando de seus próprios valores e desenvolvimento pessoal. Estatísticas recentes em *downshifters* são uma expressão desse fenômeno e pressagiam o crescimento da Economia de Atenção. Essas novas "economias de atenção", baseadas nos serviços, no crescimento pessoal e no desenvolvimento sociocultural, já são os maiores setores e podem se recuperar à medida que o crescimento do PNB baseado em bens materiais continuar caindo.

Para resumir, muito da esperança realista para o futuro do planeta reside na evolução rápida da sociedade civil mundial e no aumento da colaboração entre as Nações Unidas, os negócios e os globalistas populares. Conseqüentemente, agora temos a possibilidade de escolher um mundo onde só se ganha.

CONCLUSÃO

A Administração dos Negócios

Estamos no limiar de uma época interessante e divertida. Nossa tarefa principal não é senão *a mudança mental global*. O modo como nós, pessoas de negócios, nos preparamos para a transformação em evolução, em nossa vida pessoal e em nosso trabalho, vai afetar a quantidade de miséria humana e de massacre social que o planeta deve sofrer.

Ao mesmo tempo que é importante ver o mais claramente possível a resolução de longo prazo dos problemas mundiais e sociais contemporâneos, também é importante entender as forças e os constrangimentos que estarão atuando durante o período de transição. Não é improvável que esse período vá ver uma espécie de colapso parcial do sistema econômico mundial. Tais sinais de mudança fundamental tendem a ser ameaçadores para muitas pessoas, especialmente se elas não compreendem a causa. Reagir a uma ameaça percebida provavelmente conduz a ações destrutivas.

Há duas formas comuns de reação destrutiva. Uma delas é uma tentativa de "voltar o relógio" para um tempo imaginário quando os valores familiares e comunitários eram fortes, se chegava facilmente ao consenso e, em geral, "as coisas funcionavam". A outra reação envolve um fortalecimento irracional da fé nos velhos modos de lidar com problemas — por meio do avanço tecnológico e de enfoques de administração centralizada.

Uma terceira forma — o passo evolucionário delineado nestas páginas — não vai ser automaticamente alcançada. Só *pode* ser alcançada se um número suficiente de pessoas vir seu sinal e trabalhar nessa direção. O fracasso em alcançá-la vai significar que o futuro vai se desdobrar por uma trajetória muito menos desejável. Dessa forma, não há nada mais crucial para esse período de transição do que compartilhar, uns com os outros, nossas interpretações sobre a transformação: por que é necessária ou por que parece estar acontecendo. As discussões mais críticas hoje vêm destas perguntas: Crescimento — em que sentido e para que fim? Desenvolvimento — para quê? Qual é o desenvolvimento correto para esta sociedade? Qual é o desenvolvimento global viável? Podemos continuar usando a economia como base para decisões para a sociedade de hoje? O que é um "mundo que funciona para todos"? Quais são os requisitos para se atingir esse objetivo? Quais são os custos de não se alcançá-lo?

É fundamental que reconheçamos que as premissas básicas do final do século XX não são compatíveis com os objetivos da sociedade de hoje. Para resumir:

Ambiente e empregos. Os objetivos do crescimento econômico e um ambiente desejável são fundamentalmente incompatíveis. Se o produto econômico tende a crescer exponencialmente com o tempo, então, exatamente para manter constante o impacto ambiental anual, o índice de poluição deve diminuir exponencialmente com o tempo *continuamente*, o que sabemos que é impossível.

Diversidade. A economia moderna está reduzindo firmemente a diversidade das espécies vegetais e animais. Não é mais Deus ou a seleção natural que determina que tipos de flora e fauna estarão presentes na Terra; é a economia. As espécies que sobreviverem serão aquelas para as quais a economia encontrar algum uso (e aquelas que florescem no lixo da sociedade industrial, tais como ratos e gaivotas). Podemos estar razoavelmente convencidos de que isso vai se comprovar como um critério inadequado para um ecossistema saudável.

Produtividade. A produtividade sempre crescente é vista como essencial para a saúde econômica, com a competição como força motriz principal, mas o crescimento não vem principalmente da produtividade, mas de um aumento na oferta de dinheiro — ou seja, da dívida.

Avanço tecnológico. Há uma crença disseminada de que a qualidade de vida deve ser mensurada em termos tecnológicos: o avanço tecnológico iguala o progresso social. Mas o imperativo tecnológico é dirigido principalmente pelos imperativos de produtividade e de crescimento e, conseqüentemente, a nova tecnologia é desenvolvida e aplicada sem ser guiada por um forte senso moral e uma visão social.

Competição e interesse próprio. A necessidade sentida de competir continuamente se intensifica. Numa atmosfera de competição e sobrevivência, os valores mais elevados, como a ética ecológica, são removidos à força e prevalece o cinismo. Economias irrestritamente competitivas tendem muito naturalmente a se distanciarem da democracia e caminharem no sentido de sistemas cada vez mais autoritários.

Progresso. O progresso é a força motriz que está por trás de todas as premissas no âmago de nossa sociedade dirigida pela economia. O progresso material supõe que o que temos nunca é suficiente. Precisamos continuar acumulando e consumindo, acumulando e consumindo, para sempre, ilimitadamente. Mas a idéia de progresso perde todo o sentido se o progresso não implicar mais a democratização da riqueza, pois essa era a perspectiva da abundância universal que fez do progresso uma ideologia que extorquia moralmente no passado. Mas é óbvio que os padrões ocidentais de consumo que se espalham no resto do mundo iriam ter um impacto perturbador na Terra.

Propriedade. Os padrões tradicionais de propriedade são largamente incontestados. Mas o direito presumido ou a responsabilidade fiduciária dos acionistas de influenciarem decisões empresariais na direção de retorno maximizado de curto prazo em investimento exerce grande pressão na administração empresarial para tomar decisões que são infundadas de qualquer ponto de vista de longo prazo ou ecológico. Além disso, esses padrões de propriedade tendem a estar em condições de desigualdade com a democracia e a dignidade humana. Mesmo quando a empresa pratica uma forma limitada de democracia, ao final, é autoritária se os proprietários têm poder máximo.

Concentração de poder. Numa sociedade industrial moderna, a tendência natural de acumular poder é mantida sob controle por uma série de medidas reguladoras. Mas esses mecanismos provaram ser inadequados para combater as forças que produzem uma distribuição cada vez mais injusta, porque o paradigma básico, em si, não contém fundamento lógico para a redistribuição. Na sociedade industrial ocidental, esse fundamento lógico tem sido proporcionado por uma ética altruística judeu-cristã — vestígios de um paradigma dominante anterior. Essa ética tem sido seriamente desgastada no século XX pelo desenvolvimento da ciência positivista e por uma visão de mundo materialista.

Taxa de retorno em investimento. Um fator pouco observado na concentração crescente de riqueza e poder é a idéia amplamente aceita de que a pessoa ou a instituição que empresta ou investe dinheiro está autorizada a uma taxa de retorno que antigamente as sociedades teriam chamado de "agiotagem"— especulação sem provisão de capital. O efeito combinado de altas taxas de retorno e a aceitação de altos níveis de dívida têm uma conseqüência particularmente perniciosa a longo prazo. Atualmente, todo mundo, ricos e pobres, despende um terço e até metade dos gastos totais em pagamentos de juros diretos e indiretos. No entanto, um grupo muito menor tem excesso de dinheiro para emprestar ou investir, de modo que eles *recebem* juros (ou dividendos). O efeito claro é de um sistema difuso de redistribuição, que constantemente muda o dinheiro das mãos dos menos favorecidos para aqueles que têm mais. Ao longo do tempo, essa tendência injusta da economia de concentrar riqueza está fadada a resultar em descontentamento em massa e pedidos de compensação política.

O cassino global. Uma mudança cultural recente no sentido da aceitação do jogo de azar como um estilo de vida abriu o caminho para a especulação em todo o mundo que não cria nenhum dos produtos e serviços que aumentam o bem-estar da humanidade. Esse novo uso do dinheiro, agora não mais ligado a qualquer ética cultural ou dirigido por ela, tem o potencial de mudar nosso entendimento do significado de câmbio e valor justos, reais.

Valores econômicos e lógica econômica. A sociedade moderna baseou suas decisões mais importantes principalmente na lógica econômica (por exemplo, "o que é bom para a General Motors é bom para os Estados Unidos"). Mas os valores econômicos sobrepujam os valores sociais e ecológicos. A curto prazo, a lógica econômica obscurece o fato de que, a longo prazo, o que agora é considerado bom para a General Motors na verdade não é bom para a General Motors nem para os Estados Unidos, muito menos para o mundo.

O dilema do desenvolvimento mundial. Talvez não haja palavra de uso mais impróprio na língua inglesa do que "desenvolvimento". Falamos de desenvolvimento em terras e tipicamente queremos dizer privar a terra de vegetação e pavimentá-la com asfalto. Falamos de desenvolvimento humano, querendo dizer, tipicamente, destruir a comunidade tradicional e condicionar as pessoas a viverem num ambiente urbano. Falamos de desenvolvimento econômico, sugerindo que é equivalente à melhoria de bem-estar, mas tipicamente queremos dizer aumento da produção e consumo econômicos. Está bem claro que o conceito de desenvolvimento que dominou durante as duas décadas seguintes à Segunda Guerra não conduz a um futuro global viável a longo prazo. Das trajetórias facilmente imagináveis do desenvolvimento mundial de hoje, aquelas que parecem factíveis economicamente não parecem ser plausíveis ecológica e socialmente, e aquelas que parecem factíveis ecologicamente e desejáveis, do ponto de vista da humanidade, não parecem factíveis econômica e politicamente.

A questão-chave, conforme olhamos para o futuro, não é como podemos estimular mais demanda por produtos e serviços e informação nem como podemos criar mais empregos na economia dominante. A questão-chave é muito mais fundamental. É basicamente uma questão de significado: *Qual é o objetivo central das sociedades altamente industrializadas quando não faz mais sentido ser a "produção econômica", porque essa não é mais um desafio e porque, a longo prazo, focar a produção econômica não vai levar a um futuro global viável?*

A resposta se torna evidente a partir da ênfase e das crenças de valor emergentes a respeito da natureza dos seres humanos: *É fomentar o cresci-*

mento e desenvolvimento humanos em seu grau máximo, promover o aprendizado humano em sua definição mais ampla. A tarefa-chave é ressacralizar a sociedade — encontrar seu significado mais profundo na qualidade de todos os nossos relacionamentos, uns com os outros e com a natureza. As motivações implícitas no paradigma emergente concordam com esse objetivo; elas não concordam com o consumo irracional, com a aquisição material e com o crescimento econômico continuado.

O desafio que essa mudança apresenta durante o período de transição é de certa forma oferecer salvaguardas (provavelmente em nível local, principalmente) para aqueles que estão em transição entre "emprego" e "vocação verdadeira" e fazer todo o possível para aumentar um senso de comunidade e diminuir o medo e a ansiedade. Vamos olhar para essas tarefas dos três níveis dessa mudança transformativa — individual, organizacional e social/global.

No nível individual, a principal tarefa é perceber novamente toda a situação. Quanto mais nos abrirmos para um entendimento mais completo da mudança do sistema e para a razão dessa necessidade, mais baixo tenderá a ser o nível de medo. O tipo de intervenção que ajuda nisso, ao mesmo tempo que algumas medidas mais urgentes, é largamente educacional. Isso significa, de todas as maneiras possíveis, ajudar a desenvolver o entendimento comum das forças históricas que estão realizando a mudança, o fato de que a mudança fundamental é muito provavelmente inevitável (ainda que não haja resultados positivos) e o tipo de coisas que cada um pode fazer para superar a transição.

Nesse contexto, o desafio principal para o indivíduo é estar disposto a ver a realidade comum sem ter de defender um ego frágil contra sua exploração, disposto a entender por que a sociedade moderna precisa de um novo quadro do eu-no-universo, disposto a abraçar as mudanças que ela acarreta. No processo de vencer esse desafio, a pessoa, provavelmente, tem de se ver envolvida numa autotransformação que leve à confiança máxima no Eu profundo e no "conhecimento interior", trazendo à consciência o sentido profundo de objetivo e a fonte de sabedoria e direção que lá se encontram. As pessoas vão abraçar a intenção de encontrar o trabalho de sua vida e fazê-lo, e descobrir a sabedoria de viver pela máxima que diz que a experiência não é boa ou ruim — ao contrário, "toda experiência é *troca*".

No nível organizacional, a participação e a intendência estão entre os conceitos mais importantes. Mas, como vimos, eles implicam transformação organizacional realmente básica; o impulso para ela vem em parte de dentro da organização e em parte do ambiente externo em transformação. Margaret Wheatley, uma consultora em negócios e organizações, desenvolveu um conceito de organizações baseado numa metáfora orgânica. Na edição da primavera de 1996 da *Noetic Sciences Review*, ela apresenta oito princípios que descrevem as organizações como dinâmicas, circulares, sistemas auto-organizadores. Ver a vida dessa forma cria uma mudança profunda na percepção de como nos organizamos e, conseqüentemente, como a mudança, planejada e não planejada, ocorre.

1. *Vivemos num mundo em que a vida quer acontecer*. Não a vida em que há objetivos fixos e específicos, mas a vida criativa parece empenhada em expressar sua criatividade além da medida e parece proposital nesse sentido, diferente do dogma darwiniano de que a evolução é acidental e resulta de "sobrevivência do mais adaptado".

2. *As organizações e as sociedades são sistemas vivos, e sistemas vivos são auto-organizadores*. A nova "administração" das organizações compreende o respeito de suas tendências auto-organizadoras e a confiança nelas. Essa também é a chave para a verdadeira democracia; na política estamos tentando tatear nosso caminho na mesma direção.

3. *Vivemos num universo que é vivo, criativo e estamos experimentando descobrir o tempo todo o que é possível*. Podemos ver isso nos graus máximo e mínimo da escala se olharmos para os menores micróbios ou para as galáxias. Todas as pessoas são inteligentes, criativas, adaptáveis; todos nós procuramos pôr ordem e sentido em nossa vida. Quando realmente começamos a acreditar nessa universalidade do impulso criativo, muda o modo como pensamos com relação à organização.

4. *A tendência natural da vida é organizar — procurar níveis maiores de complexidade e diversidade*. A vida procura se associar com outra vida e, à medida que assim faz, torna disponíveis mais possibilidades. A vida procura criar padrões, estruturas, organização, sem liderança diretiva planejada.

5. *A vida usa as desordens para conseguir soluções bem ordenadas*. O que pode parecer desordenado e ineficiente, sob uma percepção mais profunda é como a vida experimentando — descobrindo o que é possível. Na recriação dos ecossistemas, por exemplo, muitas desordens precedem a descoberta do que realmente funciona para muitas espécies, mas a direção é sempre para a ordem.

6. *A vida está determinada em descobrir o que funciona, não o que está certo*. Quando você olha à sua volta, você vê a vida remendando, experimentando, jogando. A alegria entra criativamente nas relações humanas, onde a tarefa, a todo momento, é descobrir alguma coisa que funcione e não ficar apegado ao ego para descobrir a resposta "certa".

7. *A vida cria mais possibilidades à medida que faz contato efetivo com as oportunidades*. Às vezes ouvimos que alguns aspectos da vida apresentam

uma "janela estreita de oportunidade". Isso nunca é verdadeiro; os sistemas de vida não funcionam dessa forma. A todo momento tentamos fazer alguma coisa funcionar, estamos criando mais possibilidades dentro do sistema — abrimos muitas janelas diferentes de oportunidade. Se uma oportunidade particular não é satisfeita, há muitas outras com as quais fazer contato. Cada trajetória de oportunidade leva a seu próprio padrão de ordem.

8. *A vida se organiza em torno da identidade*. Em toda essa confusão maldita e alvoroçada da vida, procuramos padrões e informação que, de alguma forma, tenham sentido para nós, supondo quem pensamos que somos. A vida se organiza espontânea e criativamente em torno de um eu; tudo na vida tem essa dimensão subjetiva. A consciência está a serviço de tudo, formando-se em diferentes seres identificáveis.

Por conseqüência, como Wheatley diz, não estamos procurando tanto por soluções, mas vendo o que funciona para este sistema, com um profundo respeito pelas interconexões. "Perceber que vivemos num mundo auto-organizador é reconhecer que muito mais está disponível para nós enquanto grupos, enquanto organizações, enquanto comunidades. Assim, muito mais está disponível para nós na forma de uma energia que é encontrada naturalmente — a capacidade auto-organizadora que todos nós temos. Temos de aprender a fazer contato com ela, a evocá-la."

Desse modo, administrar um negócio nesses tempos requer o reconhecimento de sua capacidade auto-organizadora, bem como a manutenção de uma percepção precisa do ambiente em transformação em que reside a organização. Mas há um outro aspecto de administração que é negligenciado com muita freqüência. Ao compartilhar responsabilidade por uma organização, você está investindo em sua própria vida. Todo ser humano abriga uma profunda sensação de objetivo, da qual pode ser completamente inconsciente. Muito mais importantes do que atingir qualquer objetivo externo, tal como o sucesso material e o louvor da administração superior, são a vontade e a atuação alinhadas com o sentido interior. Se uma pessoa não tem certeza de que esse sentido já foi descoberto, o melhor procedimento é desejar de acordo com ele, de qualquer maneira, e ficar atenta à resposta que vai revelar se há alinhamento ou não.

O executivo ou o administrador que fizer isso vai descobrir que cada vez mais de seu tempo e atenção estão centrados em questões como manter a paz interior, dar ênfase à qualidade dos relacionamentos, ajudar outras pessoas a se desenvolverem e agirem adequadamente, selecionar objetivos apropriados para a organização e desempenhar o papel de estadista global — e descobrir, além disso, que as tarefas necessárias da administração eficaz são cumpridas, de alguma forma, com graça e desembaraço surpreendentes. A tarefa de administrar durante esses tempos de mudança de todo o sistema é mais desafiadora do que naqueles que pensamos como tempos "normais" no passado e requer mais desenvolvimento pessoal. É também mais divertida e gratificante do ponto de vista pessoal.

Os autores deste livro, ao mesmo tempo que abordam o assunto de diferentes perspectivas, falam em uníssono. Ouvindo-os, acreditamos que rever o objetivo dos negócios é absolutamente essencial e, felizmente, absolutamente possível. Se há alguém que pode criar um futuro global positivo, são os homens e mulheres de negócios que entendem o que está acontecendo em nosso mundo hoje e que aceitam seu papel ao produzir um mundo habitável para nós e nossos filhos — pelo menos, até a sétima geração. Precisamos de um compromisso para fazer desse futuro positivo uma realidade.

COLABORADORES

S.K. Chakraborty
Indian Institute of Management,
Calcutta
Joka, Diamond Harbour Road
Post Box No. 16757
Alipore Post Office
Calcutta 700 027, India
TEL 91-33-242-4598
FAX 91-33-242-1498

Harlan Cleveland
46891 Grissom Street
Sterling, VA 20165
TEL 703-450-0428
FAX 703-450-0429
E-MAIL cleve004@maroon.tc.umn.edu

Brad Crabtree
1015 North 4th Street
Bismarck, ND 58501
E-MAIL bcrab@aol.com

Riane Eisler
Center for Partnership Studies
P. O. Box 51936
Pacific Grove, CA 93923
TEL 408-626-1004
FAX 408-626-3734

Ralph Estes
Center for the Advancement
of Public Policy
1735 S Street NW
Washington, DC 20005
TEL 202-797-0606
FAX 202-265-6245

Carol Frenier
The Advantage Group, Inc.
RR 1, Box 19
Chelsea, VT 05038
TEL 802-889-3511
FAX 802-889-3512
E-MAIL carol_frenier@together.org

Thomas H. Greco, Jr.
P. O. Box 42663
Tucson, AZ 85733
TEL 520-577-2187
E-MAIL corc@azstarmet.com

Willis Harman
c/o Institute of Noetic Sciences
475 Gate Five Road, #300
Sausalito, CA 94965
TEL 415-331-5673

Hazel Henderson
P. O. Box 5190
St. Augustine, FL 32085
TEL 904-829-3140
FAX 904-826-0325

David C. Korten
Positive Futures Network
P. O. Box 10818
Bainbridge Island, WA 98110-0818
E-MAIL pcdf@igc.apc.org

Joel Kurtzman
67 Mount Vernon Street
Boston, MA 02108

TEL 617-523-7047
FAX 617-723-3989
E-MAIL jkurtzman@aol.com
or kurtzman_joel@bah.com

Pamela Mang
Regenesis
135 Grant Avenue
Santa Fe, NM 87505
TEL 505-986-8338
FAX 505-986-1318
E-MAIL rpmang@aol.com

Patricia McLagan and Christo Nel
12 Cotton Road
Greenside 2193
Johannesburg, Republic of
South Africa
TEL 27-11-460-1558
FAX 27-11-460-1559

Maya Porter
2000 Baltimore Road, A-21
Rockville, MD 20851
TEL 302-424-6507
FAX 301-424-6508

Peter Russell
1 Erskine Road
London NW3 3AJ, England
FAX 441-71-483-4474

Barbara Shipka
WillowHeart
P. O. Box 50005
Minneapolis, MN 55405
TEL 612-374-4488
FAX 612-374-4411
E-MAIL bshipka@mm.com
or 105130.1524@compuserve.com

John Tomlinson
The Old Vicarage, Steeple Barton
Oxfordshire OX6 3QP, England
TEL 44-1869-340-019
FAX 44-1869-340-068
E-MAIL ap30@dial.pipex.com

Diana Whitney
P. O. Box 3257
Taos, NM 87571
TEL 505-751-1231
FAX 505-751-1233
E-MAIL whitneydi@aol.com

William Van Dusen Wishard
WorldTrends Research
1805 Wainwright Drive
Reston, VA 20190
TEL/FAX 703-437-9261
E-MAIL vwishard@worldnet.att.net

A WORLD BUSINESS ACADEMY

A World Business Academy é uma instituição de pesquisa global e de educação que envolve a comunidade dos negócios num melhor entendimento e na prática de um novo papel nos negócios, como um agente para a transformação social. Como uma rede de negócios sem fins lucrativos ou políticos, com membros em mais de trinta países, a World Business Academy distribui recursos para a educação relacionados com o aprendizado pessoal durante todo o ano e patrocina projetos de pesquisa, foros e seminários nas áreas de responsabilidade empresarial social, liderança e desenvolvimento do potencial humano no trabalho.

As pessoas que se associam à Academia se beneficiam da participação ativa no que segue:

Uma Rede Global, que existe para líderes empresariais preocupados com a criação de um mundo melhor por meio dos negócios. Os membros são interligados por meio de foros eletrônicos, uma revista de publicação trimestral e encontros regulares de negócios, realizados mundialmente todos os anos.

Um Programa Global de Pesquisa, que identifica e divulga estudos de casos e as melhores práticas empresariais para negócios economicamente bem-sucedidos e socialmente responsáveis.

Um Programa Global de Educação, que distribui recursos e publicações para aprendizado pessoal diretamente a seus membros. Programas educativos e foros dirigidos pelos Membros da Academia também são organizados regularmente, por meio de redes regionais, na América do Norte, América do Sul, Europa, Ásia, África, Oriente Médio e Orla do Pacífico.

Conferências e Encontros Anuais que permitem que os membros da Academia se encontrem com colegas de todo o mundo. Os programas têm incluído a Assembléia Administrativa do Presidente da WBA de 1996, realizada junto com o Foro sobre o Estado do Mundo.

Publicações da World Business Academy, Relatórios Oficiais do Governo e Comunicados Especiais, que informam os membros sobre áreas centrais como parte dos seus direitos de associados ou sobre preços, com grandes descontos. Nisso está incluída a revista da WBA, *Perspectives on Business and Global Change*.

Diretoria de Recursos da World Business Academy, que provê um sistema de informação abrangente baseado na Internet, contendo perfis de colegas e de empresas exemplares, estudos de casos de estratégias empresariais eficazes e informação para contato com os membros da Academia. O banco de dados fornece aos líderes empresariais acesso a amplos recursos nas áreas de responsabilidade social, liderança e desenvolvimento do potencial humano no trabalho.

Quadro de Membros

A World Business Academy é classificada pelo Internal Revenue Service dos Estados Unidos como uma organização isenta de impostos, que não faz discriminação com base em raça, cor, religião, sexo ou nacionalidade. O Quadro de Membros está aberto a todos os que apóiam a missão da World Business Academy: criar um mundo melhor por meio dos negócios. Para maiores informações, ou para receber o formulário de inscrição, entre em contato com a sede da Academia.

Nos Estados Unidos:
P. O. Box 191210
San Francisco, CA 94119-1210 USA
E-MAIL wba@well.com

No Brasil:
Rua Lisboa, 328
054413-000 – São Paulo, SP
Fone/Fax: 3064-4630
E-MAIL: simra@sao.terra.com.br